डॉ. शिबन कृष्ण रैणा

जन्म : 22 अप्रैल, 1942 को श्रीनगर-कश्मीर में।

शिक्षा : कश्मीर विश्वविद्यालय से हिन्दी में एम.ए. तथा कुरुक्षेत्र विश्वविद्यालय से यूजीसी की फेलोशिप पर पी-एच.डी.। राजस्थान विश्वविद्यलय से एम.ए. अंग्रेजी की उपाधि अर्जित किया।

गतिविधियाँ : 1966 में राजस्थान लोकसेवा आयोग, अजमेर से हिन्दी व्याख्याता पद पर चयन हुआ। कालान्तर में हिन्दी विभागाध्यक्ष, उप-प्राचार्य/प्राचार्य आदि पदों पर पदोन्नत हुए। 1999 से लेकर 2001 तक भारतीय उच्च अध्ययन संस्थान, शिमला में अध्येता/फेलो रहे।

संस्कृति मंत्रालय, भारत सरकार के सीनियर फेलो (हिन्दी) रहे। हिन्दी के प्रति योगदान को देखकर भारत सरकार ने 2015 में विधि और न्याय मंत्रालय की हिन्दी सलाहकार समिति का गैर-सरकारी सदस्य मनोनीत किया।

साहित्य सेवा : चौदह पुस्तकों और सौ से भी अधिक लेख/शोधपत्र प्रकाशित। देश की कई साहित्यिक/सांस्कृतिक संस्थाओं से जुड़े हुए हैं। कश्मीरी रामायण 'रामावतारचरित' का सानुवाद देवनागरी में लिप्यंतर।

पुरस्कार : राजस्थान साहित्य अकादमी का अनुवाद पुरस्कार, बिहार राजभाषा विभाग द्वारा ताम्रपत्र से विभूषित तथा कई पुरस्कारों एवं सम्मानों से समादृत।

शिबन कृष्ण रैणा

कश्मीर

साहित्य और संस्कृति

लोकभारती पेपरबैक्स

पहला पेपरबैक संस्करण : 2022
पहली आवृत्ति : 2025

लोकभारती पेपरबैक्स : उत्कृष्ट साहित्य के लोकप्रिय संस्करण

लोकभारती प्रकाशन
पहली मंजिल, दरबारी बिल्डिंग, महात्मा गांधी मार्ग
प्रयागराज-211 001

वेबसाइट : www.lokbhartiprakashan.com
ई-मेल : info@lokbhartiprakashan.com

शाखाएँ : 1-बी, नेताजी सुभाष मार्ग, दरियागंज, नई दिल्ली-110 002
अशोक राजपथ, साइंस कॉलेज के सामने, पटना-800 006 (बिहार)
1, अनमोल सोराबजी संतुक लेन, धोबी तलाव, मरीन लाइंस, मुम्बई-400 002

बी.के. ऑफसेट
शाहदरा, दिल्ली-110 032
द्वारा मुद्रित

मूल्य : ₹299

KASHMIR : SAHITYA AUR SANSKRITI
by Shiben Krishna Raina

ISBN : 978-93-92186-88-2

पूज्य माता-पिता
की
पुनीत स्मृति
को
सादर समर्पित

क्रम

विषय-प्रवेश

कश्मीर! फूलों, केसर-कलियों, आबशारों और हिमाच्छादित पर्वतमालाओं का प्रदेश! धरती का स्वर्ग और भारत का मुकुट-मणि। इसकी शोभा निराली है और सौन्दर्य अतुलनीय। यों कश्मीर मात्र प्रकृति की मनोरम क्रीडास्थली ही नहीं, साहित्य-संस्कृति की अनुपम रंगस्थली भी है। प्राचीन भारतीय धर्म, दर्शन, साहित्य, कला, काव्य और शास्त्र को कश्मीर की देन अत्यन्त महत्त्वपूर्ण है।

कश्मीर जिसे रेश्यवा'र' यानी देवभूमि या 'ऋषियों की वाटिका' भी कहा जाता है, प्राचीनकाल से विद्या-बुद्धि, धर्म-दर्शन तथा साहित्य-संस्कृति का प्रधान केन्द्र रहा है। यहाँ की अद्‌भुत एवं समृद्ध दार्शनिक और सांस्कृतिक परम्परा/धरोहर के दर्शन हमें इस भू-भाग में आविर्भूत अनेक साधु-संतों, सूफियों, तपीश्वरों, जोगियों, वीतरागियों, सिद्ध-पुरुषों, पंडितों, विद्वानों आदि के रूप में हो जाते हैं। राजतरंगिणीकार कल्हण, कश्मीर शैवदर्शन के परम विद्वान महापंडित अभिनवगुप्त, बौद्ध-दर्शन के मीमांसक नागसेन, उद्‌भट काव्यशास्त्री भामह, आनन्दवर्धनाचार्य, मम्मटाचार्य, रुद्रट, जयन्त भट्ट, भट्ट नायक, कुन्तक, क्षेमेन्द्र आदि के नाम इस सम्बन्ध में बड़े गर्व और आदर के साथ लिए जा सकते हैं।

कश्मीरी भाषा, साहित्य और संस्कृति पर अब तक मेरी पन्द्रह पुस्तकाकार रचनाएँ प्रकाशित हो चुकी हैं। इनमें अनुवादित पुस्तकें भी शामिल हैं। ये सभी पुस्तकें देश के प्रसिद्ध प्रकाशकों ने छापी हैं और खूब चर्चित हुई हैं। कुछेक पुस्तकें पुरस्कृत भी हुई हैं। कश्मीरी की प्रसिद्ध रामायण 'रामावतारचरित' के सानुवाद लिप्यंतरण के लिए राजभाषा विभाग, बिहार सरकार ने मुझे 1983 में पटना में ताम्रपत्र से विभूषित किया था।

इधर, अपनी लेखन-यात्रा के दौरान कश्मीर साहित्य, जीवन और संस्कृति पर मेरे अनेक लेख, निबन्ध, शोधपत्र आदि भी खूब छपे। कई रेडियो-वार्ताएँ भी प्रसारित हुईं। इन सबकी संख्या सौ के ऊपर होनी चाहिए। इन सभी रचनाओं को अलग से एक संग्रह में प्रकाशित कराने की इच्छा मेरे दिल में कई दिनों से थी। पिछले दिनों अपने दुबई-प्रवास के दौरान इलाहाबाद/प्रयागराज स्थित एक

साहित्यानुरागी प्रकाशक से पत्राचार द्वारा सम्पर्क हुआ। फोन पर भी बात हुई और मेल/व्हाट्सएप पर भी। ये महानुभाव हिन्दी प्रकाशन-संसार से विगत साठ वर्षों से जुड़े हुए हैं। हिन्दी प्रकाशन की दुनिया के ज्ञान-कोश! उनको मेरा प्रकाशन-प्रस्ताव जँच गया और पुस्तक को छापने की हामी भरी। मेरा कर्मोत्साह बढ़ गया और अपने निबन्धों को मैंने पुनः संशोधित-परिवर्धित किया और पांडुलिपि को अन्तिम स्वरूप प्रदान किया। आजकल के कम्प्यूटर के युग में लेखन से जुड़ा कोई भी कार्य कठिन नही है। टाइपिंग से लेकर एडिटिंग तक तथा डॉक्यूमेंट्स के संग्रह से लेकर उनके सम्प्रेषण तक सारे काम कम्प्यूटर ने आसान कर दिए हैं।

मेरा अभीष्ट यह रहा कि इस संग्रह में ऐसे निबन्धों को दिया जाए जो सारगर्भित-ज्ञानगर्भित तो हों, साथ ही पाठकों को कश्मीर के प्राचीन और अर्वाचीन जीवन, इतिहास, संस्कृति और विविधायामी साहित्यिक 'रस-रंग' से भी रूबरू करा सकें। पिछले अनेक दशकों से कश्मीर सामाजिक-राजनीतिक कारणों से अशान्त भी रहा है। खासतौर पर घाटी का पंडित-समुदाय। अशान्ति के कारणों और उनसे हुए दुष्परिणामों का भी इस पुस्तक में यहाँ-वहाँ उल्लेख किया गया है। बल्कि पूरे तीन निबन्ध ही पंडितों के विस्थापन की त्रासदी को समर्पित हैं।

पाठक पुस्तक का स्वागत करेंगे, ऐसा विश्वास है।

–डॉ. शिबन कृष्ण रैणा

दशहरा
15 अक्टूबर, 2021

सतीसर से कश्मीर

कहते हैं कि मुगल बादशाह जहाँगीर जब पहली बार कश्मीर पहुँचे तो उनके मुँह से सहसा निकल पड़ा : "गर फिरदौस बर रूए जमीन अस्त, हमीं असतो, हमीं असतो, हमीं अस्त"। अर्थात्

"जन्नत अगर पूरी कायनात में कहीं पर है, तो वह यहीं है, यहीं है, यहीं है।"

भारत का मुकुटमणि, धरती का स्वर्ग, यूरोप का स्विट्जरलैंड, कुदरत की कारीगरी और अकूत खूबसूरती का खजाना : पहाड़, झीलें, वनस्पति, हरियाली, महकती पवन...। ऐसा लगता है मानो पूरा-का-पूरा 'स्वर्ग' धरती पर उतर आया हो! यह नजारा है कश्मीर की धरती का। तभी तो इसे धरती का 'स्वर्ग' कहा जाता है।

कश्मीर घाटी का नाम कश्मीर कैसे पड़ा? इसके पीछे एक दिलचस्प कहानी है :

कश्मीर को कश्मीरी भाषा में 'कशीर' तथा इस भाषा को 'का' 'शुर' कहते हैं। 'कश्मीर' शब्द के कशमीर, काश्मीर, काशमीर आदि पर्यायवाची भी मिलते हैं। इनमें से सर्वाधिक शब्द कश्मीर ही है। इस शब्द की व्युत्पत्ति के सम्बन्ध में अनेक मत हैं।

कहते हैं कि हजारों-सैकड़ों साल पहले कश्मीर में नाग जाति के लोग रहते थे। पौराणिक गाथाओं के अनुसार इन नागों का राजा कश्यप ऋषि का पुत्र नीलनाग था। यह तब की बात है जब सारा कश्मीर जलमग्न था। केवल ऊपरी भागों अथवा पर्वतीय स्थानों पर नाग जाति के लोग रहते थे। पानी में डूबा सारा भू-भाग 'सतीसर' कहलाता था। इसी सतीसर में जलोद्भव (जलदभू) नाम का विशालकाय दैत्य रहता था। अपनी कठोर तपस्या से ब्रह्मा को प्रसन्न कर जलदभू को तीन वर प्राप्त हुए थे। एक, जब तक वह जल में है, कोई इसे मार नहीं सकता। दो, अतुलनीय शक्ति और पराक्रम व तीन, मायावी शक्ति की प्राप्ति। उस क्रूर दैत्य ने आसपास की पहाड़ियों पर रहने वाले नागों का जीवन नरकतुल्य बना दिया था। वह उनको अपार पीड़ाएँ पहुँचाता, भक्षण करता आदि-आदि।

जलदभू की क्रूरता से दुखी होकर नागों के राजा नीलनाग ने तीर्थयात्रा पर निकले कश्यप ऋषि से जलदभू के अत्याचारों की करुण-कथा वर्णित की। तब

नीलनाग को साथ लेकर कश्यप ब्रह्मलोक में गए। वहाँ से ब्रह्मा, विष्णु, महेश के साथ वे सतीसर की ओर चल पड़े। कहा जाता है कि उनका अनुगमन अन्य देवताओं और असुरों ने भी किया। सभी अपने-अपने वाहनों पर सवार होकर चल दिए। सुर और असुर दोनों की सेनाएँ भी सतीसर पहुँच गईं। सेनाओं के गगनभेदी स्वर ने जलदभू दैत्य को सतर्क कर दिया। वह जल में छिप गया। जल में उसे अमरत्व प्राप्त था। उसे जल से बाहर निकालना आवश्यक हो गया। जलदभू चूँकि जल में सुरक्षित था, अत: टस-से-मस नहीं हुआ। तब युक्ति से काम लिया गया। सतीसर के पानी को बाहर निकालने की बात सोची गई। नीलमत पुराण के अनुसार भगवान विष्णु ने बलभद्र की सहायता से हल के प्रहार द्वारा बारहमूला के निकट (आधुनिक बारामूला) पहाड़ को तोड़ दिया। पानी वेग से निकलने लगा। तब जलदभू ने माया का खेल रचकर अन्धकार का सृजन किया। घोर अन्धकार में सारा परिक्षेत्र डूब गया। तब शिव ने सूर्य और चन्द्र को अपने हाथों में ले लिया जिससे अन्धकार दूर हो गया। तब विष्णु और जलदभू दैत्य का युद्ध हुआ। दैत्य खूब पराक्रम के साथ लड़ा। पानी के निकल जाने के कारण वह कीचड़ में धँसा रहा। भीषण युद्ध के पश्चात् भगवान ने चक्र द्वारा जलोद्भव का सिर धड़ से अलग कर दिया।

दैत्य के मारे जाने व जल के निकल जाने से सतीसर सुन्दर घाटी में बदल गया। देवता स्वर्ग के समान सुन्दर इस रमणीक प्रदेश को देख आनन्दित हुए और प्रत्येक ने अपनी-अपनी रुचि के अनुसार यहाँ रमण किया व देवियों ने विभिन्न नदियों का रूप धारण किया। तब कश्यप ने, जिनके प्रयासों से इस भू-भाग का उद्धार हुआ, विष्णु से कहा, 'अब यह प्रदेश मानव-जाति के रहने योग्य हो गया है, आप आशीर्वाद दें तो यहाँ मनुष्यों को बसाने की व्यवस्था की जाए। नाग जाति के लोगों ने मनुष्यों के साथ रहना स्वीकार नहीं किया जिस पर कश्यप ऋषि ने रुष्ट होकर शाप दे दिया : "अब तुम पिशाचों के साथ रहोगे।"

शनै:-शनै: आसपास के मैदानी क्षेत्रों से अनेक लोग कश्मीर आने लगे। कृषि द्वारा वे अपना भरण-पोषण करते, खेती करते, फसल उगाते और उपज को अपने साथ ले जाकर सर्दियों में छह महीनों के लिए वापस मैदानी इलाकों में चले जाते। घाटी में सर्दियों में इन छह महीनों के लिए पिशाच लोग यहाँ आकर रहने लगते। वर्षों तक यही क्रम चलता रहा।

एक बार जब अपनी-अपनी उपज लेकर कश्मीरवासी सर्दियों के आने पर मैदानी क्षेत्रों की ओर प्रस्थान करने लगे तो उनका एक साथी चन्द्रदेव जो सम्भवत: बुढ़ापे के कारण अशक्त और जीवन से उदासीन हो चुका था, पीछे रह

गया। उधर पिशाचराज निकुम्भ अपने दलबल सहित कश्मीर आया। चन्द्रदेव को देख पिशाच उसे यातनाएँ देने लगे। बड़ी कठिनाई से पिशाचों से जान बचाकर उसने नागों के राजा नीलनाग के यहाँ शरण ली। उस समय नीलनाग का आवास सतीसर के निकट वह स्थान था, जहाँ पर भगवान ने हल के प्रहार से सतीसर का सारा पानी बाहर निकाल दिया था। चन्द्रदेव ने देखा कि नीलनाग सिंहासन पर विराजमान हैं और सैकड़ों नाग-नागिनें उनकी सेवा में दत्तचित्त हैं। चन्द्रदेव नीलनाग के पैरों में गिरा और उसकी प्रशंसा में एक-दो श्लोक रचे। नीलनाग प्रसन्न हुआ और उसे कोई भी वर माँगने को कहा। चन्द्रदेव इसी अवसर की तलाश में था। उसने कश्मीर वासियों की कठिनाइयों का करुण वर्णन किया : कैसे छह मास के लिए उन्हें विवशतापूर्वक कश्मीर छोड़ना पड़ता है, कैसे सर्दियों के छह मास के दौरान पिशाच उनके घरों, खेतों, वृक्षों आदि को तहस-नहस कर डालते हैं आदि-आदि। कश्मीरियों को पूरे एक वर्ष के लिए घाटी में रहने की अनुमति प्रदान की जाए।

नीलनाग ने चन्द्रदेव की बात मान ली और कश्मीर में स्थायी रूप से रहने की स्वीकृति प्रदान की। साथ में इस बात का स्मरण भी कराया कि कश्मीर वासियों को यहाँ रहने के लिए निर्धारित रीति-रिवाजों, कृत्यों, अनुष्ठानों का पालन करना होगा। आने वाले छह महीनों तक चन्द्रदेव नीलनाग के साथ रहा। चैत्र मास में लोग मैदानी क्षेत्रों से कश्मीर आने लगे। चन्द्रदेव को जीवितावस्था में पाकर उन सबके आश्चर्य की सीमा न रही। उन्हें पक्का विश्वास था कि सर्दियों में पिशाचों ने चन्द्रदेव की बोटी-बोटी नोच ली होगी। तब चन्द्रदेव ने उनको सारी कहानी विस्तार से समझाई और यह भी बताया कि घाटी में स्थायी रूप से रहने के लिए उन्हें नीलनाग द्वारा निर्दिष्ट कतिपय धार्मिक कृत्यों का अनुपालन करना होगा। यह सुनकर सभी लोग हर्षित हो उठे।

उन्होंने स्थायी रूप से अपने घर, मंदिर, गाँव आदि बनाए। नीलनाग द्वारा बताए गए विधान की पालना का उन्होंने प्रण किया। यक्षों, नागों व अन्य दैवी शक्तियों की संतुष्टि के लिए वे विभिन्न पर्व और त्योहार मानने लगे। 'गाड बत्त', 'खेचरी-मावस' आदि कृत्य इसी विधान के सूचक हैं और आज तक कश्मीरियों द्वारा मनाए जाते हैं। इस तरह 'सतीसर' कश्मीर कहलाया और कश्मीर में मानव संस्कृति का विकास हुआ। चूँकि यह सत्कार्य कश्यप की कृपा से सम्पन्न हुआ था इसलिए 'कशिपसर', 'कश्यपुर', 'कश्यपमर' आदि नामों से यह घाटी प्रसिद्ध हो गई। एक अन्य मत के अनुसार कश्मीर 'क' व 'समीर' के योग से बना है। 'क' का अर्थ है जल और 'समीर' का अर्थ है हवा।

जलवायु की श्रेष्ठता के कारण यह घाटी 'कसमीर' कहलाई और बाद में 'कसमीर' से कश्मीर शब्द बन गया। एक अन्य विद्वान के अनुसार कश्मीर 'कस' और 'मीर' शब्दों के योग से बना है। 'कस' का अर्थ है स्रोत तथा 'मीर' का अर्थ है पर्वत। चूँकि यह घाटी चारों ओर से पर्वतों से घिरी हुई है तथा यहाँ स्रोतों की अधिकता है, इसलिए इसका नाम कश्मीर पड़ गया। कुछ विद्वान 'कश्मीर' शब्द की व्युत्पत्ति 'काशगर' तथा 'कश' आदि से मानते हैं। उक्त सभी मतों में से कश्यप ऋषि से सम्बन्धित मत अधिक समीचीन एवं व्यावहारिक लगता है।

भूखंड कश्मीर ने अपनी विकास-यात्रा के दौरान कई मंजिलें तय की हैं। प्राचीनकाल से ही यह भूखंड विद्या-बुद्धि, धर्म-दर्शन और साहित्य-संस्कृति का प्रधान केन्द्र रहा है। इसे "रेश्य-वा'र" या संतों की भूमि भी कहा जाता है। यहाँ के मूल निवासी कश्मीरी पंडित कहलाते हैं। जैसा कि पूर्व में बताया गया कि प्रारम्भ से ही कश्मीर भूमि उद्‍भट विद्वानों और मनीषियों की भूमि रही है। कश्मीर को 'शारदा देश' के नाम से भी पुकारा जाता है। शारदा देश यानी माता सरस्वती का निवास स्थान। कहते हैं कि ज्ञान की देवी सरस्वती ने अपने रहने के लिए जो स्थान पसन्द किया, वह कश्मीर है। अत: कश्मीर का नाम शारदा देश भी है। तभी विद्याप्रेमी हिन्दूजन प्रतिदिन शारदा देवी के श्लोक का पठन करते समय कहते हैं :
"नमस्ते शारदे देवी काश्मीरपुरवासिनि त्वामहं प्रार्थये नित्यं विद्यादानं च देहि मे।"
(अर्थ : हे कश्मीर-वासिनी सरस्वती देवी! आपको मेरा प्रणाम। आप हमें ज्ञान दें, यह मेरी आपसे नित्य प्रार्थना है।)

इस उक्ति से सहज ही समझा जा सकता है कि कश्मीर में कितने विद्वानों का प्रादुर्भाव हुआ होगा! ऋषियों, मुनियों, मठों-मंदिरों, विद्यापीठों और आध्यात्मिक केन्द्रों की इस भूमि ने एक से बढ़कर एक विद्वान उत्पन्न किए हैं। ये सब विद्वान पंडित कहलाए। ज्ञान रखने वाला और ज्ञान बाँटने वाला 'पंडित' कहलाता है। अत: ज्ञान की भूमि कश्मीर की जातीय पहचान ही 'पंडित' नाम से प्रसिद्ध हो गई। 'कश्मीरी' और 'पंडित' दोनों एकाकार होकर समानार्थी बन गए। कहना न होगा कि प्राचीनकाल में कश्मीर में जिस भी धर्म, जाति, प्रजाति या सम्प्रदाय के लोग रहे होंगे, कालान्तर में कश्मीरी हिन्दू अथवा पंडित ही धरती का स्वर्ग कहलाने वाले इस भूभाग के मूल निवासी कहलाए।

कल्हण और उनकी राजतरंगिणी

कश्मीर का अतीत गौरवशाली रहा है। अपनी इस गौरवशाली और बेजोड़ परम्परा के लिए कश्मीर का इतिहास समूचे भारतीय इतिहास में अपना विशेष महत्त्व रखता है। यह इतिहास जितना प्राचीन है, उतना ही समृद्ध और विविधतापूर्ण भी है। इस अनमोल परम्परा को जिस महापुरुष ने बड़े ही सिलसिलेवार तरीके से लिखकर काल के गर्भ में तिरोहित होने से बचाया है, उसका नाम है कल्हण। कल्हण का यह इतिहास 'राजतरंगिणी' कहलाता है। संस्कृत साहित्य में ही नहीं बल्कि विश्व साहित्य में 'राजतरंगिणी' की गिनती एक उच्चकोटि के इतिहास-ग्रंथ के रूप में की जाती है।

कश्मीर निवासी कल्हण जाति से ब्राह्मण था और उसका जन्म परिहासपुर में हुआ था। 'राजतरंगिणी' की रचना कल्हण ने 1148-1149 में प्रारम्भ की थी। कल्हण के पिता का नाम चम्पक था जो राजा हर्ष (1089-1101) के समय द्वारपति, मंत्री आदि महत्त्वपूर्ण पदों पर रह चुके थे। यह मंत्री-पुत्र कल्हण की प्रखर प्रतिभा और गहरी सूझ-बूझ का परिणाम है कि उसने अपने इतिहास का नाम 'राजतरंगिणी' रखा। कल्हण एक कुशल इतिहासकार ही नहीं, एक कुलीन कवि भी था। उसने एक सफल कवि की तरह तरंगिणी अथवा नदी की तुलना राज्य से की है। नदी के जल के समान देश में राजा आते हैं, जाते हैं, किन्तु राजसिंहासन खाली नहीं रहता। जल की धारा राज का प्रवाह है जो न कभी सूखता है और न लौटकर ही आता है। तरंगिणी की यह धारा अविच्छिन्न रूप में बहती रहती है। तरंगिणी की इस धारा को कल्हण के बाद 16वीं शताब्दी तक जोनराज, श्रीवर शुक आदि ऐतिहासिक कवियों ने भी सूखने नहीं दिया। उसमें जल बह रहा है, बहता रहेगा—भले ही देशकाल वातावरण के अनुसार उसके रूप-रंग और स्वाद में अन्तर क्यों न पड़ गया हो। कल्हण के लगभग 300 वर्ष पश्चात् जोनराज ने सन् 1471-72 में राजतरंगिणी लिखी। श्रीवर ने जैन राजतरंगिणी सन् 1486 में कश्मीर के बादशाह जैनुलाब्दीन बडशाह के समय में लिखी। इसके बाद राजतरंगिणी की परम्परा को आगे बढ़ाते हुए शुक पंडित ने अपनी राजतरंगिणी सन् 1596 में लिखी।

शुक प्राचीन शैली का अन्तिम लेखक था जिसने राजतरंगिणी लिखने की परम्परा का कुशलतापूर्वक निर्वाह किया है।

कल्हण ने राजतरंगिणी इस उद्‌देश्य से लिखी थी कि लोग उससे लाभ उठाएँ। उसे सुनें, उसके पात्रों तथा उसमें वर्णित चरित्रों से प्रेरणा लेकर उन्हें याद रखें। राजतरंगिणी धार्मिक नहीं बल्कि एक राजनैतिक अथवा ऐतिहासिक कथा है। धार्मिक कथा के कारण जिस प्रकार चरित्र विकसित होता है, आत्मा का विस्तार होता है, ठीक उसी प्रकार इस राजनीतिक कथा के कारण राजाओं और देश का चरित्र सुधरेगा, यही कल्हण की मंशा थी। राजतरंगिणी लिखने का कल्हण का दूसरा कारण यह भी था कि उसने अनुभव किया था कि कितने ही कश्मीर के राजा विस्मृति के सागर में डूब गए थे। कतिपय कवियों की रचनाओं के कारण कुछेक राजाओं की ही स्मृति शेष रह गई थी। कल्हण का मानना है कवि अपनी रचनाओं की वजह से स्वयं जीवित तो रहता ही है, दूसरों को भी जीवित रखता है। राजकीय पदों पर रहने वाले मंत्री, सभासद, सेनानायक सबके सब काल के गाल में समा गए किन्तु कल्हण अपनी बेमिसाल और बेजोड़ राजतरंगिणी की वजह से अमर हो गया। कल्हण इसलिए भी जीवित रह गया कि उसने विश्व में भारतीयों को इस कलंक से मुक्त किया कि भारतीयों का इतिहास नहीं है। कल्हण ने कश्मीर के इतिहास को लुप्त होने से बचाया है। हजारों वर्षों के प्राचीनकालीन इतिहास को उसने आज तक जीवित रखा यह उसका हम पर ऋण है।

पहले कहा जा चुका है कि कल्हण कवि भी था और इतिहासकार भी। इस दृष्टि से 'राजतरंगिणी' काव्य और इतिहास का अद्‌भुत सम्मिश्रण है। कल्हण ने इतिहास जैसे शुष्क और नीरस विषय को भी काव्यमय बनाने की कोशिश की है और इसमें वह सफल भी हुआ है। कश्मीर के ही नहीं, भारत के इतिहास में उसका योगदान महत्त्वपूर्ण है। विलक्षण प्रतिभा के धनी उस महापंडित ने राजाओं के काल, स्थान आदि जो अस्थिर, अनियमित और अनिश्चित थे, स्थिर किए। पाठकों की उदात्त भावनाओं को जागृत किया तथा नीति वचनों का प्रयोग कर अपने काव्य को गरिमायुक्त बनाया।

कल्हण को अपनी मातृभूमि कश्मीर से बेहद प्यार था। उसकी आत्मा कश्मीर के कण-कण में बसी हुई थी। उसने जहाँ भी कहीं कश्मीर का उल्लेख किया है, वहाँ उसकी भक्ति और श्रद्धापूर्ण गरिमा के साथ प्रकट हुई है। कश्मीर के लिए कल्हण ने माता शब्द का प्रयोग किया है। उसकी देशभक्ति अथवा स्वदेश प्रेम की भावना उस समय पराकाष्ठा पर पहुँच जाती है, जब भगवान श्रीकृष्ण के मुख से वह कहलवाता है : कश्मीर पार्वती स्वरूप है और वहाँ का राजा शिव (हर) का अंश है। कश्मीर की

अजेय शक्ति पर गर्व करता हुआ कल्हण का एक अन्य स्थान पर कहता है–"कश्मीर पर बल द्वारा नहीं केवल पुण्य द्वारा विजय प्राप्त की जा सकती है। यहाँ के निवासी केवल परलोक से भयभीत होते हैं, न कि शस्त्रधारियों से...।"

कल्हण बहुमुखी प्रतिभा का धनी था। उसका अध्ययन काफी विस्तृत था। राजतरंगिणी में उसने महाभारत और रामायण की घटनाओं का प्रचुर मात्रा में उल्लेख किया है। इन दो महाकाव्यों की तुलना उसने राजतरंगिणी में की है। कल्हण ने कश्मीर के प्राचीनतम पुराण नील मुनि द्वारा रचित 'नीलमतपुराण' का विशेष अध्ययन किया था। इसके अलावा ऐसा लगता है कि उसने कालिदास के रघुवंश, मेघदूत, बाण के हर्षचरित आदि का भी अध्ययन किया था। वेद, पुराण, व्याकरण, अर्थशास्त्र, स्मृति, आयुर्वेद का उसका अध्ययन भी कम न था। दामोदर गुप्त के 'कुट्टनीमतम्' तथा भरत के 'नाट्यशास्त्र' का भी उसने अध्ययन किया था। ज्योतिष का भी उसे खासा ज्ञान था। उसने राजा हर्ष की कुंडली राजतरंगिणी में दी है। हर्ष के क्रूर ग्रहों की तुलना उसने धृतराष्ट्र के पुत्र दुर्योधन से की है।

कल्हण की 'राजतरंगिणी' कश्मीर की प्राचीन सामाजिक और संस्कृति विरासत का बहुमूल्य दस्तावेज है। कल्हण ने प्रत्येक राजा के समय के रीति-रिवाजों, खान-पान, संस्कारों, अन्धविश्वासों, जनश्रुतियों, परम्पराओं, शकुन-अपशकुनों का प्रसंग आते ही उल्लेख किया है। नारी के प्रति कल्हण का दृष्टिकोण सम्मानजनक था। नारी को उसने जननी, माता और प्रकृति का अंग माना है। शीलवती नारियों की उसने मुक्तकंठ से प्रशंसा की है। पुरुष और स्त्री दोनों का समाज में समान स्थान है, यह कल्हण बराबर मानता रहा है। सिंहासन को सुशोभित करने वाली रानियों को उसने 'प्रजानाम मातरम' जैसे पूजनीय शब्दों से सम्बोधित किया है।

कल्हण स्पष्टवादी था। उसने उत्तरकालीन कश्मीरी नरेशों की भीरुता, पक्षपात, दुराग्रह, कलह, क्षुद्रता, सैनिकों की कायरता, विश्वासघात का खुलकर वर्णन और निन्दा की है। ब्राह्मणों के दोषों की भी निन्दा की है तथा राजपूतों के शौर्य की प्रशंसा की है। कुल मिलाकर कल्हण एक प्रगतिशील कवि और इतिहासज्ञ था। वह धार्मिक संकीर्णता तथा जातीय असहिष्णुता से ऊपर था। उसने घटना-चक्रों से व्यापक निष्कर्ष निकालकर व्यापक सिद्धान्तों को काव्यमयी भाषा में निरूपित किया। कल्हण को विश्वास था कि उसके इतिहास के पठन-पाठन से भविष्य के राजाओं की परम्परा अच्छी होगी। वे आदर्श राजा होंगे तथा जनता का मनोबल बढ़ेगा।

कल्हण की राजतरंगिणी को पंडित जवाहरलाल नेहरू ने विश्वसाहित्य का एक मूल्यवान ग्रंथ स्वीकार करते हुए उसे राजनीतिक, सामाजिक तथा कुछ

हद तक आर्थिक सूचनाओं का भंडार माना है। उनके अनुसार राजतरंगिणी मात्र इतिहास नहीं बल्कि एक उत्तम कलाकृति है। कश्मीर के प्रजावत्सल शासक जैनुलाब्दीन (बडशाह, 15वीं शताब्दी) ने इस अनुपम इतिहास-ग्रंथ का फारसी में अनुवाद कराया था।

बाद में शहंशाह अकबर के आदेश पर अबुल फजल ने अपनी 'आईना-ए-अकबरी' में इस ग्रंथ के कई सारे विवरण समाविष्ट किए। विदेशी विद्वान मूरक्राफ्ट जब 1823 में कश्मीर आया तो वह इस ग्रंथ की एक प्रति अपने साथ ले गया। जिसका बाद में फ्रेंच भाषा में एम. ट्रोयर ने अनुवाद किया। 1900 में डॉ. स्टेन ने राजतरंगिणी का प्रामाणिक पाठ अंग्रेजी अनुवाद सहित प्रकाशित कराया। आगे चलकर 1935 में श्री आर.एस. पंडित ने 'राजतरंगिणी' का एक और अनुवाद प्रस्तुत किया। अंग्रेजी भाषा में किए श्री पंडित के इस अनुवाद का मुख्य लक्ष्य कल्हण की काव्यगत विशेषताओं को उजागर करना था। हिन्दी में 'राजतरंगिणी' का सुन्दर अनुवाद करने वालों में सर्वश्री गोपीकृष्ण शास्त्री, श्रीराम तेज शास्त्री तथा डॉ. रघुनाथ सिंह के नाम उल्लेखनीय हैं। इनमें डॉ. रघुनाथ सिंह का अनुवाद सटीक ही नहीं, ज्ञानगर्भित और प्रमाण-पुष्ट भी है।

कश्मीर का संक्षिप्त इतिहास

कल्हण ने 'राजतरंगिणी' में कश्मीर का इतिहास गोनन्द-2 नाम के राजा से प्रारम्भ किया है। यह वह समय है जब पांडवों के राजा युधिष्ठिर का राजतिलक हुआ था। गोनन्द-2 मगध के राजा जरासंध का निकट-सम्बन्धी था। यमुना तट पर जब श्रीकृष्ण के साथ जरासंध ने युद्ध किया, तो इसमें गोनन्द-2 ने भी भाग ले लिया था। गोनन्द-2 के पश्चात् उनके पुत्र दामोदर ने कश्मीर का शासन सँभाला। कल्हण के अनुसार दामोदर के पश्चात 35 राजाओं ने कश्मीर पर शासन किया मगर इनके सम्बन्ध में आज तक किसी भी इतिहासकार को कोई प्रामाणिक सामग्री प्राप्त नही हुई है। विश्वास किया जाता है कि इनका सम्बन्ध पांडवों की वंश परम्परा से रहा होगा क्योंकि कश्मीर में पांडवों के बहुत से खँडहर प्राप्त हुए हैं। कल्हण ने अपनी कृति में ऐसे केवल आठ राजाओं का उल्लेख अनुमान के आधार पर किया है। इनके नाम हैं लव, कुश, खजेन्द्र, सुरेन्द्र, गोधारा, सुवर्ण, जनक और शचीनार। बडशाह के राजत्वकाल में इन अज्ञात राजाओं पर शोध के बाद श्रीवर ने 'जैन-राजतरंगिणी' में केवल तीन ऐसे राजाओं का उल्लेख किया है। इनके नाम हैं हरणदेव, भीमसेन तथा सन्दिमान। इनमें से अन्तिम के नाम पर 'सन्दिमाननगर' बसा हुआ था। कहा जाता है कि इन्होंने अपने राज्य का विस्तार गान्धार से कन्नौज तक किया था।

भारत के समकालीन ऐतिहासिक तथ्यों से हमें जिन राजाओं की सही जानकारी प्राप्त होती है, उनमें मगध के सम्राट अशोक का नाम सर्वोपरि है। चीनी यात्री ह्वेनसांग के अनुसार इन्होंने कश्मीर में बौद्ध-धर्म के प्रचार-प्रसार के लिए पाँच हजार बौद्ध-भिक्षु भेजे थे। अशोक को श्रीनगर की राजधानी 'पुराणादिष्ठान:' (वर्तमान पान्द्रेठन) बसाने का श्रेय प्राप्त है। इनके राजत्वकाल में यहाँ 66 हजार मकान थे। बौद्ध-धर्म के प्रचार-प्रसार के लिए इन्होंने यहाँ कई बौद्ध-विहारों का निर्माण किया था। बौद्ध-धर्म के वे प्रशंसक थे। कहा जाता है कि वे वर्ष में एक बार हरमुकुट गंगा जाकर भगवान शिव की पूजा करते थे। इन्होंने विजेश्वर (वर्तमान बिजबिहारा) में दो भव्य मंदिरों का निर्माण कर इन्हें भगवान शिव को समर्पित किया था। इस समय स्मृतिस्वरूप पुराणादिष्ठान: में इनका बनाया एक जीर्णप्राय बौद्ध विहार विद्यमान है।

5वीं शती में हूण आक्रान्ताओं ने उत्तरी भारत पर आक्रमण किया। इनमें मिहिरकुल का नाम सर्वोपरि है। इन्होंने पीरपांचाल दर्रे को पार करके कश्मीर घाटी में प्रवेश किया। दरअसल, तोरमाण भारतवर्ष पर आक्रमण करने वाला चीन से आने वाले हूणों का नेता था जिसने 500 ई. के लगभग मालवा पर अधिकार किया था। मिहिरकुल तोरमाण का ही पुत्र था, जिसने हूण साम्राज्य का विस्तार अफगानिस्तान तक किया। तोरमाण ने कई विजय अभियान किए थे, एक बड़े विस्तृत भू-भाग पर अपना साम्राज्य स्थापित किया था। अपनी विजयों के बाद उसने 'महाराजाधिराज' की उपाधि धारण की थी। भारत के काफी बड़े क्षेत्रफल पर उसने अपनी विजय पताकाएँ फहराई थीं जिसमें कश्मीर भी शामिल था। उसका प्रभुत्व सम्भवत: मध्य प्रदेश की पहाड़ियों तथा मध्य भारत तक व्याप्त था। बहुत बड़ी संख्या में तोरमाण के चाँदी के सिक्के बरामद हुए हैं। इनके राजत्वकाल में कश्मीर की राजधानी सकाला (वर्तमान स्यालकोट) थी। ये एक निर्दयी राजा हुए हैं। इन्होंने कई बौद्ध-भिक्षुओं को निरपराध मार डाला। बौद्ध विहार और स्तूप नष्ट करवाए। इनके स्थान पर मंदिरों का निर्माण कराया। कहा जाता है, एक बार इन्होंने पीर-पांचाल से एक हाथी को गिरते हुए देखा। उसकी चिंघाड़ को सुनकर वे इतने खुश हुए कि इन्होंने उसी समय अपने मनोरंजन के लिए एक सौ हाथियों को उसी स्थान से गिराने का आदेश दे दिया। इसके बाद उनके पुत्र ने कश्मीर का शासन सँभाला। ये बड़े कृपालु राजा हुए हैं। इन्होंने अपने पिता के प्रति जनता की कटु-स्मृतियों को दया एवं सौहार्द में परिवर्तित किया। इसी वंशपरम्परा के अन्य पाँच राजा हुए हैं–सीतानन्द, वसुनन्द, नारा, अशोक तथा प्रतापादित्य। इनमें से अन्तिम का एक पुत्र जलौक तथा पौत्र तुंजीन था। इनकी शासनावधि में कश्मीर की ललित कलाओं का अभूतपूर्व विकास हुआ।

राजतरंगिणी में ऐसे कई राजाओं का उल्लेख मिलता है जिन्होंने जनता की काफी सेवा की है। इनमें गोपादित्य के पुत्र मेघवाहन का नाम उल्लेखनीय है। इन्होंने असम के राजा की पुत्री अमृतप्रभा के साथ विवाह किया था। उसने एक पुत्र को जन्म दे दिया जिसका नाम श्रेष्ठसेन था। उसके दो पुत्र हुए। एक का नाम था तनुजा तथा दूसरे का प्रवरसेन। ये दोनों कार्यकुशल राजा थे। तनुजा के दो पुत्र थे–तोरमान और हिरण्य। इनमें से पहले तोरमान ने कश्मीर का शासन सँभाला। तोरमान का जो लड़का हुआ, वह अपने चाचा के नाम पर प्रवरसेन-1 कहलाया। प्रवरसेन-1 कारकोट वंश परम्परा से सम्बन्ध रखते थे। अपने पूर्वजों का राज वापस लेने के उद्देश्य से इन्होंने मातृगुप्त के विरुद्ध कांगड़ा में सेना इकट्ठी की। बाद में इन्होंने कश्मीर राज्य का विस्तार भारत के उत्तरी सीमाओं तक किया।

कश्मीर-इतिहास में कारकोट वंशीय राजाओं की शासनावधि स्वर्ण-युग के नाम से अभिहित की जाती हैं। इस वंश परम्परा का शासन 6वीं शती से शुरू होकर 8वीं शती के मध्य तक स्थिर रहता है। इस वंश परम्परा से सम्बन्धित जो लोकप्रिय राजा हुए हैं, उनमें चन्द्रपीड, ललितादित्य मुक्तापीड, जयापीड तथा सुखवर्मन का नाम उल्लेखनीय है। चन्द्रपीड वीर एवं साहसी राजा थे। कहा जाता है, उस समय चीन का राजा भी उनका नाम लेते डर जाता था। परन्तु सारे भारत में कारकोट वंश के यशकीर्ति की किरण प्रज्वलित करने का श्रेय ललितादित्य मुक्तापीडा को प्राप्त है। कश्मीर-इतिहास में इनको सर्वोच्च स्थान प्राप्त है। अपने राजत्वकाल में इन्होंने सेना को पंजाब, गुजरात, मालवा, काठियावाड़ तथा मेवाड़ तक तथा दूसरी ओर बिहार तथा बंगाल तक भेजा था। इसके अतिरिक्त इन्होंने कश्मीर राज्य का विस्तार तिब्बत और बद्खंशा तक किया। कश्मीर-घाटी के नवनिर्माण में इनका अनुपमेय योग रहा है। मटन में मार्तंड मंदिर का निर्माण तथा परिहासपुर (वर्तमान शादीपुर) का बसाना इन्हीं की देन है। कल्हण के अनुसार ललितादित्य ने यहाँ अपना निवास और चार मंदिरों का निर्माण कराया था। इनमें से एक विष्णु मुक्तकेशव को समर्पित था, जिसमें 84,000 तोले सोने की प्रतिमा स्थापित की गई थी। इसी तरह के एक मंदिर में चाँदी की एक प्रतिमा थी। उन्होंने एक भगवान बुद्ध की ताँम्बे की प्रतिमा बनवाई जो 'आकाश को छूती थी'।

ललितादित्य को हिन्दू-धर्म पर अविचल विश्वास था, परन्तु साथ ही साथ बौद्ध-धर्म पर भी श्रद्धा रखते थे। यही कारण है कि इन्होंने बौद्धों के भी कई विहार बनाए जिनमें उष्कर का बौद्ध-विहार उल्लेखनीय है। कलापारखी और विद्वान होने के कारण इनके शाही दरबार में कई विद्वान और कला प्रेमी मौजूद रहते थे।

कारकोट वंश के राजाओं के अवसान के बाद अवन्तिवर्मन ने यहाँ उत्पल वंश की स्थापना की। ये अवन्तिपुर नगर के निर्माता थे। इनके राजमहल में आनन्दवर्द्धन तथा रत्नाकर जैसे विद्वान मौजूद रहते थे। प्रसिद्ध इंजीनियर सुया, जिन्होंने कश्मीर को बाढ़ के आतंक से बचाने के लिए वितस्ता के तटों पर कई बाँध बनाए, इनका एक दरबारी इंजीनियर था। वर्तमान सोपुर कस्बा सूया के ही नाम पर बसा हुआ है। अवन्तिवर्मन के पुत्र शंकर वर्मन भी एक सकुशल प्रशासक, राजनीतिक और सफल योद्धा थे। कहा जाता है, इनके पास 6 लाख से अधिक सेना थी। अपने राजत्वकाल में झेलम और चिनाब का मध्य क्षेत्र पुन: जीत लिया। यह सारा क्षेत्र कारकोट राजाओं के राजत्वकाल में विदेशियों ने अपने अधिकार में कर लिया था। इसके पश्चात् 34 वर्षों की कालावधि में लगभग दस उत्पल वंशीय राजाओं ने कश्मीर का शासन सँभाला जिनमें शंकर वर्मन की पत्नी

भी एक थीं। इसी कड़ी के अन्तिम राजा क्षेमगुप्त का उल्लेख भी मिलता है जो विलासी स्वभाव के थे।

क्षेमगुप्त के निधन के बाद उनके बेटे अभिमन्यु ने कश्मीर का शासन सँभाला। मगर शासन की असली भागदौड़ उसकी माता दिद्दा के हाथों में थी। दिद्दा बहुत सुन्दर थी, लेकिन एक टाँग से लँगड़ी थी। कश्मीर का शासन अन्तिम रूप से सँभालने की इच्छा से उसने अपने दो पौत्रों त्रिभुवन और भीमगुप्त का वध करवाया। दिद्दा लोहार वंश से सम्बन्ध रखती थीं। अपने राजत्वकाल में वह तुंग नामक एक चरवाहा से प्रेम करने लगीं जिसको बाद में उसने कश्मीर का प्रधानमंत्री बनाया। अपना कोई सन्तान न होने के कारण उसने भाई के पुत्र संग्राम राज को कश्मीर का राजकुमार बनाया। वह एक सकुशल शासिका थीं। उसने 'दिद्दमठ' (वर्तमान दिद्दमर) का निर्माण किया। इसे लोग लँगड़ी और चुड़ैल रानी कहते थे, परन्तु वह बहुत ही बहादुर और सुन्दर थी। उसके चर्चे सम्पूर्ण भारत में थे। प्राचीन संस्कृत कल्हण ने कश्मीर के इतिहास की सबसे शक्तिशाली महिला शासक दिद्दा का उल्लेख किया है। कहते हैं कश्मीर के राजा क्षेमेन्द्र गुप्त एक बार आखेट पर निकले और उन्होंने एक बहुत खूबसूरत लड़की को देखा और वे उसे दिल दे बैठे, परन्तु वह लड़की अपंग/लँगड़ी थी। राजा ने फिर भी उससे विवाह किया। लोहार राजवंश रानी दिद्दा बचपन में ही युद्ध कला में पारंगत हो गई थी और वह तरह-तरह के खेलों में भी निपुण थी। राजा क्षेमेन्द्र गुप्त ने जब पहली बार उसे देखा तो उसकी खूबसूरती पर मोहित होकर उससे विवाह कर लिया। बाद में रानी ने राजकाज में भी भागीदारी निभानी शुरू कर दी। दिद्दा बहुत ही तीक्ष्णबुद्धि वाली महिला थी और वह तथा उसके सैनिक गुरिल्ला युद्ध करना जानते थे। रानी बहुत ही चालाकी से जंग लड़ती थी इसीलिए उसे लंगड़ी रानी और चुड़ैल रानी भी कहा जाता था। मान्यता है कि जब कई राजा-महाराजा दिद्दा से हार गए तो उन्होंने अपनी शर्म को छुपाने के लिए दिद्दा को चुड़ैल कहना शुरू कर दिया जिसके चलते वह चुड़ैल रानी के नाम से प्रसिद्ध हो गई। यह भी मान्यता है कि जब दिद्दा के पति क्षेमेन्द्र गुप्त की मृत्यु हुई तो सत्ता हासिल करने के लिए उसके शत्रुओं ने उसे सती प्रथा का हवाला देकर सती करवाना चाहा परन्तु दिद्दा बहुत ही चतुर थी उसने अपनी नीति के चलते क्षेमेन्द्र गुप्त की पहली पत्नी को सती करवा दिया और अपनी शर्तों के बल पर राजगद्दी पर ताकतवर महिला बनकर बैठ गई और उसने लगभग 50 वर्षों राज किया।

संग्रामराज के बाद जिन राजाओं ने कश्मीर का राजपाठ सँभाला उनमें हर्ष का नाम उल्लेखनीय है। हर्ष एक कुशल प्रशासक होने के साथ-साथ कलाप्रेमी और एक कवि भी थे। इनके दरबार में विद्वानों, कवियों एवं संगीतज्ञों की चहल-पहल

हर समय रहती थी। कश्मीरी संगीत में कर्नाटक-संगीत की शैलियों का सम्मिश्रण करने का श्रेय इन्हीं को प्राप्त है। इन्हीं के राजत्वकाल में कल्हण ने राजतरंगिणी की रचना की है। अपने राजत्वकाल के अन्तिम दिनों में डामर कबीले के सरदारों ने उससे सत्ता छीनने की कोशिश की, परन्तु हर्ष ने इनको अपने पूरे युद्ध-कौशल से हराया। मगर दुर्भाग्य से ऐसे हमले बार-बार होते रहे। अन्त में हर्ष की सेना को मुँह की खानी पड़ी। इनका राजमहल नष्ट कर दिया गया। देश में अशान्ति फैल गई। अन्त में जब इन्होंने कश्मीर से बाहर भागने की कोशिश की तो इनका वध कर दिया गया। इसके बाद डामर कबीले के सरदारों ने सत्ता अपने हाथों में ले ली। इन सरदारों में मुख्य थे उचल और ससुल। इन दोनों ने लगभग 20 वर्षों तक कश्मीर पर अपना एकाधिकार स्थापित किया। इसी बीच हर्ष के पौत्र भीकक्षाचार्य ने उनसे सत्ता हथियाने के कई प्रयत्न किए, परन्तु इनके सारे प्रयास असफल रहे।

कश्मीर में हिन्दू शासन के अन्तिम राजा जयसिंह हुए हैं। यह ससुल का पुत्र था। यद्यपि इनके बाद उपाध्याय, रामदेव आदि नरेशों ने कश्मीर का राजपाठ सँभाला है, परन्तु इनके शासन-काल की तिथि निश्चित नहीं है। इनके सम्बन्ध में कहा जाता है कि कजाला नामक किसी तुर्की आक्रान्ता ने इन्हें मार डाला।

जयसिंह की मृत्यु के बाद, कश्मीर की राजनीतिक स्थिति शान्तिपूर्ण नहीं रही। अब से लगभग दो शतियों तक किसी भी राजा ने स्थायी रूप से यहाँ का शासन नहीं सँभाला। इसी कालावधि में उत्तरीय क्षेत्रों से आए कई मुसलमान आक्रान्ताओं ने कश्मीर पर अपने एकाधिकार स्थापित करने के प्रयत्न किए, किन्तु दुर्गम पहाड़ी रास्तों के कारण वे यहाँ प्रवेश नहीं कर पाए। लेकिन राजा सहदेव की गलत राजनीतिक नीतियों के कारण अब कश्मीर में विदेशियों का प्रवेश करना असम्भव नहीं रहा। आखिर वह समय भी आया जब दिल्चू नामक एक विदेशी आक्रान्ता ने कश्मीर पर आक्रमण किया। अबुल फजल के अनुसार ये चंगेज खाँ के वंशज तथा कंधार के राजा के सेनाध्यक्ष थे। इधर स्वात के शाहमीर, तिब्बत के रेचनशाह तथा दर्दिस्तान के लंकर चक्र यहाँ शरणार्थी बनकर आए। बाद में ये सहदेव के शाही दरबार में उच्च पदों पर बने रहे। दिल्चू आक्रान्ता के आक्रमण से संत्रस्त, सहदेव कश्मीर छोड़कर किश्तवाड़ चले आए। कश्मीर में इनके प्रधानमंत्री रामचन्द्र की बेटी कोटा रानी ने शासन सँभाला। इसने पर्शिया से आए उचल आक्रान्ता को कश्मीर से बाहर खदेड़ दिया। माना जाता है कि इसके लिए इसने रेचनशाह से सहायता माँगी। बाद में इसने रेचनशाह के साथ विवाह किया। रेचनशाह एक सकुशल प्रशासक था। वह बुलबुलशाह नामक एक मुस्लिम दरवेश के हाथों इस्लाम-धर्म में दीक्षित हुए थे। इनके निधन के बाद सहदेव के भाई उदयन देव ने कश्मीर का शासन सँभाला। कोटा रानी ने

उसके साथ पुनर्विवाह किया। इनके राजत्वकाल में विदेशी आक्रान्ताओं ने कश्मीर पर पुनः आक्रमण किया। लेकिन इनको तुरन्त खदेड़कर बाहर भगाया गया। उदयनदेव की मृत्यु के बाद कोटा रानी ने स्वयं कश्मीर पर शासन किया। 50 दिनों तक शासन करने के पश्चात् शाहमीर ने जो कोटा रानी का मुख्यमंत्री भी था, सुलतान शम्सुद्दीन के नाम से कश्मीर पर अपना एकाधिकार स्थापित किया और 'सलातीने-कश्मीर' नामक वंश परम्परा की नींव डाली। बाद में इसी वंश परम्परा के राजाओं ने 222 वर्षों तक कश्मीर का शासन सँभाला। कहना न होगा कि इसी कालावधि में कश्मीर में हमदान के मीर-अली सय्यद ने इस्लाम का प्रचार किया।

शाहमीरी वंश परम्परा के सुलतान सिकन्दर 'बुतशिकन' और जैनुलाब्दीन 'बडशाह' के नाम कश्मीर के इतिहास में विशेष महत्त्व रखते हैं। इनमें से प्रथम को मूर्तिभंजक कहा जाता है क्योंकि वह मूर्ति-पूजा के विरोधी थे। कहते हैं कि इस क्रूर शासक ने यहाँ के अनेक मंदिरों और पूजास्थलों को गिराया। अनेक हिन्दुओं का नरसंहार किया जिसके फलस्वरूप उस समय यहाँ केवल ग्यारह हिन्दू-घर बच गए थे। परन्तु जनता पर किए गए अत्याचार की कटु-स्मृतियों को इस आतायी शासक के पुत्र जैनुलाब्दीन 'बडशाह' ने भुलवा दिया। इन्होंने अपने राजत्वकाल में यहाँ से भागे हुए हिन्दुओं को बाहर से बुलाकर घाटी में फिर बसाया। इनके शाही-दरबार में बहुत से कवि, विद्वान एवं नीति-निपुण मंत्री थे। श्रीभट्ट नामक वैद्य, जिसने उसकी जान बचाई थी, उनको अपना शिक्षा/स्वास्थ्य मंत्री बनाया। कश्मीर के नव-निर्माण में इन्होंने उल्लेखनीय कार्य किए हैं। इनके राजत्वकाल में कश्मीरी ललित कलाओं का अभूतपूर्व विकास हुआ।

शाहमीरी वंश के बाद चकों ने कश्मीर पर स्थायी रूप से अपना एकाधिकार स्थापित किया। इनमें यूसुफशाह 'चक' का नाम उल्लेखनीय है। इन्होंने यहाँ की सुप्रसिद्ध कवयित्री हब्बा खातून के साथ विवाह किया था। बाद में मुगल सम्राट अकबर ने कश्मीर को अपने एकाधिकार में कर लिया। इनके पहले बाबर, हुमायूँ आदि ने भी कश्मीर को हथियाने के असफल प्रयास किए थे। इस बीच मुगल बादशाहों का कश्मीर के नव-निर्माण में अनुपमेय रहा। कश्मीर के मुगल बाग-बगीचे इसी नव-निर्माण के सूचक हैं।

मुगलों के बाद अफगानों ने कश्मीर पर शासन किया। पठान सरदारों ने यहाँ के लोगों पर तरह-तरह के अत्याचार किए। इन्होंने कश्मीर के नव-निर्माण के प्रति कोई ध्यान नहीं दिया। इनके राजत्वकाल में यहाँ लगभग 28 राजाओं ने शासन की डोर सँभाली इनमें से एक हिन्दू भी था। उसका नाम सुखजीवन था। इनके कार्यकाल में यहाँ के हिन्दुओं को काफी सुविधाएँ प्राप्त हुईं। इसके अतिरिक्त इसी

कालावधि में दीवान नन्दराम तिक्कू नामक एक कश्मीरी पंडित काबुल का प्रधान मंत्री बन गया था। कुछ समय के लिए उसका नाम वहाँ के सिक्कों पर उत्कीर्ण था। पठानों के अन्तिम शासक का नाम था जबार खाँ। वह बड़ा ही क्रूर शासक था। उसी ने हिन्दुओं को शिवरात्रि का पर्व ग्रीष्मकाल में मनाने का आदेश दिया था। कहते हैं कि लोगों के प्रति जबार खाँ के नृशंस अत्याचार को देखकर, यहाँ का एक प्रतिनिधिमंडल बीरबल दर मिर्जा के नेतृत्व में पंजाब के महाराजा रंजीतसिंह के पास सहायतार्थ गया। महाराजा रंजीतसिंह ने जबार खाँ को परास्त करने के लिए अमृतसर से एक विशाल सिक्ख-सेना कश्मीर भेजी। दोनों की सेनाओं का पीरपांचाल के दर्रे पर कड़ा मुकाबला हुआ, जिसमें सिक्ख सेना की विजय हुई और जबार खाँ मारे गए। इसके पश्चात् सिक्खों ने कश्मीर पर लगभग 26 वर्षों (1820-1846) तक शासन किया।

1846 से लेकर 1947 तक कश्मीर पर डोगरा शासकों का आधिपत्य रहा। इस वंश के प्रथम राजा का नाम महाराजा गुलाबसिंह था। इन्होंने लाहौर-सन्धि के अन्तर्गत 6 मार्च, 1846 ई. को अंग्रेजों से कश्मीर-घाटी को 65 लाख रुपयों में खरीदा था। (कई जगह 75 लाख का उल्लेख है।) ये बड़े वीर तथा उत्साही राजे हुए हैं। इन्होंने अपनी कार्यकुशलता से लद्दाख, तिब्बत तथा अन्य सीमावर्ती क्षेत्रों को अपने राज्य में मिला दिया और वर्तमान जम्मू-कश्मीर की स्थापना की। महाराजा गुलाबसिंह के बाद उनके सुयोग्य पुत्र महाराजा रणवीरसिंह कश्मीर के राजा बने। इन्होंने अपने कार्यकाल में यहाँ कई मंदिरों का निर्माण किया। धर्मार्थ ट्रस्ट तथा रघुनाथ संस्कृत विद्यालय की स्थापना की तथा अनेक हस्तलिखित संस्कृत ग्रंथों का संकलन करवाया। इसके अतिरिक्त राज्य की आर्थिक स्थिति सुधारने में इन्होंने अनुपम योगदान प्रदान किया है। इनके पश्चात् महाराजा प्रतापसिंह ने कश्मीर का राजपाठ सँभाला। इन्होंने 40 वर्षों तक यहाँ शासन किया। अपने राजत्वकाल में इन्होंने यहाँ शिक्षा के प्रचार-प्रसार के साथ-साथ कई शिक्षण-संस्थाओं की स्थापना की। इसके अतिरिक्त इन्होंने बनिहाल कार्ट रोड, झेलम वैली रोड, शाली स्टोर, मोहरा पावर हाउस आदि की स्थापना की। इनके निधन के बाद हरिसिंह कश्मीर के राजा बने। ये डोगरा-वंश-परम्परा के अन्तिम राजा हुए हैं। इन्होंने जनता के कल्याण के लिए उल्लेखनीय कार्य किए।

सन् 1947 में भारत का विभाजन होने पर नवगठित देश पाकिस्तान ने कश्मीर को हथियाने के लिए असफल प्रयास किया। इसी बीच महाराजा हरिसिंह ने कश्मीर राज्य का विलय भारत के साथ किया तथा अपने राजकीय अधिकार जनता के प्रतिनिधियों को सौंप दिए। सन् 1953 तक शेख मोहम्मद अब्दुल्ला कश्मीर के

पहले मुख्यमंत्री रहे। इनके पश्चात् बक्शी गुलाम अहमद कश्मीर के नए प्रधानमंत्री बने। बाद में इन्होंने कामराज प्लान के अन्तर्गत त्यागपत्र दे दिया। इनके पश्चात् कुछ महीनों के लिए ख्वाजा शम्सुद्दीन कश्मीर के नए प्रधानमंत्री बने। इन्हीं के राजत्वकाल में हजरतबल से हजरत मोहम्मद के पवित्र बाल की चोरी हो गई थी। बाद में गुलाम मोहम्मद सादिक कश्मीर के मुख्यमंत्री बने। दिसम्बर 1971 में इनकी मृत्यु के बाद सैयद मीर कासिम कश्मीर के नए मुख्यमंत्री बने रहे। सन् 1974 में शेख-इन्दिरा समझौते के अन्तर्गत सैयद मीर कासिम ने अपने पद से त्यागपत्र दे दिया और शेख मोहम्मद अब्दुल्ला एक बार फिर कश्मीर के मुख्यमंत्री बने।

शेख अब्दुल्ला की मृत्यु हो जाने के बाद उनके सुपुत्र डॉ. फारूक अब्दुल्ला राज्य के मुख्यमंत्री बने। कालान्तर में फारूक अब्दुल्ला के सुपुत्र उमर अब्दुल्ला ने राज्य के मुख्यमंत्री का पद सँभाला। गुलाम मोहम्मद शाह (गुल शाह), गुलाम नबी आजाद, मुफ्ती मुहम्मद सैयद, उनकी सुपुत्री महबूबा मुफ्ती आदि भी जम्मू-कश्मीर राज्य के मुख्यमंत्री रहे हैं।

5 अगस्त, 2019 को भारत सरकार ने संविधान के अनुच्छेद 370 की ताकतों को खत्म कर 31 अक्टूबर, 2019 से सम्पूर्ण जम्मू-कश्मीर प्रदेश को जम्मू-कश्मीर और लद्दाख इन दो अलग केन्द्र-शासित राज्यों में विभाजित कर दिया। अब दोनों केन्द्र-शासित राज्यों में संसद के बने कई कानून लागू हो सकेंगे।

सचमुच, 5 अगस्त, 2019 का दिन भारतीय इतिहास के पन्नों में स्वर्णाक्षरों में लिखा जाएगा। जम्मू-कश्मीर राज्य को विशेष दर्जा देने वाली संविधान की धारा 370 को हटाने के प्रस्ताव को राज्यसभा ने इसी दिन अपनी मंजूरी दे दी। मोटे तौर पर धारा 370 हटने का मतलब है कि अब जम्मू-कश्मीर में अलग संविधान नहीं होगा। जम्मू-कश्मीर में अलग झंडा भी नहीं रहेगा। जम्मू-कश्मीर में देश के दूसरे राज्यों के लोग जमीन खरीद सकेंगे और नौकरी भी पा सकेंगे और इसी के साथ जम्मू-कश्मीर की विधानसभा का कार्यकाल 6 साल न होकर 5 साल का होगा। इस धारा के हटने से जम्मू-कश्मीर में उद्यमी अपने प्रतिष्ठान/उद्योग आदि लगा सकेंगे जिससे वहाँ के नागरिकों को विकास और रोजगार के नए-नए अवसर प्राप्त होंगे। वहाँ के नागरिकता कानून में विसंगति की वजह से लगभग छह दशकों से बिना किसी अधिकार के शरणार्थियों का जीवन जी रहे लाखों लोगों को बराबरी का दर्जा हासिल होगा। कश्मीरी पंडितों की घाटी में वापसी की प्रक्रिया शुरू होगी। प्रदेश के बाहर शादी करने वाली कश्मीर की बेटियों को अपनी पैतृक सम्पत्ति में उनका जायज अधिकार हासिल हो सकेगा आदि-आदि।

कश्मीरी भाषा : स्वरूप और स्थिति

जम्मू व कश्मीर प्रदेश की तीन इकाइयाँ या भाग (सूबे) हैं—जम्मू, कश्मीर और लद्दाख। इनमें से कश्मीर समूचे प्रदेश का एक प्रमुख भाग है तथा अपनी भौगोलिक, सांस्कृतिक, प्राकृतिक, भाषागत तथा साहित्यिक विशिष्टता के कारण पूरे देश में अपनी अलग पहचान रखता है। अपनी अनुपम प्राकृतिक सुन्दरता के कारण ही कश्मीर को भारत का मुकुट-मणि कहा जाता है। भौगोलिक दृष्टि से जम्मू व कश्मीर प्रदेश उत्तर-पश्चिम में 32°17′ व 36°58′ उत्तरी अक्षांश के मध्य तथा 73°26′ व 80°30′ पूर्वी देशान्तर के मध्य स्थित है। इस प्रदेश का कुल क्षेत्रफल (विभाजन-पूर्व) 2,22,236 किलोमीटर के लगभग था। इस प्रदेश के उत्तर में तुर्किस्तान, दक्षिण में पंजाब, पूर्व में तिब्बत तथा पश्चिम में पाकिस्तान स्थित हैं। सीमावर्ती प्रदेश होने के कारण इसकी सीमाएँ चीन, अफगानिस्तान तथा पाकिस्तान की सीमाओं के साथ मिलती हैं। कश्मीर घाटी की आकृति अंडाकार है और प्रायः समतल है। समुद्रतल से यह घाटी अनुमानतः 2134 मीटर ऊँची है।

कश्मीर शब्द की व्युत्पत्ति

'कश्मीर' शब्द के कशमीर, काश्मीर, काशमीर आदि पर्यायवाची भी मिलते हैं। इनमें से सर्वाधिक प्रचलित शब्द कश्मीर ही है। इस शब्द की व्युत्पत्ति के सम्बन्ध में अनेक मत हैं। एक मत के अनुसार कश्मीर को कश्यप ऋषि ने बसाया था और उन्हीं के नाम पर इस भूभाग को 'कश्यपपुर' कहा जाता था जो बाद में बिगड़कर 'कश्मीर' बन गया। आज से सहस्त्रों वर्ष पूर्व यह भूखंड पूर्णतया जलमग्न था जिसमें जलद्भू नाम का एक दैत्य निवास करता था। इस दैत्य ने अखंड तपस्या द्वारा ब्रह्मा से तीन वरदान प्राप्त कर लिए थे—जल से अमरत्व, अतुलनीय विक्रम तथा मायाशक्ति की प्राप्ति। यह दैत्य इन वरदानों को प्राप्त कर निरंकुश हो गया था और तत्कालीन जनता को, जो आसपास की पहाड़ियों पर रहती थी, संत्रस्त करने लगा। उस पापी के आतंक से सारा देश जनशून्य हो गया था। एक बार ब्रह्मापुत्र कश्यप ने इस भू-भाग की यात्रा की। यहाँ की दुरवस्था का जब उन्होंने लोगों से कारण पूछा तो उन्होंने जलद्भू दैत्य का सारा वृत्तान्त सुनाया जिसे सुनकर कश्यप

का हृदय दयार्द्र हो उठा। उन्होंने तुरन्त इस भूखंड का उद्धार करने का निश्चय कर लिया। वे हरिपुर के निकट नौबन्धन में रहने लगे तथा यहाँ पर उन्होंने एक सहस्र वर्षों तक महादेव की तपस्या की। महादेव कश्यप की तपस्या से प्रसन्न हो गए तथा उन्होंने जलद्भू दैत्य का अन्त करने की प्रार्थना स्वीकार कर ली। महादेव ने दैत्य का अन्त करने के लिए विष्णु और ब्रह्मा की भी सहायता ली। विष्णु और दैत्य के बीच सौ वर्षों तक युद्ध चलता रहा। विष्णु ने जब देखा कि दैत्य जल और पंक में रहकर अपनी रक्षा करता है तो उन्होंने वराहमूला/बारामूला के समीप जल का निकास कराया। जल के निकलते ही दैत्य दृष्टिगोचर होने लगा। दैत्य को पकड़कर उसका अन्त कर दिया गया। चूँकि यह सत्कार्य कश्यप की कृपा से सम्पन्न हुआ इसलिए 'कशिपसर', 'कश्यपुर', 'कश्यपमर' आदि नामों से यह घाटी प्रसिद्ध हो गई। एक अन्य मत के अनुसार कश्मीर 'क' व 'समीर' के योग से बना है। 'क' का अर्थ है जल और 'समीर' का अर्थ है हवा। जलवायु की श्रेष्ठता के कारण यह घाटी 'कसमीर' कहलाई और बाद में 'कसमीर' से कश्मीर शब्द बन गया। एक अन्य विद्वानों के अनुसार कश्मीर 'कस' और 'मीर' शब्दों के योग से बना है। 'कस' का अर्थ है स्रोत तथा 'मीर' का अर्थ है पर्वत। चूँकि यह घाटी चारों ओर से पर्वतों से घिरी हुई है तथा यहाँ स्रोतों की अधिकता है, इसलिए इसका नाम कश्मीर पड़ गया। कुछ विद्वान 'कश्मीर' शब्द की व्युत्पत्ति 'काशगर' तथा 'कश' आदि से मानते हैं। उक्त सभी मतों में से कश्यप ऋषि से सम्बन्धित मत अधिक समीचीन एवं व्यावहारिक लगता है। (कश्मीर शब्द की व्युत्पत्ति की विस्तृत जानकारी एवं कथा पूर्व में दी जा चुकी है)

कश्मीर को कश्मीरी भाषा में 'कशीर' और इस भाषा को 'कोशुर' कहते हैं। भारत के संविधान में जिन प्रादेशिक भाषाओं को राष्ट्रीय मान्यता प्रदान की गई है, उनमें कश्मीरी भी एक है। इस भाषा को बोलने वाले कश्मीर घाटी, किश्तवाड़, रामबन, रियासी आदि के निवासी हैं। वैसे कश्मीरी का शुद्ध अथवा साधु रूप कश्मीर घाटी में ही प्रचलित है। शेष क्षेत्रों में इस भाषा की उपबोलियाँ बोली जाती हैं जो पहाड़ी बोलियों से प्रभावित होने के कारण साधु या परिनिष्ठित कश्मीरी से नितान्त भिन्न हैं। इन पहाड़ी बोलियों में उल्लेखनीय हैं–किश्तवाड़ी, सिराजी, पुगूली, रामबनी तथा रियासी की बोलियाँ।

कश्मीरी भाषा का क्षेत्र कश्मीर घाटी तथा उसके दक्षिण-पूर्व की निकटवर्ती उपत्यकाएँ हैं। दक्षिण-पूर्व में इस भाषा का क्षेत्र किश्तवाड़ तक, दक्षिण में हवल-वेरीनाग से लेकर पीर-पंचाल के उस पास तक, उत्तर में द्रास और ओड़ी तक, पूर्व में पहलगाम तथा दक्षिण-पश्चिम में शोपियान तक फैला हुआ है। 1961 की

जनगणना के अनुसार कश्मीरी भाषियों की कुल संख्या 19,37,818 थी जो 1971 में बढ़कर 19, 56,115 तक पहुँच गई। 1981 में हुई जनगणना के अनुसार कश्मीरी 30,76,398 व्यक्तियों की भाषा थी। (1991 में जनगणना नहीं हुई) ताजा जानकारी के अनुसार इस समय कश्मीरी भाषियों की कुल संख्या (विस्थापित कश्मीरी जन-समुदाय को सम्मिलित कर) अनुमानत: 53,00,000 के आसपास है। कश्मीरी भाषा की उत्पत्ति और भाषाशास्त्रीय विलक्षणता लम्बे समय से विवाद/चर्चा का विषय रही है। संरचना और शब्द संग्रह के मामले में कश्मीरी भाषा ने अन्य भाषाओं के साथ व्यापक भाषा सम्पर्क और सम्मिलन की विशेषताओं को संरक्षित रखा है। उत्तर में यह शीना (एक दर्दीय भाषा), पूर्व में तिब्बती-बर्मी भाषाओं (उदाहरण के लिए बाल्टी और लद्दाखी) पश्चिम में पहाड़ी व पंजाबी बोलियों और दक्षिण में डोगरी व पहाड़ी बोलियों (जिनमें से सभी भारतीय आर्य हैं) से घिरी हुई हैं। कहते हैं इस भाषा के लिए 'कश्मीरी' नाम का सर्वप्रथम उल्लेख अमीर खुसरो (13वीं शती) की 'नुह-सिपिह्न' (सि. 3) में मिलता है, जहाँ इसे सिन्धी, लाहौरी, तिलंगी आदि के साथ परिगणित किया गया है। पर कश्मीर में 17वीं शती तक इसे देश-भाषा या भाषा नाम से ही सूचित किया जाता रहा। स्पष्ट है दूसरे प्रान्त वालों ने इसे कश्मीरी नाम दिया और बाद में कश्मीरियों ने भी इसे अपना लिया। आजकल इसे को'शुर कहते हैं। (हिन्दी साहित्य कोश, भाग-1, पृ. 231)

आज से लगभग छह सौ वर्ष पूर्व कश्मीरी भाषा शारदा लिपि में लिखी जाती थी। 14वीं शाताब्दी के आसपास जब फारसी कश्मीर की राजभाषा बनी, तो कश्मीरी के लिए फारसी लिपि का प्रयोग बढ़ने लगा। वर्तमान में इसी लिपि का तनिक परिवर्तन/परिवर्धन के साथ प्रयोग होता है और इसे पर्शियो-ऐरेबिक 'नस्तालिक' लिपि के नाम से जाना जाता है। इस लिपि को राजकीय मान्यता भी प्राप्त है। कश्मीरी के अधिकांश धार्मिक तथा कर्मकांड सम्बन्धी बहुमूल्य ग्रंथ/शास्त्र शारदा में ही लिखे गए हैं। शारदा लिपि लिखने का तरीका देशी था जो मूल ब्राह्मी से विकसित हुआ था। वैसे, शारदा ब्राह्मी का ही कश्मीरी-संस्करण है। इस लिपि का प्रयोग कश्मीरी पंडित (पुरोहित वर्ग) द्वारा जन्मपत्री लिखने के लिए भी किया जाता रहा है। वैसे, कश्मीरी भाषा के लिए शारदा के अलावा देवनागरी लिपि, रोमन आदि लिपियों का प्रयोग भी होता रहा है। कश्मीरी भाषा-लिपि के अब सॉफ्टवेयर भी आ गए हैं।

कश्मीरी को देवनागरी में लिखने के सफल प्रयोग हुए हैं और हो रहे हैं। कश्मीरी को देवनागरी में लिपिबद्ध करने का श्रेय सर्वप्रथम श्रीकंठ तोषखानी जी को जाता है। इसके बाद श्री जियालाल कौल जलाली तथा श्री पृथ्वीनाथ पुष्प ने भी

इस दिशा में महत्त्वपूर्ण प्रयास किए। देवनागरी की यही तो एक भारी विशेषता है कि वह किसी भी भाषा को सफलतापूर्वक लिपिबद्ध करने में सक्षम है। कश्मीरी के लिए नागरी लिपि के प्रयोग में थोड़ी सी कठिनाई वहाँ पर पेश आती है जहाँ ह्रस्व अ, उ, ओ, ए, तथा दीर्घ आ, ऊ आदि सम्बन्धी ध्वनियाँ स्पष्ट रूप से अंकित नहीं हो पातीं। परन्तु इसके लिए यदि निर्धारित मात्र-चिह्नों का उचित ढंग से प्रयोग किया जाए तो यह समस्या काफी हद तक सफलतापूर्वक सुलझ जाती है। इसी प्रकार कश्मीरी के विशिष्ट ध्वनियों वाले तीन व्यंजनों के लिए भी डैश का संकेत चिह्न काम में लाया जा सकता है। केन्द्रीय हिन्दी निदेशालय, भुवन वाणी ट्रस्ट, भारतीय भाषा संस्थान आदि ने कश्मीरी के लिए देवनागरी वर्णमाला प्रस्तावित/तैयार की है और कुछ रचनाएँ देवनागरी में प्रकाशित भी हुई हैं। इन पंक्तियों के लेखक ने कश्मीरी की लोकप्रिय/बहुचर्चित रामायण प्रकाशराम कृत 'रामावतारचरित' का भुवन वाणी ट्रस्ट, लखनऊ के लिए सानुवाद देवनागरी में लिप्यंतरण किया है। 481 पृष्ठों वाले इस ग्रंथ की सुन्दर प्रस्तावना डॉ. कर्ण सिंह जी ने लिखी है और इस अनुवाद-कार्य के लिए 1983 में बिहार राजभाषा विभाग, पटना द्वारा लेखक को ताम्रपत्र से सम्मानित भी किया गया। (सन् 1965 में जम्मू व कश्मीर प्रदेश की कल्चरल अकादमी ने 'रामावतारचरित' को 'लवकुशचरित' समेत एक ही जिल्द में प्रकाशित किया है। कश्मीरी नस्तालीक लिपि (पर्शियो-अरबिक) में लिखी 252 पृष्ठों की इस रामायण का सम्पादन/परिमार्जन का कार्य कश्मीरी संस्कृत विद्वान डॉ. बलजिन्नाथ पंडित ने किया है।)

कश्मीरी भाषा किस भाषाकुल से सम्बन्ध रखती है, इस पर किन-किन भाषाओं का प्रभाव है, इसका विकास किस भाषा से हुआ है आदि प्रश्न विद्वानों के बीच विवाद का विषय बने हुए हैं। कश्मीरी भाषा के उद्गम और विकास के सम्बन्ध में जो मान्यताएँ प्रचलित हैं, वे इस प्रकार हैं :

1. कश्मीरी दरद परिवार की भाषा है।
2. कश्मीरी भारतीय-आर्य परिवार की भाषाओं में संस्कृत से उद्भूत है।
3. कश्मीरी इब्रानी अथवा हिब्रू की संतति है, और
4. कश्मीरी पैशाची का एक विकसित रूप है।

उक्त मान्यताओं के समर्थक-विद्वानों ने विभिन्न तर्क देकर अपने मतों को प्रतिष्ठित करने का प्रयास किया है।

कश्मीरी भाषा को आर्यकुल की भाषाओं में संस्कृत की संतति मानने वाले विद्वानों में डॉ. सुनीतिकुमार चाटुर्ज्या के अनुसार कश्मीरी पर प्राचीनकाल से ही संस्कृत का प्रभाव रहा है तथा इस दृष्टि से वह शीना या काफिरी भाषाओं से भिन्न

है। पं. शालिग्राम कौल का मत है कि जिस प्रकार समस्त भारतीय भाषाएँ आर्य परिवार से सम्बद्ध हैं, उसी प्रकार कश्मीरी भाषा भी आर्यकुल की प्रमुख भाषा संस्कृत से जन्मी है। बूहलर साहब कश्मीरी के उद्गम के सम्बन्ध में लिखते हैं कि यह भाषा संस्कृत से निकली है। यद्यपि अन्य भाषाओं की तुलना में इसमें कुछ विशेष अन्तर देखने को मिलता है तथापि उस पर संस्कृत का प्रभाव स्पष्ट है।

कश्मीरी भाषा पर इब्रानी का प्रभाव मानने वाले विद्वान अपने पक्ष में जो तर्क देते हैं, वे इस प्रकार हैं :

1. कुछ इतिहासकारों का मत है कि जब सिकन्दर ने पंजाब पर आक्रमण किया तो उस समय कश्मीर के कुछ भाग यूनानियों के अधीन हो गए। इन यूनानियों के साथ कुछ यहूदी भी थे जो कश्मीर में बस गए। इनकी भाषा का तत्कालीन कश्मीरी भाषा पर विशेष प्रभाव पड़ा।
2. प्राय: कश्मीरी नामों के पीछे 'जू' लगाने की परम्परा है। जैसे रामजू, हरजू, गूँद्जू, रहमानजू, शाहबानजू आदि। यह शब्द 'जिव' का ही विकृत रूप है।
3. प्राचीनकाल में श्याम देश से कुछ यहूदी कश्मीरी में आकर बस गए। इनकी भाषा इब्रानी थी जिसका प्रभाव तत्कालीन कश्मीरी पर पड़ा। उन्होंने इस घाटी के प्राकृतिक सौन्दर्य को अपने देश श्याम के समान पाकर इसका नाम 'काशीर' रखा जिसका अर्थ है—श्याम की भाँति। 'का' का शाब्दिक अर्थ है 'भाँति' तथा 'शीर' का अर्थ है श्याम देश। 'कशीर' शब्द 'काशीर' का ही विकसित रूप है।
4. लाहौर से प्रकाशित 'क्राइस्ट हेवन आन अर्थ' के लेखक ख्वाजा नजीर अहमद के अनुसार कश्मीरी में यहूदियों का आगमन हजरत मूसा के समय से लेकर हजरत ईसा के समय तक हुआ था। यहूदियों का प्रभाव यहाँ की भाषा और संस्कृति पर विशेष रूप से पड़ा है।
5. कश्मीरी भाषा में ऐसे अनेक शब्द मिलते हैं जो इब्रानी के हैं तथा कश्मीरी में अब भी अपने मूल रूप में या तनिक परिवर्तन के साथ व्यवहृत होते हैं, जैसे :

इब्रानी	**कश्मीरी**	**अर्थ**
ओन	ओन	अन्धा
अतर	अतुर	कुकर्म
कर्यूर	क्यूर	कुआँ
त्रकर	त्रकर	तराजू

लोल	लोल	प्रेम
शास	शान्श	श्वास
अतह	यितअ	आओ
नहनि	ले	जाओ
नकअ	नखअ	समीप
अज	अज	आज
मालूल	मल्युन	मायका
नकत	नकहत	नफरत

कश्मीरी भाषा और साहित्य के मर्मज्ञ श्री पृथ्वीनाथ पुष्प कश्मीरी को पैशाची का विकसित रूप मानते हैं। उनके अनुसार, सम्भवत: कश्मीरी का उद्गम वह पैशाची है जो कभी उत्तर-पश्चिम में प्रचलित थी, जिसे ब्राह्मण-ग्रंथों में उदीच्य कहा गया है।

पैशाची भाषा के उद्गम पर विभिन्न विद्वानों द्वाना प्रस्तुत मान्यताओं का परीक्षण अपेक्षित है।

'दरद' का अर्थ होता है पर्वत। पंजाब के पश्चिमोत्तर तथा पामीर के पूर्व-दक्षिण में जो पर्वतीय प्रदेश हैं, वह दरद भाषाओं का क्षेत्र माना जाता है। इसे पिशाच देश भी कहा जाता है और यहाँ की भाषा को पिशाची या भूत भाषा। भारत में जो आर्य मध्य एशिया से आए वे दो भागों से प्रविष्ट हुए—एक हिन्दुकश के पश्चिम से काबुल के मार्ग से और दूसरे वक्षु (आक्सस) नदी के उद्गम स्थान से सीधे दक्षिण के दुर्गम पर्वतों को पार करके। दूसरे मार्ग से आने वाले कुछ आर्य हिमालय के पहाड़ी प्रदेश में रह गए होंगे। यही भाग दरदिस्तान कहलाया और यहाँ की भाषा दरदी। इस भाषा पर संस्कृत का कोई विशेष प्रभाव नहीं पड़ा क्योंकि संस्कृत भाषा का संस्कार तो भारत में आने पर हुआ था। दरद भाषाओं के तीन मुख्य समूह निर्धारित किए गए हैं :

1. पश्चिम में काफिरी जिसका कोई साहित्य नहीं है।
2. केन्द्रीय भाग में खोवारी जिसका क्षेत्र ईरान और दरदिस्तान के मध्य में है, इसकी अनेक प्रमुख बोलियों मे चित्रली प्रधान है।
3. उत्तर-पूर्व में शीना, कश्मीरी और कोहिस्तानी।

दरद वर्ग की भाषाओं में शीना प्रमुख है। इसका व्यवहार गिलगित की घाटी में होता है। विद्वानों के अनुसार इसी शीना से कश्मीरी का उद्भव हुआ है।

कश्मीरी को दरद परिवार की भाषा बताने वाले विद्वान अपने पक्ष में जो तर्क देते हैं उनसे इस बात की पुष्टि बहुत कम हो पाती है कि कश्मीरी दरद भाषाओं

की संतति है। ग्रियर्सन ने 'भाषासर्वेक्षण' में अपने मत की पुष्टि में जो दरदी भाषा के शब्द दिए हैं, उनसे यह बात सिद्ध नहीं होती कि कश्मीरी दरद परिवार की भाषा है। ग्रियर्सन ने शीना और कश्मीरी के जो तुलनात्मक रूप/चित्र दिए हैं, उनमें इतना मौलिक साम्य नहीं कि कश्मीरी को भारत-आर्य परिवार से बाहर माना जाए। कश्मीरी की सबसे बड़ी विशेषता यह है कि यह प्रमुख रूप से संश्लिष्ट भाषा है तथा उसके क्रियापदों में यह प्रकृति विशेष रूप से मिलती है। दरद भाषाओं में वह प्रकृति नहीं मिलती। एक कश्मीरी क्रियापद के पुरुष, वचन, लिंग तथा काल की स्थिति के अनुसार जो विभिन्न रूप बनते हैं, वे इस प्रकार हैं :

'हावुन' दिखाना के विभिन्न रूप

1. हाव्यथस	तुमने दिखाए उसको
2. होवथम	तुमने दिखाया मुझको
3. होवनम	उसने दिखाया मुझको
4. होवमस	मैंने दिखाया उसे
5. होवनय	उसने दिखाया तुम्हें
6. होववोस	तुम सबने दिखाया उसको
7. हावथख	तुमने दिखाया उनको
8. हावयख	वह दिखाएगा उन्हें
9. होवनख	उसने दिखाया उन्हें
10. हावोस	हम दिखाएँगे उसे
11. हावोख	हम दिखाएँगे उन्हें आदि।

उक्त क्रियापद अपने आप में पुरुष, लिंग, वचन तथा काल का स्पर्श लिए हुए हैं। कश्मीरी पद-रचना की इस विशिष्टता के आधार पर इस भाषा को दरद परिवार के अन्तर्गत मान लेने में संकोच होता है क्योंकि दरद परिवार की भाषाओं के क्रियापदों में संश्लिष्टता नहीं मिलती।

भाषाविज्ञान के नियमानुसार प्रत्येक भाषा अपनी निकटवर्ती सीमाओं में प्रचलित भाषाओं से प्रभावित रहती है। अनेक शब्द सिक्कों की भाँति उधर-से-इधर हो जाते हैं। वाक्य-विन्यास, अर्थ-विस्तार, पद-रचना आदि में भी इस प्रभाव द्वारा परिवर्तन होना स्वाभाविक है। यही कारण है कि कश्मीरी पर दरद भाषाओं का प्रभाव दृष्टिगत होता है। इस सन्दर्भ में प्रो. अरनेस्ट कोहन की यह महत्त्वपूर्ण टिप्पणी उद्धृत की जाती है–'कश्मीरी भाषा प्रारम्भ में दरदी भाषाओं से प्रभावित रही, तदनन्तर इस पर संस्कृत का अपरिहार्य प्रभाव पड़ा। इस प्रभाव के कारण संस्कृत के अनेक शब्द कश्मीरी में प्रविष्ट हुए। अनेक कश्मीरी शब्द अपना वास्तविक

रूप खोकर विकृत हो गए, अनेक का अर्थ परिवर्तन हो गया आदि। किन्तु दरदी का व्याकरणगत प्रभाव अभी भी कश्मीरी में विद्यमान है। वस्तुतः यह प्रभाव इतना गहन है कि कश्मीरी भाषा से दरद शब्दों एवं प्रयोगों का पार्थक्य कठिन है।'

जो विद्वान कश्मीरी का उद्गम संस्कृत से मानते हैं वे सम्भवतः इस भाषा के वर्तमान रूप व उसकी शब्दावली को देखकर ही ऐसी धारणा बना लेते हैं। इसमें सन्देह नहीं है कि वर्तमान कश्मीरी भाषा में लगभग अस्सी प्रतिशत शब्द संस्कृत से उद्भूत हैं। कश्मीरी संख्यावाची, शारीरिक अंगों सम्बन्धी, पशु-पक्षियों सम्बन्धी, मास व वार सम्बन्धी शब्द संस्कृत के इतने निकट हैं कि प्रायः कश्मीरी को संस्कृत की संतति समझ लिया जाता है। किन्तु शब्दसाम्य के आधार पर ही कश्मीरी को संस्कृत-प्रसूता नहीं कहा जा सकता, क्योंकि इस प्रकार का शब्दसाम्य भारोपीय परिवार की अन्य भाषाओं मन्त भी मिलता है। वर्तमान कश्मीरी में मिलने वाले कुछ संस्कृत के शब्दों की सूची दी जाती है जो या तो अपने मूल रूप में प्रयुक्त होते हैं या उन्हें किंचित् परिवर्तन के साथ उच्चारित किया जाता है :

संस्कृत	**कश्मीरी**	**अर्थ**
मद	मद	दर्प
मक्ष	मअछ	मक्खी
अक्षर	अछर	अक्षर
भिक्षुक	बेछुअ	भिखारी
गच्छति	गाछान	जाता है
वायु	वाव	हवा
शृगाल	शाल	गीदड़
त्रि	त्रे	तीन
षष्ठ	शे	छह
पुत्र	पोथुर	पुत्र
लक्ष	लछ	लाख
द्राक्ष	दछ	अंगूर
चन्द्र	चन्द्र	चाँद
पक्ष	पछ	पक्ष
श्वशुर	हिहुर	ससुर
गौ	गाव	गाय
कृमि	क्यो	मकोड़ा
पंच	पाँछ	पाँच

अष्ठ	आठ	आठ
भ्रातृ	बोय	भाई
अक्ष	अछ	आँख
शरत्	हरुद	शरद
चौर	चूर	चोर
वक्ष	वछ	छाती
शत	हथ	सौ
सर्प	सरुफ	साँप
काक	काव	कौआ
सहस्त्र	सास	हजार
नव	नोव	नया
मातृ	मआ	जामाता

कश्मीर प्राचीनकाल में धर्म-दर्शन तथा विद्या-बुद्धि का महत्त्वपूर्ण केन्द्र रहा है। सभी साहित्यिक गतिविधियाँ संस्कृत भाषा में होती थीं। शैव दर्शन के क्षेत्र में भी यहाँ संस्कृत का ही अधिक प्रयोग किया गया है। अत: इस भाषा का कश्मीरी पर प्रभाव पड़ना स्वाभाविक था। यह प्रभाव आज भी शिक्षित कश्मीरी ब्राह्मणों की बोली में झलकता है। वस्तुत: प्रभावमात्र से इस भाषा की उत्पत्ति संस्कृत से नहीं मानी जा सकती।

निष्कर्ष

प्रारम्भिक अवस्था में कश्मीरी भाषा का अपना स्वतंत्र अस्तित्व था। उसे पैशाची या दरदी से प्रभावित कोई भाषा समझना चाहिए। इस भाषा का व्यवहार तब तक होता रहा जब तक भारतीय आर्य संस्कृति ने कश्मीर में प्रवेश नहीं किया। पिशाच-नाग काल में भारत में रहने वाले आर्यों ने कश्मीर में प्रविष्ट होने के अनेक प्रयास किए थे। किन्तु दुर्गम मार्ग, अत्यधिक शीत तथा नागों व पिशाचों के खौफ के कारण वे कश्मीर में प्रवेश न कर सके थे। कालान्तर में, अनेक प्रयत्नों के बाद आर्य कश्मीर में प्रस्थापित हो ही गए। उनसे पूर्व नाग व पिशाच तथा उनके सम्मिश्रण से उत्पन्न वर्णशंकर जातियाँ यहाँ रहती थीं। आर्यों की आदत थी वे जिस देश में जाते थे वहाँ वालों से मिल जाते थे। अपनी नैसर्गिक सहिष्णुता के कारण नवीन स्थान तथा देश की परम्परा तथा संस्कार को किसी सीमा तक अपना लेते थे। इस प्रकार आर्यों ने सभी देशों में प्रवेश कर शान्तिपूर्ण जीवन जीना आरम्भ किया था। वे सैद्धान्तिक विषयों में संघर्ष मोल लेना पसन्द नहीं करते थे। उनमें उदारता होती थी। खुद जीना

तथा दूसरों को जीवित रहने देना चाहते थे। इन व्यवहारों तथा पारस्परिक मिलन के कारण विरोध के स्थान पर जातियों का खूब मिश्रण हुआ। यहीं से कश्मीर में 'नीलमत' का प्रभुत्व उखड़ जाता है तथा वैदिक संस्कृति के प्रभाव उत्तरोत्तर बढ़ने लगता है। इस प्रभाव से तत्कालीन भाषा भी अछूती नहीं रही। पैशाची, जिसका उस समय व्यवहार होता था, पर संस्कृत का गहन प्रभाव पड़ने लगा। मौर्यकाल में यह प्रभाव और भी घनिष्ठ हो गया। असंख्य संस्कृत शब्द कश्मीर में घुलमिल गए। संस्कृतकाल 500 ई.पू. तक माना जाता है। पालिभाषा काल 500 ई.पू. से प्रथम शती तक तथा प्राकृतकाल प्रथम शती से छठी शती तक माना जाता है।

इतिहास द्वारा यह बात सिद्ध होती है कि कश्मीर प्राचीनकाल में बौद्ध धर्म का प्रख्यात केन्द्र था। अशोक (274-232 ई.पू.) कनिष्क (पहली शताब्दी), ललितादित्य (724-761 ई.) आदि नरेशों के द्वारा निर्मित अनेक बौद्ध मठ, विहार, स्तूप आदि यहाँ मिलते हैं। प्रसिद्ध बौद्ध दार्शनिक नागार्जुन कनिष्क के समय में ही हुए थे और उनकी मातृभूमि कश्मीर ही थी। इसी काल की भी दुर्भाग्य से कोई कृति नहीं मिलती। हाँ, कुछ विद्वानों की धारणा है कि इस काल के प्रसिद्ध बौद्ध दार्शनिक नागसेन (150 ई.पू.) भी कश्मीर में ही आविर्भूत हुए थे। उनकी मिलिन्दपण्हो (मिलिन्द प्रश्न) तत्कालीन कश्मीरी में लिखी गई बताई जाती है। इस कृति का केवल पालि व सिंहली में रूपान्तर मिलता है, मूल पाठ काल के गर्भ में नष्ट हो गया है। इस काल के कुछ शब्द अब भी किश्तवाड़ आदि क्षेत्रों में प्रचलित हैं।

विद्वानों के अनुसार प्राकृतकाल में पैशाची-प्राकृत का कश्मीरी पर यथेष्ट प्रभाव पड़ा। गुणाढ्य की बृहत्कथा इसी प्राकृत भाषा में लिखी गई बताई जाती है। प्रश्न उठता है कि क्या वास्तव में यह पैशाची प्राकृत वही है जिसमें बृहत्कथा लिखी गई थी तथा जिसका उल्लेख प्राकृत वैयाकरणों ने किया है। वह मुख्य पैशाची की एक विशेष बोली थी और उसे चूलिका पैशाची कहते थे। बृहत्कथा की पैशाची वैयाकरणों द्वारा उल्लेखित पैशाची से भिन्न थी—ऐसा विद्वानों का मत है। वह मूल पैशाची थी तथा उत्तर-पश्चिम क्षेत्र में प्राचीनकाल से प्रचलित थी। इस प्रसंग में ग्रियर्सन महोदय की यह टिप्पणी उल्लेखनीय है—'पैशाची वास्तव में प्राकृत नहीं थी। यह एक प्राचीन भाषा थी। इसे संस्कृत की पुत्री न समझकर उसकी बहिन समझना चाहिए।' बृहत्कथा पैशाची प्राकृत में नहीं लिखी गई होगी, इसके मुख्य तीन और कारण यों हो सकते हैं :

गुणाढ्य के सम्बन्ध में प्रसिद्ध है कि वे राजा शालिवाहन या सातवाहन (सन् 75 ई. के आस-पास) के राजदरबार में रहते थे। राजा ने अत्यन्त अल्पावधि में संस्कृत भाषा सीखने की इच्छा प्रकट की थी और उस समय के प्रसिद्ध संस्कृत

विद्वान गुणाढ्य को अपना गुरु नियत किया था। किन्तु संस्कृत जैसी क्लिष्ट भाषा को बहुत थोड़े समय में सिखाने में गुणाढ्य ने असमर्थता प्रकट की थी। इस पर उस समय के एक अन्य संस्कृत पंडित ने आगे बढ़कर यह कार्य सम्पन्न करने का प्रस्ताव रखा। गुणाढ्य ने प्रतिज्ञा कर ली–'यदि यह पंडित राजा को संस्कृत सिखाने में सफल हुआ तो मैं भविष्य में संस्कृत में लिखना छोड़ दूँगा।' कहते हैं कि वह पंडित केवल छह मास में राजा को संस्कृत एवं उसका व्याकरण भली-भाँति सिखाने में सफल हो गया। गुणाढ्य अपनी प्रतिज्ञानुसार न केवल संस्कृत में लिखना छोड़ देता है वरन् वह देश छोड़कर सुदूर उत्तर-पश्चिम के पर्वतीय क्षेत्रों की ओर प्रयाण करता है। यहाँ पर अनेकों वर्षों तक रहकर वह लोककथाओं का एक अपूर्व संग्रह तैयार कर लेता है। ये सभी कथाएँ वह पैशाची में लिखता है क्योंकि संस्कृत में न लिखने की उसने प्रतिज्ञा की होती है। जब राजा सातवाहन को यह समाचार मिला कि गुणाढ्य ने उत्तर-पश्चिम में जाकर पैशाची में लोककथाओं का एक अपूर्व संग्रह तैयार कर लिया है तो वे मारे क्रोध के जल-भुन उठे। उन्होंने इस कथा-संग्रह को देखने की अनिच्छा प्रकट की। गुणाढ्य राजा की इस अरुचि को देख क्षुब्ध हो उठे। आकुल मन से उन्होंने कथाओं को अपने हाथों द्वारा जलाने का निश्चय कर लिया। गुणाढ्य एक-एक पन्ने को उठाता गया तथा उसमें आग लगाता गया। कहते हैं कि गुणाढ्य की भाषा में ऐसा अपूर्व रस व संगीत था कि वन के पशु-पक्षी इस अपूर्व कृति के पन्नों को जलता देख शिथिल पड़ गए, सबके सब खाना-पीना भूलकर गुणाढ्य के इर्द-गिर्द इकट्ठे हो गए तथा उस अग्निकांड पर शोक प्रकट करने लगे। इधर, कथाओं की संख्या असीमित थी–उन्हें जलाने में गुणाढ्य को काफी समय लगा, और उधर बेचारे पशु-पक्षियों की दशा दयनीय होती गई। वे उत्तरोत्तर दुर्बल पड़ने लगे, यहाँ तक कि उनकी सारी हड्डियाँ प्रत्यक्ष होने लगीं। राजा को जब सारी स्थिति समझाई गई तो उन्हें अपनी गलती का भास हुआ। गुणाढ्य को सम्मानपूर्वक राजदरबार में लाया गया। किन्तु उस समय तक कथा-संग्रह का अधिकांश भाग जलकर नष्ट हो चुका था। जो भाग जलने से बचा उसके आधार पर बाद में विभिन्न संस्कृत विद्वानों ने 'कथा सरित्सागर', 'बृहत्कथामंजरी' तथा 'बृहत्कथा' लिखी। उक्त घटना-प्रसंगों से स्पष्ट हो जाता है कि गुणाढ्य ने चूँकि न संस्कृत में और न किसी संस्कृत-प्राकृत में लिखने की प्रतिज्ञा की थी, अत: निश्चित है कि उनके द्वारा प्रयुक्त पैशाची मूल पैशाची रही होगी जो उत्तर-पश्चिम के पहाड़ी क्षेत्रों में उस समय प्रचलित रही होगी। उसे पैशाची प्राकृत कहना उचित नहीं है। पैशाची की जननी यही पैशाची है।

गुणाढ्य का समय 75 ई. बताया जाता है। प्राकृतकाल प्रथम शती से

लेकर सातवीं शती तक रहा। स्पष्ट है कि साहित्यिक प्राकृत विशेष कर पैशाची प्राकृत प्रथम शती में ही इतनी विकसित नहीं रही होगी कि उसमें साहित्य रचना की जा सकती। विद्वानों के अनुसार प्राकृत भाषाओं में साहित्य रचना की परम्परा पहली शती से सातवीं शती तक मिलती है। ऐसी स्थिति में यह कल्पना करना कि गुणाढ्य ने 75 ई. में बृहत्कथा के लिए पैशाची प्राकृत का प्रयोग होगा—ठीक नहीं।

बौद्धधर्म का प्रभाव कश्मीर में अधिक समय तक नहीं रहा। परिणामस्वरूप कश्मीरी पर एक बार पुनः संस्कृत का प्रभुत्व स्थापित हो गया। अगले दो सौ वर्षों तक कश्मीरी में कविता करने की परम्परा मिलती है। यह परम्परा मौखिक ही रही, उसका लिपिबद्ध रूप उपलब्ध नहीं होता। कश्मीरी कवियों ने अपनी मातृभाषा में कविताएँ क्यों नहीं कीं, वे कश्मीरी के प्रति उदासीन क्यों रहे आदि कुछ ऐसे प्रश्न हैं जिन पर विचार करना आवश्यक है। आश्चर्य की बात यह है कि राजतरंगिणीकार कल्हण भी कश्मीरी में कहीं कुछ नहीं लिख गए। उनकी राजतरंगिणी में कश्मीरी के केवल ये दो-एक शब्द ही मिलते हैं–वातुल, लिद्दर आदि। इतना निश्चित है कि कल्हण (12वीं शती) के समय कश्मीर में ऐसी भाषा थी जिसे कश्मीरियों की 'लोकभाषा' कहते हैं। इस लोकभाषा के प्रति तत्कालीन कवियों की अरुचि क्यों रही तथा इस भाषा को उन्होंने हेय क्यों समझा, इसका सम्भवतः एक प्रमुख कारण यह हो सकता है कि उस समय तक कश्मीरी भाषा में वह अर्थशक्ति व परिपक्वता नहीं आई थी जिसकी काव्य-रचना के लिए नितान्त आवश्यकता रहती है। संस्कृत इस दृष्टि से सभी प्रकार से सम्पन्न भाषा थी और कवियों ने इसे ही अपनी साहित्य-साधना का माध्यम बनाना उचित समझा।

11वीं शती का उत्तरार्द्ध तथा 12वीं शती का पूर्वार्द्ध कश्मीरी इतिहास में विभिन्न राजनीतिक उपद्रवों तथा अव्यवस्थाओं का काल रहा। इस काल में कश्मीर पर अनेक आक्रमण हुए। आक्रान्ता तिब्बत, दरदिस्तान आदि क्षेत्रों से आए तथा इस प्रदेश को अपने अधिकार में करने की फिराक में रहे। इस उथल-पुथल में कश्मीरी भाषा पर पुनः दरदी भाषाओं का प्रभाव पड़ा।

दरदिस्तान से आए हुए आक्रान्ता मुख्यतः 'खोयामा' स्थान से घाटी में प्रविष्ट हुए और जहाँ-जहाँ पर भी वे बस गए वहाँ–वहाँ उनकी भाषा के कुछ शब्द प्रचारित हुए। 'होम' शब्द उन्हीं की देन है। इस शब्द का अर्थ है 'बस्ती'। यह शब्द अनेक स्थानवाचक संज्ञाओं से जुड़ा हुआ है, यथा–वन्दहोम, बिहोम, कानिहोकम, बुर्जहोम आदि। 13वीं शती के पश्चात् कश्मीरी पर फारसी भाषा का यथेष्ट प्रभाव पड़ा। बाद में धीरे-धीरे इसमें हिन्दुस्तानी, अंग्रेजी आदि भाषाओं के शब्द भी घुल-मिल गए।

सारांशत: कश्मीरी का उद्‌गम पैशाची भाषा से हुआ है। यह पैशाची-प्राकृत से भिन्न है तथा कश्मीर में नाग-पिशाच काल से प्रचलित थी। (वैसे, हाल ही में कश्मीरी विद्वान डॉ. त्रिलोकीनाथ गंजू ने अपने विस्तृत शोध-कार्य में अनेक तर्कों के आधार पर यह सिद्ध करने का प्रयास किया है कि कश्मीरी का उद्‌भव और विकास अन्य आर्यकुल (भारतीय भाषाओं) की भाँति संस्कृत से ही हुआ है।)

इस समय कश्मीरी का जो व्यवहृत रूप मिलता है वह संस्कृत, फारसी, अरबी, पंजाबी, उर्दू आदि भाषाओं से प्रभावित है। इन भाषाओं के अनेक शब्द कश्मीरी में घुल-मिल गए हैं। अंग्रेजी भाषा के भी अनेक शब्द इस भाषा में समा गए हैं, जैसे–टेबुल-टेबिल, सुच-स्विच, बस-बस, मोटर-मोटर, माष्टर-मास्टर, बा'सकल-बाइसिकल, गेट-गेट, बुरुष-ब्रुष, सीमठ-सीमेंट, प्राफसर-प्रोफेसर, टिकठ-किट, पारक-पार्क आदि। उर्दू-फारसी के शब्दों की सूची पहले दी जा चुकी है।

ध्वनिमाला

कश्मीरी ध्वनिमाला में कुल 46 ध्वनिम (फोनीम) हैं।

स्वर : अ, आ; इ, ई; उ, ऊ; ए; ओ; औ, अ', आ'; उ'; ऊ'; ए'; ओ';

अनुस्वार : अं

व्यंजन : क, ख, ग, च, छ, ज,

ट, ठ, ड; त, थ, द, न; प, फ, ब, म;

य, र, ल, व; श, स, ह

च', छ', और ज' दन्त-तालव्य विशिष्ट ध्वनियाँ हैं।

कश्मीरी भाषा-साहित्य की ऐतिहासिक पृष्ठभूमि

इससे पूर्व कि कश्मीरी साहित्य का सम्यक् परिचय दिया जाए, उचित यह होगा कि इतिहास के परिप्रेक्ष्य में कश्मीरी साहित्य के उद्‌भव एवं विकास पर संक्षेप में विचार किया जाए। हिन्दूकालीन नरेशों के राजत्वकाल में संस्कृत कश्मीरवासियों के दैनिक व्यवहार की भाषा थी। बिल्हण (1085 ई.) अपने महाकाव्य 'विक्रमांकदेवचरितम' में स्पष्ट रूप से लिखते हैं—'यत्र स्त्रीणामपिकिमपरं जन्मभाषावदेव प्रत्यक्षवासं विलसति वच: संस्कृतं प्राकृतश्च, गृहे-गृहे सभ्यपुरन्ध्रिवर्गा व्यवहारन संस्कृतभाषणेन। कश्मीर भूमि ने संस्कृत के अनेक कवियों, आचार्यों एवं पंडितों को जन्म दिया है जिनका कृतित्व सम्पूर्ण भारतीय साहित्य में विशेष स्थान रखता है। रत्नाकर (800 ई.) कश्मीर के प्राचीनतम संस्कृत कवि हैं तथा 'काव्यालंकार-संग्रह' के लेखक उद्‌भट कश्मीर के ऐसे बहुमूल्य रत्न हैं जिन पर संस्कृत साहित्य को गर्व है। आनन्दवर्धन कश्मीर के नरेश अवन्तिवर्मन की सभा के पंडित थे।

इन्होंने 'देवीशतक', अर्जुनचरित्र आदि काव्यकृतियों की रचना की है। वामन जयापीड के सभा-रत्न थे। 'काव्यालंकारसूत्र' में इन्होंने अलंकारों का वैज्ञानिक रूप से विश्लेषण एवं विवेचन किया है। उद्भट भी जयापीड के सभा के पंडित थे। इनका अलंकार-सम्प्रदाय में विशेष योगदान है। कश्मीर के अन्य संस्कृत कवियों में बिल्हण (1085 ई.), कल्हण (1098 ई.), अनिभवगुप्त (1100 ई.), मम्मट (1100 ई.) आदि अल्लेखनीय हैं। बिल्हण का 'विक्रमांकदेव चरित' कल्हण की 'राजतरंगिणी' अभिनवगुप्त का 'तंत्रलोक' क्षेमेन्द्र का 'महाभारत-मंजरी, 'बृहत्कथामंजरी', आदि तथा मम्मट का 'काव्यप्रकाश' संस्कृत साहित्य की बहुमूल्य निधियाँ हैं। भाषा की प्रकृति के अनुसार कालान्तर में संस्कृत विद्वत्-समाज तक ही सीमित रह गई और प्राकृत भाषाओं ने उसका स्थान ले लिया। प्राकृत में लिखा कोई भी प्रामाणिक ग्रंथ कश्मीर में उपलब्ध नहीं होता। विद्वानों के मतानुसार कश्मीरी कवियों ने केवल संस्कृत में काव्य-रचना की, प्राकृत के प्रति उनकी रुचि बहुत कम रही। इस अरुचि का प्रमुख यह हो सकता है कि कश्मीरी कवि संस्कृत के मूल्य पर प्राकृत को अपनाने के लिए तैयार न थे और न ही तत्कालीन जनभाषा 'कश्मीरी' इतनी विकसित थी कि उसे वे साहित्य-रचना का माध्यम बनाते। कुछ समय तक कश्मीरी कवि संस्कृत में काव्य-रचना करते रहे किन्तु बाद में उनकी भाषा प्राकृत एवं अपभ्रंश के अपरिहार्य प्रभाव से अछूती न रह सकी। इस परिवर्तन-प्रभाव काल में पहली बार कश्मीरी कवियों का ध्यान अपनी मातृ-भाषा में काव्य रचना करने की ओर गया।

कश्मीरी भाषा के दर्शन हमें पहली बार शितिकंठ की तांत्रिक कृति 'महानयप्रकाश' में होते हैं। श्री जियालाल किलम 'महानयप्रकाश' को कश्मीरी की प्रथम कृति मानते हैं। उनके अनुसार इस कृति की भाषा शुद्ध कश्मीरी है। श्री आजाद का मत है कि 'महानयप्रकाश' की भाषा ठेठ कश्मीरी नहीं है। वैसे सम्भव है कि उस समय कश्मीरी का वही रूप रहा हो जो 'महानयप्रकाश' में मिलता है। श्री पृथ्वीनाथ पुष्प 'महानयप्रकाश' को अपभ्रंश में लिखित मानते हैं। उनके अनुसार यह अपभ्रंश कश्मीरी-निष्ठ है तथा यही उस समय की 'सर्वगोचर देशभाषा' थी। 'महानयप्रकाश' के प्रारम्भ में स्पष्टया वर्णित है–'अथोचितरुचितं नुति सर्वगोचरया देशभाषा विरचयितुमाहं'। ग्रंथाकार ने जिस 'देशभाषा' का प्रयोग किया है, वह संस्कृत से नितान्त भिन्न, प्राकृत की अपेक्षा अपभ्रंश के अधिक निकट है। इसमें सन्देह नहीं है कि 'महानयप्रकाश' की भाषा वर्तमान कश्मीरी से बहुत भिन्न है किन्तु भाषावैज्ञानिक दृष्टि से इस कृति का विशेष महत्त्व है।

शितिकंठ ने जिस 'सर्वगोचर देशभाषा' को अपना अभिव्यक्ति-माध्यम बनाया,

उसे आगे चलकर ललद्यद ने अपने 'वाखो' में पूर्ण रूप से आत्मसात् कर लिया। ललद्यद की कश्मीरी वर्तमान कश्मीरी के काफी निकट है। इनका वाक्-साहित्य कश्मीरी भाषा की अमूल्य निधि है। कश्मीरी साहित्य का समारम्भ इसी कवयित्री से माना जाता है। यहाँ पर इस आदि संत कवयित्री के बारे में तनिक और लिखना अनुचित न रहेगा। कश्मीर की आदि संत कवयित्री ललद्यद (चौदहवीं शताब्दी) कश्मीरी भाषा-साहित्य की विधात्री मानी जाती हैं। लल्लेश्वरी, लल, लला, ललारिफा, ललदेवी आदि नामों से विख्यात इस कवयित्री को कश्मीरी साहित्य में वही स्थान प्राप्त है जो हिन्दी में कबीर को है। इनकी कविता का छन्द 'वाख' कहलाता है जिसमें उन्होंने अनुभवसिद्ध ज्ञान के आलोक में आत्मशुद्धता, सदाचार और मानव-बन्धुत्व का ऐसा पाठ पढ़ाया जिससे कश्मीरी जनमानस आज तक देदीप्यमान है। ललद्यद के एक वाख/ पद को पढ़कर यह अन्दाजा लगाना सहज होगा कि ऐसी रचनाशीलता की आज के युग में कितनी अधिक सार्थकता और आवश्यकता है–'शिव (यानी प्रभु) थल-थल में रहते हैं। इसलिए हिन्दू-मुसलमान में तू भेद न जान। प्रबुद्ध है तो अपने आपको पहचान। साहिब (ईश्वर) से तेरी यही है असली पहचान।' ललद्यद का कोई भी स्मारक, समाधि या मंदिर कश्मीर में नहीं मिलता है। शायद वे इन सब बातों से ऊपर थीं। वे दरअसल ईश्वर (परम विभु) की प्रतिनिधि बनकर अवतरित हुईं और उसके फरमान को जन-जन में प्रचारित कर उसी में चुपचाप मिल गईं, जीवन-मरण के लौकिक बन्धनों से ऊपर उठकर—'मेरे लिए जन्म-मरण है एक समान/ न मरेगा कोई मेरे लिए/ और न ही/ मरूँगी मैं किसी के लिए!'

14वीं शताब्दी के अन्त तक कश्मीर में इस्लाम-धर्म की नींव दृढ़तर हो चुकी थी। साधारण जनजीवन तथा लोगों की चिन्तन-प्रक्रिया पर इस धर्म ने पर्याप्त मात्र में प्रभाव डाल दिया था। कश्मीरी भाषा और साहित्य भी इस प्रभाव से अछूते न रह सके। फारसी भाषा उत्तरोत्तर जोर पकड़ने लग गई तथा अनेक फारसी शब्द कश्मीरी में घुलमिल गए। पहले कश्मीरी संस्कृतनिष्ठ थी अब वह फारसीनिष्ठ हो गई। इसी काल में आदि संत कवयित्री ललद्यद व नूरुद्दीन वली/नुन्दऋषि ने भक्ति एवं ज्ञान की अनुपम स्वर-धारा बहाई जिससे सदाचार तथा भावात्मक एकता के बोल गूँज उठे। ललद्यद योगिनी थी तथा नूरुद्दीन वली 'ऋषि-सम्प्रदाय' के प्रवर्तक कवि थे। इस सम्प्रदाय का सम्बन्ध सूफी मत से था। कहते हैं कि प्रसिद्ध सूफी संत सैयद अली हमदानी जब कश्मीर आए तो उनके संग 700 मुरीद भी यहाँ पधारे। ये लोग बाद में यहीं बस गए तथा 'ऋषि' या बाबा कहलाने लगे। इन 'ऋषियों के कई प्रतिष्ठान अब भी कश्मीर में मिलते हैं।

शाहमीरी शासकों के राजत्वकाल में फारसी भाषा खूब पनपी तथा उसने

राजभाषा का पद भी प्राप्त कर लिया। 'शाहमीरियों की हुकूमत के आगाज से फारसी की तहरीक और बढ़ी और यह दफ्तरी जबान बन गई।...' 'हर खानकाह, जियारत और मस्जिद पहले ही से एक मदरसा थी। अब कुछ शाही मदरसे वगैरह भी खुल गए। कश्मीर की इल्मी दुनिया में सूरतेहाल यह थी कि संस्कृत मखसूस तबकों तक महदूद हुई और फारसी अदब और इल्म का सूरज गरीब किसानों और मजदूरों की अँधेरी झोंपड़ियों में भी चमकने लगा। इस दौर में मुकामी शायरों ने कश्मीरी में मजहबी नज्में जरूर लिखी होंगी, लेकिन यह सरमाया ज्यादातर जाया हो चुका है और हमें सिर्फ ललद्यद का कलाम मिलता है या फिर नूरुद्दीन वली का कलाम।'

शाहमीरी वंश के अन्तिम उल्लेखनीय सुलतान जैनुलाब्दीन 'बडशाह' (1420-1470 ई.) के राज्यकाल में कश्मीरी भाषा और साहित्य का सर्वांगीण विकास हुआ। इस काल में कश्मीरी भाषा और साहित्य ने अपना एक स्थिर तथा व्यवस्थित रूप स्थापित कर लिया। कश्मीरी भाषा को पहली बार राजकीय संरक्षण मिला। कश्मीरी भाषा में लिखी कई पुस्तकों का फारसी अनुवाद हुआ तथा संस्कृत व फारसी की कुछ पुस्तकों का कश्मीरी में अनुवाद हुआ। कश्मीरी कवि नूरुद्दीनवली के सम्पूर्ण कलाम का अनुवाद स्वयं सुलतान ने उस समय के प्रसिद्ध मुल्ला अहमद से करवाया। मुल्ला अहमद फारसी, संस्कृत तथा कश्मीरी भाषाओं के ज्ञाता थे। इसके अतिरिक्त सोम पंडित ने 'जैनचरित', यौधभट्ट ने 'जैनप्रकाश' तथा भट्टावतार ने 'बाणासुरवध' व 'जैनविलास' आदि की कश्मीरी में रचना की। 'बडशाह' के ही राज्यकाल में पहली बार लिखाई आदि विधिवत कागज पर होने लगी। कागजसाजी को बढ़ावा देने के लिए इस विद्याप्रेमी सुलतान ने विदेशों से अनेक कुशल कागजसाज बुलवाए और उन्हें अपनी राजधानी नोशहारा में बसाया। इससे पूर्व पुस्तकें भोजपत्र पर लिखी जाती थीं। कागजसाजी की इस सुविधा से कश्मीरवासियों में साहित्यिक रुचि का यथेष्ट विकास हुआ।

शाहमीरियों के पश्चात् कश्मीर पर चकों का आधिपत्य रहा। यह शासन राजनैतिक अस्थिरता के कारण कश्मीरी साहित्य पर कोई विशेष प्रभाव न डाल सका। यद्यपि इस काल की प्रसिद्ध कवयित्री हब्बा खातून व अरणिमाल को कश्मीरी साहित्य में विशिष्ट स्थान प्राप्त है, किन्तु कश्मीरी को जो प्रोत्साहन शाहमीरी वंश के शासकों की ओर से मिला था, वह चक बादशाह न दे सके। चकों के शासनकाल में फारसी ने अपना प्रभुत्व पुनः स्थापित कर लिया।

चकों के बाद कश्मीर-घाटी मुगलों के अधिकार में चली गई। मुगल बादशाह अधिकतर दिल्ली में रहते तथा यहाँ की शासन-व्यवस्था को चलाने के लिए सूबेदारों को नियत कर देते। जब कभी वे कश्मीर आते तो उनका मुख्य उद्देश्य सैर-सपाटा

करना होता। ऐसी स्थिति में कश्मीर की साहित्यिक गतिविधियों से उनका सम्पर्क बहुत कम रहा तथा कश्मीरी भाषा उचित प्रोत्साहन के अभाव में पूर्ववत फारसी के प्रभाव से दबती रही। वर्तमान कश्मीरी भाषा में ऐसे अनेक फारसी शब्द प्रचलित हैं जो अब भी कश्मीर में अपने मूल रूप में या तनिक परिवर्तन के साथ प्रयुक्त होते हैं, जैसे—माशूक, दिलबर, आशिक, शैदा, फिदा, दीवाना, जुल्फ, कमर, रुखसार, चाल, दीदार, गुलजार, शौक, जौक, दर्द, सोज, नकाब, ख्वाब, लुत्फ, कबाब, शराब, साज, राज, नाज, अन्दाज, नाराज, मजबूर, आईना, कद्र, खंजर, शमशीर, जख्म, ताज, जेवर, आतिश, जोश, चश्म, बाग, चमन, इंसाफ, कोह, जलवा, होश, बीमार, इन्तजार, फरियाद, वायदा, बदन, बादाम, नसीहत, खुदा, जिगर, बेमुरव्वत, हकीम, हिम्मत, दरबार, खबर, राह, सुबह, मकाम, जंगल, शिकार, खराब, अगर, मुल्क, सुलतान, दरवेश, जमीन, खिदमत, मजाल, फुरसत, ग़नीमत, रहमत, नकद, रहम, उस्ताद, दलील, शख्स, परेशान, दुश्मन, चिराग, बेखबर, हाल, माल, लाजिम, हामिक, मुलाजिम, हाकिम, दरगाह, निगाह, खरीदार, तमाह, शक्ल, मुरीद, मिजाज, आब, बेताब, जवाब, शबाब, शराब, खून, सवाब, जिन्दा, याद, सितम, पुल, सीना, ख़त, जहर, जमाल, मलाल, बादशाह, कमाल, अन्दाज, जंजीर आदि।

मुगलों के अनन्तर कश्मीर में क्रमशः पठान एवं सिख राज्य स्थापित हुआ। पठान-शासकों का मुख्य लक्ष्य कश्मीर की धन-सम्पति को लूटना था। जो भी गवर्नर यहाँ आता वही असंख्य धनराशि लूटकर चला जाता। जनकल्याण के प्रति उनका ध्यान तनिक भी न गया। ऐसी स्थिति में कश्मीरी साहित्य उचित दिशा-निर्देश के अभाव में विकसित न हो सका। सिख शासन की दरबारी भाषा पंजाबी तथा सरकारी भाषा फारसी थी। कश्मीरी भाषा के उत्थान में सिख-शासकों ने भी कोई विशेष रुचि न ली। इस काल में अनेक पंजाबी शब्द कश्मीरी में घुलमिल गए।

डोगरा शासन-काल में कश्मीरी भाषा और साहित्य का यथेष्ट विकास हुआ। जनता अपनी मातृभाषा की ओर प्रवृत्त हुई तथा फारसी के स्थान पर अब कश्मीरी में कविताएँ की जाने लगीं। कश्मीरी की विभिन्न काव्य-विधाओं, यथा, मसनवी, गजल, गीत, आदि का विकास इसी काल में हुआ। स्वतंत्रता-प्राप्ति के पश्चात् जिस प्रकार हिन्दी साहित्य में एक नई चेतना एवं वैचारिक क्रान्ति आ गई, ठीक उसी प्रकार कश्मीरी साहित्य में भी नूतन साहित्यिक परिवर्तनों का उन्मेष मिलता है। नाटक, उपन्यास, कहानी, छन्दमुक्त कविता आदि साहित्यिक-विधाओं का विकास हुआ तथा कश्मीरी भाषा और साहित्य ने उक्त दिशाओं में अपना एक विशिष्ट स्थान बना लिया।

ललद्यद : जीवन और कृतित्व

ललद्यद को कश्मीरी जनता लल्लेश्वरी, ललयोगेश्वरी, लला, लल, ललारिफा आदि नामों से जानती है। इस कवयित्री का जन्मकाल विद्वानों के बीच विवाद का विषय बना हुआ है। डॉ. ग्रियर्सन तथा आर. सी. टेम्पल ने ललद्यद की जन्मतिथि न देकर उसकी जन्मशती का उल्लेख किया है। उनके अनुसार कवयित्री का आविर्भाव 14वीं शताब्दी में हुआ था तथा वह प्रसिद्ध सूफी संत सय्यद अलीशाह हमदानी के समकालीन थी। डॉ. जी. एम. सूफी तथा प्रेमनाथ बजाज ललद्यद का जन्म सन् 1335 में हुआ मानते हैं। श्री जियालाल कौल के मतानुसार ललद्यद का जन्म 14वीं शती के मध्य में सुल्तान अलाउद्दीन (1347 ई.) के समय हुआ था। श्री जियालाल कौल जलाली ललद्यद का जन्म 14वीं शती के दूसरे दशक में भाद्रपद की पूर्णिमा को मानते हैं। 'वाकयाते कश्मीर' में ललद्यद का जन्मकाल 748 हिजरी तदनुसार 1348 दिया गया है। कश्मीर के सुप्रसिद्ध इतिहासकार हसन-खूयामी ने तारीख-ए-कश्मीर में ललद्यद का जन्म वर्ष 735 हिजरी तदनुसार 1335 ई. दिया है। विद्वानों द्वारा निर्दिष्ट विभिन्न जन्मतिथियों का विश्लेषण करने पर ललद्यद का जन्मकाल 1335 ई. अधिक उपयुक्त ठहरता है। सम्भव है कि ललद्यद का जन्मनाम कुछ और रहा होगा। 'लल' कश्मीरी में तोंद को कहते हैं तथा 'द्यद' किसी भी आदरणीया प्रौढ़ा के लिए प्रयुक्त होनेवाला आदर-सूचक शब्द है। कहते हैं कि ललद्यद प्रायः अर्ध-नग्नावस्था में घूमती रहती थी और उसकी तोंद इतनी विकसित थी कि उसके गुप्तांग उस तोंद से ढके रहते थे। पं. गोपीनाथ रैना ने अपनी पुस्तक 'ललवाक्य' में ललद्यद का जन्म-नाम पद्मावती बताया है। ('लल वाक्यानि' 1920, पृ. 3 तथा 'द वर्ड ऑफ लला प्राफेट्स' 1929) यह भी कहा जाता है कि ललद्यद ने अपने जीवनकाल में तत्कालीन युवराज शहाबुद्दीन, प्रसिद्ध मुसलमान संत सैयद जलालुद्दीन बुखारी, सैयद हुसैन समनानी, सैयद अली हमदानी आदि से भेंट की थी। ये घटनाएँ क्रमशः 748 हि., 773 हि., और 781 हि. की हैं। स्पष्ट है कि ललद्यद का इन हिजरी वर्षों के पूर्व न केवल जन्म हुआ था अपितु वह पूर्णतया सयानी भी हो चुकी थी। ललद्यद की मरण-तिथि जन्म-तिथि के

समान ही अनिश्चित है। केवल इतना कहा जाता है कि जब ललद्यद ने प्राण त्यागे तो उस समय उसकी देह कुन्दन के समान दमक उठी। यह घटना इस्लामाबाद/अनंतनाग के निकट विजबिहारा में हुई बताई जाती है। ललद्यद का पार्थिव शरीर बाद में किधर गया, उसे कहाँ जलाया गया आदि, इस सम्बन्ध में कोई प्रामाणिक उल्लेख नहीं मिलता। किंवदन्ती है कि प्रसिद्ध संत-कवि शेख नूरुद्दीन वली ने जिसका जन्म 1376 ई. में हुआ, ललद्यद के फटकारने पर अपनी माँ के स्तनों से दुग्ध पान किया था। इससे ललद्यद का कम से कम 1376 ई. तक जीवित रहना सिद्ध होता है।

ललद्यद का जन्म पाम्पोर के निकट सिमपूरा गाँव में एक ब्राह्मण किसान के घर हुआ था। यह गाँव श्रीनगर से लगभग 9 मील की दूरी पर स्थित है। तत्कालीन प्रथानुसार ललद्यद का विवाह उसकी बाल्यावस्था में ही पाम्पोर ग्राम के एक प्रसिद्ध ब्राह्मण घराने में हुआ। उसके पति का नाम सोनपंडित बताया जाता है। बाल्यकाल से ही इस आदि-कवयित्री का मन सांसारिक बन्धनों के प्रति विद्रोह करता रहा जिसकी चरम-परिणति बाद में भाव-प्रवण दार्शनिक 'वाख-साहित्य' के रूप में हुई। ललद्यद को प्रारम्भिक शिक्षा-दीक्षा अपने कुल-गुरु श्री सिद्धमोल से प्राप्त हुई। सिद्धमोल ने उसे धर्म, दर्शन, ज्ञान और योग सम्बन्धी विभिन्न ज्ञातव्य रहस्यों से अवगत कराया तथा गुरुपद का अपूर्व गौरव प्राप्त कर लिया। अपनी पत्नी में बढ़ती हुई विरक्ति को देखकर एक बार सोनपंडित ने सिद्धमोल से प्रार्थना की कि वे ललद्यद को ऐसी उचित शिक्षा दें जिससे वह सांसारिकता में रुचि लेने लगे। कहते हैं कि सिद्धमोल स्वयं ललद्यद के घर गए। उस समय सोनपंडित भी वहाँ पर मौजूद थे। इससे पूर्व कि गुरुजी ललद्यद को सांसारिकता का पाठ पढ़ाते, एक गम्भीर चर्चा छिड़ गई। चर्चा का विषय था—1. सभी प्रकाशों में कौन-सा प्रकाश श्रेष्ठ है, 2. सभी तीर्थों में कौन-सा तीर्थ श्रेष्ठ है, 3. सभी परिजनों में कौन-सा परिजन श्रेष्ठ है, और 4. सभी सुखद वस्तुओं में कौन-सी वस्तु श्रेष्ठ है? सर्वप्रथम सोनपंडित ने अपनी मान्यता यों व्यक्त की : 'सूर्य-प्रकाश से बढ़कर कोई प्रकाश नहीं है, गंगा के समान कोई तीर्थ नहीं है, भाई के बराबर कोई परिजन नहीं है, तथा पत्नी के समान कोई सुखद वस्तु नहीं है।' गुरु सिद्धमोल का कहना था, नेत्र-प्रकाश के समान कोई प्रकाश नहीं है, घुटनों के समान कोई तीर्थ नहीं है, जेब के समान कोई परिजन नहीं है तथा शारीरिक स्वस्थता के समान कोई सुखद वस्तु नहीं है।' योगिनी ललद्यद ने अपने विचार यों रखे : 'आत्मज्ञान के समान कोई प्रकाश नहीं है, जिज्ञासा के बराबर कोई तीर्थ नहीं है, भगवान के समान कोई परिजन नहीं है तथा ईश्वर-भय के समान कोई सुखद वस्तु

नहीं है।' ललद्यद का यह सटीक उत्तर सुनकर दोनों सोनपंडित तथा सिद्धमोल अवाक् रह गए।

माना जाता है कि "ललद्यद की तबीयत में बचपन से ही कुछ ऐसी बातें थीं जिनसे जाहिर होता है कि इसके दिल व दिमाग पर प्रारम्भ से ही गैर मामूली प्रभाव था। वह प्राय: अकेली बैठती और गहरे सोच में डूबी रहती। दुनिया की कोई दिलचस्पी उसके लिए आकर्षण का केन्द्र न बन सकी। वह प्राय: इस असाधारण स्वभाव के कारण अपनी सहेलियों के बीच हास-परिहास का विषय बन जाती।" (*कश्मीरी जबान और शायरी*, भाग-2 पृ.113)

विवाह के पश्चात् ससुराल में ललद्यद को अपनी सास की कटु आलोचनाओं एवं यंत्रणाओं का शिकार होना पड़ा। किन्तु वह उदारशीला यह सब पूर्ण धैर्य के साथ झेलती रही। एक दिन ललद्यद पानी भरने घाट पर गई हुई थी। माँ ने पुत्र को उकसाया—देख तो यह चुड़ैल घाट पर इतनी देर से क्या कर रही है! सोनपंडित लाठी लेकर घाट पर गए। सामने से ललद्यद सिर पर पानी का घड़ा लिए आ रही थी। सोनपंडित ने जोर से लाठी घड़े पर चलाई। घड़ा फूटकर खंडित हो गया, किन्तु कहते हैं कि पानी ज्यों-का-त्यों उस देवी के सिर पर टिका रहा। घर पहुँचकर ललद्यद ने इस पानी से बर्तन भरे तथा जो पानी बचा रहा उस पानी को खिड़की से बाहर फेंक दिया। थोड़े दिनों के बाद उस स्थान पर एक तालाब बन गया जो अभी भी 'लल-नाग' (तडाग) के नाम से प्रसिद्ध है। इसी प्रकार एक दिन ललद्यद के ससुर ने एक भोज का आयोजन किया। ललद्यद अपनी दैनिकचर्या के अनुसार घाट पर पानी भरने के लिए गई। वहाँ बातों ही बातों में सहेलियों ने उसे छेड़ा—'आज तो तेरे घर में तरह-तरह के पकवान बने हैं, आज तो पेट भर तुझे स्वादिष्ट पदार्थ खाने को मिलेंगे।' ललद्यद ने दीनतापूर्वक उत्तर दिया :

"घर में चाहे मिठाई (भाजी) बने या लड्डू मेरे भाग्य में तो पत्थर के टुकड़े ही लिखे हैं।" कहते हैं कि ललद्यद की निर्दयी सास उसे कभी भरपेट भोजन नहीं देती थी। दिखावे के लिए थाली में एक पत्थर रखकर उसके ऊपर भात का लेप करती, नौकरों की तरह काम लेती आदि। (इस घटना का आधार लेकर कश्मीर में एक कहावत प्रचलित हो गई है–"ललि नीलवठ चलि न जांह" अर्थात् लल के भाग्य से पत्थर कहाँ टलेंगे।)

इस समय तक ललद्यद की अन्तर्दृष्टि दैहिक चेष्टाओं की संकीर्ण परिसीमाओं को लाँघकर असीम में फैल चुकी थी। वह वन-वन अन्तर्ज्ञान का रहस्य अन्वेषित करने के लिए डोलने लगी। यहाँ तक कि उसने वस्त्रों की भी उपेक्षा कर दी। उसकी आचार-मर्यादा कृत्रिम व्यवहारों से बहुत ऊपर उठकर समष्टि में गोते लगाने लगी।

नाचती, गाती तथा आनन्दमग्न होकर विवस्त्र घूमती रहती। पुरुष उन्हीं को मानती जो भगवान से डरते हों और ऐसे पुरुष उसके अनुसार इस संसार में बहुत कम थे। शेष के सामने नग्नावस्था में फिर घूमने-फिरने में शर्म कैसी? कहते हैं कि एक दिन ललद्यद को प्रसिद्ध सूफी संत मीर सैयद हमदानी सामने से आते दिखाई पड़े। उसने एकदम अपनी देह को आवृत्त करने का प्रयास किया। निकट पहुँचकर संत हमदानी ने पूछा 'हे देवि, तुमने अपनी देह की यह क्या हालत बना रखी है? तुम्हें नहीं मालूम कि तुम नंगी हो।' ललद्यद ने सकुचाते हए उत्तर दिया–'हे खुदा-दोस्त, अब तक मेरे पास से केवल औरतें गुजरती रहीं, उनमें से कोई पुरुष अथवा आँखवाला नहीं था। आप मुझे मर्द तथा तत्त्वज्ञानी दीख पड़े, इसलिए आपसे अपनी देह छिपा रही हूँ।' एक और घटना इस प्रकार है। कहते हैं कि जब ललद्यद ने संत हमदानी को दूर ने से आते देखा तो वह चिल्लाती हुई दौड़ पड़ी कि 'आज मुझे असली पुरुष के दर्शन हो रहे हैं, असली पुरुष के दर्शन हो रहे हैं...।' और वह एक बनिये के पास गई और तन ढकने के लिए वस्त्र माँगे। बनिये ने कहा कि आज तक तुम्हें कपड़ों की आवश्यकता नहीं पड़ी तो इस समय क्यों माँग रही हो? ललद्यद ने उत्तर दिया–'वे जो महापुरुष सामने से आ रहे हैं, मुझे पहचानते हैं और मैं उन्हें।' इतने में संत हमदानी समीप पहुँच गए। पास ही एक नानबाई का तंदूर जल रहा था। ललद्यद तुरन्त उसमें कूद पड़ी। मुस्लिम संत पूछताछ करते वहाँ पहुँच गए और उन्होंने आवाज दी 'ऐ लला, बाहर आओ, देखो तो कौन खड़ा है।' कहते हैं उसी क्षण ललद्यद सुन्दर व दिव्य वस्त्र धारण किए प्रत्यक्ष हो गईं। (इस घटना पर भी कश्मीरी में एक कहावत प्रचलित है—'आए वआ'निस त गयि काँदरस') अर्थात् आई तो थी बनिये के पास किन्तु गई नानबाई के पास।

ललद्यद की कोई सन्तान नहीं हुई थी। प्रकृति ने इस बन्धन से उसे मुक्त ही रखा था। कवयित्री ने स्वयं एक स्थान पर कहा है—'न प्यायस, न जायस, न खेयम हेन्द त न शोंठ' (न मैं प्रसूता बनी और न मैंने प्रसूता का आहार ही किया।)

विपरीत पारिवारिक परिस्थितियों ने ललद्यद को एक नई जीवन-दृष्टि प्रदान की। उसने अपनी समस्त अभीष्ट पूर्तियों को व्यापक रूप दे दिया तथा अपनी आत्मा के चिर-अन्वेषित सत्य को ज्ञान एवं भक्ति की मर्मस्पर्शी अभिव्यक्तियों में साकार कर दिया। ये स्फुट किन्तु सरस अभिव्यक्तियाँ 'वाख' कहलाती हैं। कबीर की भाँति ललद्यद ने भी 'मसि-कागज' का प्रयोग नहीं किया। उसके वाख गेय हैं जो प्रारम्भ में मौखिक परम्परा में ही प्रचलित रहे तथा उन्हें बाद में लिपिबद्ध किया गया। इस दिशा में सर्वप्रथम ग्रियर्सन महोदय का नाम उल्लेखनीय है। उन्होंने महामहोपाध्याय पं. मुकुन्दराम शास्त्री की सहायता से 106 वाख एकत्रित किए तथा

उन्हें 'ललवाक्यानि' के अन्तर्गत सम्पादित किया। यह पुस्तक सन् 1920 में 'रॉयल एशियाटिक सोसाइटी', लंदन से प्रकाशित हुई है। श्री आर.सी. टेम्पल की पुस्तक 'द वर्ड ऑफ लला' में ललद्यद के वाक्यों का गम्भीर अध्ययन मिलता है। यह पुस्तक सन् 1924 में विश्वविद्यालय प्रेस, कैम्ब्रिज में प्रकाशित हुई है। राजानक भास्कराचार्य का ललद्यद के 60 वाखों का संस्कृत रूपान्तरण भी मिलता है। ललद्यद के वाखों (वाक्यों) का संकलन व अनुवाद करने में जिन दूसरे विद्वानों ने उल्लेखनीय कार्य किया है, उनके नाम हैं–सर्वश्री सर्वानन्द चरागी, आनन्द कौल बामजई, रामजू कल्ला, जियालाल कौल जलाली, गोपीनाथ रैना, प्रो. जियालाल कौल, आर. के. वांचू तथा नन्दलाल तालिब। श्री सर्वानन्द चरागी ने 'कलाम-ए-ललारिफा' के अन्तर्गत ललद्यद के 100 वाखों का हिन्दी में अनुवाद किया है। श्री आनन्द कौल वामजई ने 75 तथा रामजू कल्ला ने 'अमृतवाणी' में 146 ललवाखों को प्रकाशित किया है।

कहते हैं कि सन् 1914 में ग्रियर्सन ने ललवाख एकत्रित कर उन्हें पुस्तकाकार रूप में प्रकाशित करने की इच्छा प्रकट की। इस कार्य के लिए उन्होंने उस समय के प्रसिद्ध कश्मीरी विद्वान पं. मुकुन्दराम शास्त्री का सहयोग लिया। मुकुन्दराम ने काफी खोज की किन्तु ललवाख सम्बन्धी कोई भी सामग्री उनको हाथ न लगी। एक बार वे बारामूला से 30 मील दूर 'गअश' नाम के गाँव में पहुँचे। वहाँ पर उनकी भेंट धर्मदास नामक एक हिन्दू संत से हुई। इस संत को ललद्यद के अनेक वाख (वाक्) कंठस्थ थे। मुकुन्दराम ने इन वाकों का संग्रह कर उन्हें संस्कृत व हिन्दी रूपान्तर के साथ ग्रियर्सन महोदय को सौंप दिया। इन्हीं 'वाकों' को बाद में ग्रियर्सन ने सन् 1920 में लंदन से प्रकाशित करवाया।

पं. जियालाल कौल जलाली ने अपनी पुस्तिका 'ललवाख' में 38 वाखों का हिन्दी में अनुवाद किया है। जम्मू व कश्मीर कल्चरल अकादमी द्वारा प्रकाशित 'ललद्यद' (1961) में लगभग 135 वाख आकलित हैं। इस पुस्तक के सम्पादक श्री जियालाल कौल तथा श्री नन्दलाल तालिब हैं।

ललद्यद के 'वाख' प्रायः छन्द-मुक्त हैं। चार-चार पादों के ये स्फुट 'वाख' लययुक्त हैं। इनमें कवयित्री ने जीवन दर्शन की गूढ़तम गुत्थियों को सहज-सरल रूप में पिरो दिया है। ललद्यद के कृतित्व का परिचय पहली बार 'तारीख-ए-कश्मीर' (1730 ई.) में मिलता है। इसके पूर्व वह उपेक्षिता ही रही है। श्रीवर की 'जैन राजतरंगिणी' तथा जोनराज की 'जैनतरंगिणी' में भी उसका कोई उल्लेख नहीं मिलता है। वस्तुतः 18वीं शती के पूर्वार्द्ध में ललद्यद के कृतित्व की ओर जनता का ध्यान गया और उसका विधिवत महत्त्वांकन होने लगा।

ललद्यद के वाख-साहित्य का मूलाधार दर्शन है। उसका प्रत्येक वाख दार्शनिक

चेतना का आगार है जिस पर प्रमुखतः शैव, वेदान्त, तथा सूफी दर्शन की छाप स्पष्ट है। जिस समय ललद्यद का आविर्भाव हुआ उस समय कश्मीर में इस्लाम धर्म का एक विचार-पद्धति के रूप में आगमन हो चुका था। देश में घोर अशान्ति व धामिक अव्यवस्था व्याप्त थी। धर्मान्ध कट्टरपंथी अपने-अपने धर्म-सम्प्रदायों का प्रचार-प्रसार करने में दत्तचित्त थे। सामाजिक, आर्थिक तथा राजनैतिक विषमताएँ भी जनता को आड़े हाथों ले रही थीं। ऐसे विकट क्षणों में ललद्यद ने जनता के समक्ष धर्म के वास्तविक स्वरूप को स्पष्ट करते हुए जनवाणी में परम सत्य की सार्थकता को ऐसी व्यापक तथा सर्वसुलभ शक्ति के रूप में प्रतिष्ठित किया जिसमें न कोई दुराव था, न कोई आवरण, और न कोई विक्षेप। ललद्यद की यह सत्य-प्रतिष्ठा विशुद्धतः उसकी अन्तरानुभूति की देन है। ललद्यद विश्वचेतना को आत्मचेतना में तिरोहित मानती है। सूक्ष्म अन्तर्दृष्टि द्वारा उस परमचेतना का आभास होना सम्भव है। यह रहस्य उसे अपने गुरु से ज्ञात हुआ था–'गोरन दोपनम कुनय वचन, न्यबरअ दोपनम अन्दर तवय ह्यातुम नगय नचुन (गुरु ने मुझे एक रहस्य की बात बताई—बाहर से मुख मोड़ और अपने अन्तर को खोज। बस, तभी से यह बात हृदय को छू गई और मैं विवस्त्र नाचने लगी।)

दरअसल, ललद्यद उस सिद्धावस्था को पहुँच चुकी थी जहाँ स्व और पर की भावनाएँ लुप्त हो जाती हैं। जहाँ मान-अपमान, निन्दा-स्तुति आदि भावनाएँ मन की संकुचितता को लक्षित करती हैं। जहाँ पंचभौतिक काया मिथ्याभासों एवं क्षुद्रताओं से ऊपर उठकर विशुद्ध स्फुरणाओं का केन्द्रीभूत पुंज बन जाती है :

युस हो मालि हैड्यम, गेल्यम मसखरु करुयम,
सुय हो मालि मनस खट्यम न जाँह।
शिव पनुन येलि अनुग्रह कर्यम,
लुकहुन्द हेडुन व मे कर्यम क्याह॥

(चाहे कोई मेरी अवहेलना करे या तिरस्कार, मैं कभी मन में उसका बुरा न मानूँगी। जब मेरे शिव का मुझ पर अनुग्रह है तो लोगों के भला-बुरा कहने से क्या होता है?)

इस असार-संसार में व्याप्त विभिन्न विरोधाभासों को देखकर ललद्यद का अन्तर्मन विह्वल हो उठा और उसे स्वानुभूति का अनूठा प्रसाद मिल गया :

गाटुला अख वुछुम बौछि सुत्य मरान,
पन जन हरान पोहुन्य वाव लाह।
निश बौद अख छुम वाजस मारान,
तनु लल बु प्रारान छैन्यम न प्राह।

(एक प्रबुद्ध को भूख से मरते देखा, पतझर सा जीर्ण-शीर्ण हुआ पड़ा। एक निर्बुद्ध से रसोइये को पिटते देखा, तभी से यह मन बाहर निकल पड़ा।)

शंकर के अद्वैत का ललद्यद ने पूर्ण सहृदयता के साथ निरूपण किया है। सकल सृष्टि में जो गोचर है वह परमात्मा का ही व्यक्त रूप है। 'मैं ही ब्रह्म हूँ', वह मेरे पास है—मुझसे अलग नहीं है। उसे ढूँढ़ने के लिए तनिक एकाग्रता, लगन तथा त्याग की आवश्यकता है। कुत्सित स्वार्थ, सीमित मनोवृत्ति आदि का विसर्जन भी अनिवार्य है :

लल बु द्रायस लोलरे,
छांडन रूजस दौह क्यौह राथ।
वुछुम पंडिता पननि गरे,
सुय में रौटमस न्यछतुर तु साथ॥

(मैं उस परम शक्ति को घर से ढूँढ़ते-ढूँढ़ते निकल पड़ी। उसे ढूँढ़ते-ढूँढ़ते रात-दिन बीत गए। अन्त में देखा, वह मेरे ही घर में विद्यमान है। बस, तभी से मेरी परमात्म-साधना का उचित मुहूर्त निकल आया।)

ललद्यद ने धर्म के नाम पर प्रचलित मिथ्याचारों, बाह्याडम्बरों तथा विक्षेपों का खुलकर खंडन किया है। कबीर की भाँति उसने दोनों हिन्दुओं तथा मुसलमानों को खरी-खोटी सुनाई है। धर्म का वास्तविक अर्थ है मन की शुद्धता। वस्तुतः यही शुद्धता जीव को परमतत्त्व तक पहुँचा सकती है :

बुथ क्याह जान छुय, वौन्दु छुय कन्य,
असलुच कथ जांह संनिय नो।
परान तु लेखान वुठ तु औं गजि गजी,
अन्दरिम दुय जांह चजिय नो॥

(मुखाकृति अत्यन्त सुन्दर है किन्तु हृदय पत्थर-तुल्य है—उसमें तत्त्व की बात कभी समाई नहीं। पढ़-पढ़कर व लिख-लिखकर तुम्हारे होंठ व तेरी उँगलियाँ घिस गईं मगर तेरे अन्तर का दुराव कभी दूर न हुआ।)

ललद्यद का कृतित्व सांस्कृतिक पुनर्जागरण, मानव-कल्याण तथा सामाजिक पुनरुत्थान की दार्शनिक अभिव्यक्ति है जिसमें सरसता, स्पष्टता एवं सजीवता एक साथ गुम्फित है। उसके वाकों में धर्मदर्शन सम्बन्धी तथ्यों की प्रधानता के साथ-साथ काव्यात्मक सौन्दर्य की गहनता भी विपुल मात्र में दृष्टिगत होती है। अपनी

भावनाओं को मूर्तरूप प्रदान करने के लिए कवयित्री ने प्रमुखतया उपमा, उत्प्रेक्षा, विरोधाभास अनुप्रास आदि अलंकारों का प्रयोग किया है। अप्रस्तुत-विधान के अन्तर्गत संयोजित कार्य-व्यापार साधारण जनजीवन से लिए गए हैं, जिनमें सहजता के साथ-साथ पर्याप्त अभिव्यंजना शक्ति समाहित है। रस परिपाक की दृष्टि से सम्पूर्ण वाक्-साहित्य में प्रायः शान्त रस की प्रबलता है।

भाषागत दृष्टि से ललद्यद के वाख विशेष महत्त्व के हैं। ललद्यद के पूर्व कोई भी संरचना ऐसी नहीं मिलती जो कश्मीरी में लिखी गई हो। यद्यपि कुछ विद्वान शितिकंठ की 'महानय प्रकाश' को कश्मीरी की प्रथम कृति मानते हैं किन्तु उसकी भाषा कश्मीरी के उतनी निकट नहीं है जितनी ललद्यद के वाकों की है। भाषा-वैज्ञानिक दृष्टि से इन वाकों का अध्ययन अत्यन्त उपयोगी सिद्ध हो सकता है। ललद्यद की भाषा मूलतः संस्कृतनिष्ठ है, जिस पर यत्र-तत्र फारसी-अरबी शब्दों का प्रभाव भी मिलता है। संस्कृत के अनेक शब्द कवयित्री ने अपने मूल रूप में प्रयुक्त किए हैं, जैसे—प्रकाश, तीर्थ, अनुग्रह, कर्म, बान्धव, मूढ़, मनुष्य, नारायण, मन, शीत, तृण, उपदेश, अचेतन, आहार, शिव, हर, गगन, भूतल, पवन, फल, दीप, तीन शम्भु, अर्घ्य, ज्ञान, राम, गीता, मूर्ख, पंडित, मान, संन्यास आदि। किन्हीं डाक संस्कृत शब्दों का कश्मीरी-संस्करण करके प्रयोग किया गया है, जैसे समसार = संसार, दर्शन = दर्शन, बौद = बुद्धि, गोपत = गुप्त, सीख = सुख, मोख = मुख, शिन्य = शून्य, लज = लज्जा, रुख = रेखा, त्रेशना = तृष्णा आदि। अरबी-फारसी से लिए गए कुछ शब्द इस प्रकार हैं–साहिब, दिल, जिगर, मुश्क, गुल, खार, बाग, कलमा, शिकार आदि।

ललद्यद का कोई भी यथेष्ट स्मारक, समाधि या मंदिर कश्मीर में नहीं मिलता है। शायद वे इन सब बातों से ऊपर थीं। वे, दरअसल, ईश्वर (परम विभु) की प्रतिनिधि बनकर अवतरित हुईं और उसके फरमान को जन-जन में प्रचारित कर उसी में चुपचाप मिल गईं, जीवन-मरण के लौकिक बन्धनों से ऊपर उठकर—'मेरे लिए जन्म-मरण हैं एक समान/ न मरेगा कोई मेरे लिए/ और न ही/ मरूँगी मैं किसी के लिए!'

योगिनी ललद्यद संसार की महानतम आध्यात्मिक विभूतियों में से एक हैं, जिसने अपने जीवनकाल में ही 'परमविभु' का मार्ग खोज लिया था और ईश्वर के धाम/प्रकाश-स्थान में प्रवेश कर लिया था। वह जीवनमुक्त थीं और उसके लिए जीवन अपनी सार्थकता और मृत्यु भयंकरता खो चुके थे। उसने ईश्वर से एकनिष्ठ होकर प्रेम किया था और उसे अपने में स्थित पाया था। ललद्यद के समकालीन कश्मीर के प्रसिद्ध सूफी-संत शेख नूरुद्दीन वली/ नुन्द ऋषि ने कवयित्री के बारे में जो विचार व्यक्त किए हैं, उनसे बढ़कर इस महान कवयित्री के प्रति और क्या

श्रद्धांजलि हो सकती है :

'उस पद्मपोर/ पाम्पोर की लला ने/ दिव्यामृत छक कर पिया/ वह थी हमारी अवतार/ प्रभु! वही वरदान मुझे भी देना।'

प्रात:स्मरणीया कवयित्री ललद्यद के कतिपय लोकप्रिय और बहुप्रचलित पदों/ वाखों के अनुवाद नीचे दिए जा रहे हैं :

(1)

गगन तू, भूतल भी तू
तू ही दिन पवन और रात,
अर्घ्य, पुष्प, चन्दन, पानी
सब-कुछ तू, फिर चढाऊँ क्या तात?

(2)

प्रभु को ढूँढ़ने घर से निकली मैं
ढूँढ़ते-ढूँढ़ते रात-दिन गए बीत,
तब पंडित/प्रभु को निज घर में ही पाया
बस, मुहूर्त साधना का निकल आया
मेरे मीत।

(3)

चाहे लोग हँसें या हजारों बोल कसें
मेरे मन/आत्मा को कभी खेद होगा नहीं,
मैं होऊँ अगर सच्ची भक्तिन शंकर की
आईना मैला कभी धूल से होगा नहीं।

(4)

हँसता, छींकता, खाँसता, जम्हाई लेता
नित्य-स्नान तीर्थों पर वही है करता,
वर्ष के वर्ष नग्न-निर्वसन वह रहता
वह तुममें है, तुम्हारे पास है रहता।

(5)

हम ही थे, होंगे हम ही आगे भी
विगत कालों से चले आ रहे हम ही,
जीना-मरना होगा न समाप्त शिव/जीव का
आना और जाना, धर्म सूर्य का है यही।

(6)

अविचारी पढ़ते हैं पोथियों को
ज्यों पिंजरे में तोता रटता राम-राम,
दिखलावे को ये ढोंगी पढ़ते हैं गीता
पढ़ी है मैंने गीता, पढ़ रही हूँ अविराम।

(7)

गुरु ने बात एक ही कही
बाहर से तू भीतर क्यों न गई,
बस, बात यह हृदय को छू गई
और मैं निर्वस्त्र घूमने लगी।

(8)

पढ़े-लिखे को भूख से मरते देखा
पतझर से जीर्ण-शीर्ण ज्यों इक पत्ता,
मूढ़ द्वारा रसोइए को पिटते देखा
बस, तभी से मन मेरा बाहर निकल पड़ा।

(9)

मरेगा कौन और मारेंगे किसे ?
मारेगा कौन मारेंगे किसे ?
भई, हर-हर छोड़ जो घर-घर कहे
बस, मरेगा वही और मारेंगे उसे।

(10)

धुल गया मैल जब मन-दर्पण से
अपने में ही उसे स्थित पाया
तब सर्वत्र दिखने लगा वह, और
व्यक्तित्व मेरा शून्य हो गया।

(11)

मुखाकृति अति लुभावनी, पर हृदय है कठोर
तत्त्व की बात कभी उसमें समायी नहीं,
पढ़ते और लिखते होंठ-उँगलियाँ घिसीं तेरी
मगर, मन की दुई कभी दूर हुई नहीं।

(12)

तेरी लाज ढकता, शीत से भी रक्षा करता है
स्वयं बेचारा तृण-जल का करता आहार,
फिर दिया किसने उपदेश तुझे रे पंडित ?
जो अचेतन पत्थर पर चेतन बकरे की बलि चढ़ाता है।

(13)

लोभ, काम, मद, चोर को मारा जिसने
इन राहजनों को मार बना दो दास,
ईश्वर सहज में पा लिया उसने, और
बाँध लिया सब में उसने ही श्वास।

(14)

जानकर भी मूढ़, देखकर भी अन्धा
सुनकर भी गूँगा, बनना एकदम अनजान,
जो जैसा कहे, उसकी सुन लेना
तत्त्वविध का, बस, यही है अभ्यास।

(15)

मार दे काम, क्रोध और लोभ को
नहीं तो मारेंगे ये हत्यारे पलट के,
खाने को दे इन्हें सुविचार-संयम
तब होंगे सब-के-सब असहाय से।

(16)

रे मनुष्य ! क्यों बट रहा तू रेत की रस्सी ?
इस रस्सी से खिंचेगी न तेरी यह नाव,
नारायण ने लिखी तेरे कर्म में जो रेख है
वह टलेगी कभी नहीं, छोड़ दे तू अहंभाव।

(17)

कुछ नींद में भी हैं जागे हुए
कुछ जागे हुए भी सो जाते,
कुछ स्नान करके भी अपवित्र-से
कुछ गृहस्थी होकर भी अगृही होते।

(18)

शिव व्याप्त हैं जल-थल में
तू हिन्दू औ' मुसलमान में भेद न जान,
प्रबुद्ध है तो पहचान अपने आपको
साहिब से यही है तेरी पहचान।

गीतों की रानी हब्बा खातून

कश्मीरी भाषा और साहित्य को ऊँचाइयों तक ले जाने में जिन चार कवयित्रियों : ललद्यद, हब्बा खातून, रूपभवानी तथा अरणिमाल को कश्मीरी साहित्य के इतिहास में चिरकाल तक स्मरण किया जाएगा, उनमें कश्मीर की लाडली हब्बा खातून को गीत-विधा में अपने अभूतपूर्व योगदान के लिए विशिष्ट स्थान प्राप्त है। अपने असाधारण व्यक्तित्व, कंठ-माधुरी, काव्य-प्रतिभा तथा रचना-कौशल के कारण हब्बा खातून कश्मीरी भाषा की ही नहीं, समूचे भारतीय काव्य-जगत की प्रतिनिधि कवयित्री मानी जा सकती है।

हब्बा खातून का आविर्भाव उस युग में हुआ जब कश्मीर राजनीतिक, सामाजिक तथा आर्थिक दृष्टि से पराभूत था। कश्मीर को शहाबुद्दीन (1354-73 ई.) तथा जैनुलबददीन (1420-70 ई.) जैसे शक्तिशाली और यशस्वी शासक देने वाले सुलतान-वंश का प्रभाव धीरे-धीरे कम हो चला था तथा सत्ता उन सामन्तों, नवाबों के हाथों में चली गई थी जो राज्याधिकार पर हावी होने के लिए शक्ति प्रदर्शन की होड़ में संलग्न थे। सुलतान-वंश का अन्तिम शासक हबीबशाह तो इतना अयोग्य और कमजोर सिद्ध हुआ कि 1554 ई. में भरे दरबार में उसे गद्दी से उतार दिया गया और किसी ने चूँ तक न की। बढ़ते हुए सुन्नी-शिया विवाद, अकाल, बेरोजगारी, महँगाई आदि ने घाटी में जनजीवन को दूभर बना दिया था। उधर, एक महत्त्वपूर्ण बात यह कि दूरदर्शी मुगल बादशाह अकबर को कश्मीर का सौन्दर्य आशातीत रूप से लुभाने लगा और वह इस फिराक में रहने लगा कि अवसर मिलते ही कश्मीर को अपने अधिकार में कर लिया जाए। आपसी मतभेद, रंजिश और फूट के कारण कश्मीर के असंतुष्ट नेता आए-दिन बादशाह सलामत अकबर से या फिर उनके सूबेदारों से सहायता माँगने लगते जो बदले में उन्हें दल-बदल करने तथा घाटी में राजनीतिक अस्थिरता का वातावरण पैदा करने के लिए प्रेरित करते रहते। 1537 ई. में घाटी पर हुए आक्रमण ने कश्मीर की आर्थिक स्थिति को और बिगाड़कर रख दिया। इसे कश्मीर का दुर्भाग्य ही समझा जाना चाहिए कि किसी भी शासक का ध्यान इस ओर नहीं गया कि वह

सिंचाई के साधनों, बाढ़ रोकने के उपायों तथा शाल-उद्योग य अन्य हस्तकलाओं को विकसित करने के लिए विविध तरीकों को बढ़ावा दें। समाज के तीन प्रमुख वर्गों—किसानों, शाल-बुनकरों तथा कामगारों में व्यापक स्तर पर बेरोजगारी छाई हुई थी। ये सारी विपत्तियों तथा प्रताड़नाएँ मनुष्य द्वारा निर्मित थीं, उधर प्रकृति ने भी कोई कसर न छोड़ी। 1576 ई. में घाटी में असमय हिमपात हुआ जिसका दुष्प्रभाव यद्यपि तीन वर्षों तक ही रहा, किन्तु आने वाले दस सालों तक उसने घाटी के जीवन को, यहाँ की आर्थिक-व्यवस्था को चरमराकर रख दिया। "कुल मिलाकर यह कहा जा सकता है कि हब्बा खातून के जीवनकाल में जनता बहुत दु:खी थी और उसका यह दु:ख-दर्द चरम-सीमा तक पहुँच चुका था।" (हब्बा खातून, श्री श्यामलाल साधू)।

ऊपर संक्षेप में हब्बा खातून के युगीन परिदृश्य को रेखांकित करने का प्रयास किया गया। राजनीतिक, सामाजिक तथा आर्थिक परिस्थितियों पर विचार कर लेने के उपरान्त तनिक इस युग की साहित्यिक-सांस्कृतिक परिस्थितियों पर भी एक नजर डाली जाए।

हब्बा खातून का जन्म ललद्यद (1335-1385) के लगभग दो सौ वर्ष बाद हुआ। अपनी रचनाओं में हब्बा खातून ने जिस भाषा का प्रयोग किया, उसमें प्राय: वे सारी विशेषताएँ/क्षमताएँ आ गई थीं जो आज की कश्मीरी भाषा में पाई जाती हैं। कश्मीरी भाषा को उसके वर्तमान स्वरूप तक ले जाने की यात्रा में जहाँ ललद्यद की भाषा शितिकंठ से आगे रही, वहाँ हब्बा खातून की भाषा ने उसे अधिक परिष्कृत कर और आगे बढ़ाया। इस परिष्कार-प्रक्रिया के पीछे एक महत्त्वपूर्ण कारण कश्मीरी पर फारसी का प्रभाव था। यहाँ पर ध्यातव्य है कि कई सुलतान-शासकों ने अपने राजत्वकाल में जहाँ पंडितों की अध्ययन-अध्यापन की भाषा संस्कृत को प्रश्रय दिया, वहाँ उतना ही संरक्षण उन्होंने फारसी को भी प्रदान किया। इन्हीं दिनों पश्चिम और मध्य एशिया से जिन सैंकडों सैयदों ने कश्मीर में आकर शरण ली, उनमें अनेक कवि, विद्वान, संत और धर्मशास्त्री भी थे। उन सभी ने फारसी को ही अपने प्रचार का माध्यम बनाया। इस प्रकार, थोड़े ही अन्तराल में फारसी को राजभाषा का दर्जा मिल गया। चूँकि फारसी का व्यवहार समाज के विभिन्न वर्गों में बराबर होता रहा, इसलिए कश्मीरी भाषा की संरचना और प्रकृति पर इसका प्रभाव पड़ना स्वाभाविक था। फलत: कश्मीरी ने फारसी और अरबी भाषाओं से अनेक नए शब्द ग्रहण किए तथा अनेक प्रचलित शब्द अपने नए अर्थों में व्यवहृत होने लगे। इतना ही नहीं कश्मीरी कलाओं के विभिन्न रूप भी फारसी के प्रभाव से अछूते नहीं रह सके। कश्मीरी की साहित्यिक रचना-धर्मिता पर भी इस भाषा का

अत्यधिक प्रभाव पड़ा। इस बात की पुष्टि जैनुलाब्दीन के शासन-काल में रची गई कश्मीरी रचनाओं से स्पष्ट हो जाती है।

प्रो. श्यामलाल साधू के अनुसार–"सुलतान वंश के विभिन्न शासक यहाँ तक कि यूसुफ शाह चक भी स्वयं संस्कृत, फारसी और कश्मीरी में रचनाएँ करते थे। दूसरे शब्दों में वह इन तीनों भाषाओं का प्रयोग करना चाहते थे। प्रतिक्रियास्वरूप प्रबुद्ध एवं प्रतिभासम्पन्न वर्ग में भी साहित्यिक अभिरुचि जागृत हुई और उनकी संवेदनशीलता एक नए रूप में ढलकर मुखरित हुई। एक तरह से एक साँझी संस्कृति का उदय होने लगा।"

जैनुलाब्दीन ने अपने शासनकाल में संगीत तथा अन्य कलाओं को बहुत प्रश्रय दिया। जब तक कश्मीर मुगलों के अधिकार में नहीं चला गया, अन्य सुलतानों ने इस क्रम को बराबर जारी रखा। कला और कलाकार को सम्मान/प्रश्रय देने की यह परम्परा चक शासनकाल (1554-86 ई.) तक रही। अब तक साहित्य में ललद्यद और नूरुद्दीन के समय की सादगी और चिन्तनशीलता में पीछे चली गई थी और उसके बदले एक बार फिर संगीत, काव्य और अन्य कलाओं के रंगमंच के प्रति जनता की रुचि जाग गई थी। फारसी का प्रभाव गजल और सूफी कविता के रूप में तत्कालीन लोक-चिन्तन और संस्कृति में व्याप्त हो रहा था। काव्य और संगीत के सुन्दर मिश्रण से युक्त कश्मीरी गीत-रचना का उद्‌भव और विकास इसी वातावरण में हुआ।

'वचन' नाम से प्रचलित गीत-रचना कश्मीरी भाषा की अपनी विशिष्ट काव्य-शैली या विधा है। कश्मीरी 'वचन' लोकगीतों की लय और ताल पर टेक और अन्तरा का विधान लिए हुए है। प्राय: तीन-तीन पंक्तियों पर टेक मिलती है और गीत का कुल विस्तार छह या नौ पंक्तियों से अधिक नहीं होता। लोकगीतों की-सी उन्मुक्तता और सहजता से ओतप्रोत इन वचनगीतों का मुख्य अभिप्रेत लौकिक प्रेम का वर्णन है। कथ्य एवं विचार के स्तर पर इन गीतों में प्राय: विचार तत्त्व की न्यूनता देखने को मिलती है। न इनमें कोई नैतिक उद्‌देश्य रहता है और न कोई सन्देश ही। ये तो प्रेम-दंश से पीड़ित विरहिणी के मुख से निकली सीधी-सरल, सच्ची आत्माभिव्यक्तियाँ हैं। विरहिणी को सारा संसार अपने प्रियतम के प्रेमरस में डूबा-सा लगता है; उसे पुष्पों की सुवास में, कोयल के कूजन में तात्का भौंरों की गुंजार में प्रेम-रस बिखरा हुआ नजर आता है। प्रो. साधु के अनुसार–"ऐसे में विरहिणी के लोल (प्रेम) का प्रियतम के विरह में चिन्ताकुल और अवसादजन्य आत्मनिवेदन के रूप में प्रकट होना स्वाभाविक है। ऐसा लगता है जैसे इन गीतों

में विरहिणी आत्म-पीड़ा को वाणी देकर नैराश्य से उत्पन्न मन के बोझ को हल्का करना चाहती है।"

प्रेम की विभिन्न भाव-दशाओं का इन वचन-गीतों में सुन्दर निरूपण मिलता है। (हब्बा खातून की कविताओं से उदाहरण देकर इस बात को आगे स्पष्ट किया जाएगा।) ये भावदशाएँ प्रेमिका के नि:स्वार्थ प्रेम से लेकर उसमें शंका-अविश्वास से उत्पन्न रोष-खिन्नता पैदा होने, प्रेमी को निष्ठुर/ विश्वासघाती सिद्ध करने तथा विरह-विभीषिका की अनिवार्यता से साक्षात्कार करने तक की विभिन्न स्थितियों को समेटे हुए हैं। कश्मीरी वचन-गीतों के विकास को अवतारकृष्ण रहबर चक-राजाओं के दरबार के विलास, नृत्यगान और मद्यपान में डूबे वातावरण की देन मानते हैं। उनके अनुसार अय्याशी और मनोविनोद के इस युग के कश्मीरी कविता को एक नया स्वर, नया जीवन और उत्साह दिया। लौकिक प्रेम ने इन गीतों में एक नई प्रेरणा-उमंग फूँक दी जिससे इस गीत-विधा के भीतर पहली बार कला का प्रस्फुटन हुआ।

पन्द्रहवीं और सोलहवीं शताब्दी में रचित इन कश्मीरी गीतों (वचनों) के मूल रचनाकारों का अधिक उल्लेख नहीं मिलता है। उस समय के ज्ञात कुछेक कवि हबीब उल्लाह नौशहरी और नन्द अकमाल हैं। मगर सच्चे अर्थों में गीतकाल की ख्याति का चमचमाता सेहरा गीत-सम्राज्ञी, गीतों की महारानी हब्बा खातून के सिर ही बँधता है। यदि धर्म-दर्शन-सदाचार का युग-उपकारी सन्देश देकर ललद्यद हब्बा खातून से पूर्व के युग पर छायी रहीं, तो सोलहवीं शती का सम्पूर्ण कश्मीरी काव्य हब्बा खातून को सर्वोच्च स्थान पर प्रतिष्ठापित करता है। प्रो. साधू के अनुसार– "हब्बा खातून का बहुआयामी व्यक्तित्व एक ऐसी नारी और राजरानी तथा संगीतज्ञ और कवयित्री के संस्कारों का सम्मिश्रण है जिसका समन्वित रूप कश्मीरी काव्य और संस्कृति में घुल-मिलकर एकाकार हो गया है।"

गीत-सम्राज्ञी हब्बा खातून का जीवनवृत्त प्रामाणिक तथ्यों के अभाव में अभी तक सन्दिग्धता के घेरे में है। कवयित्री के जीवनवृत्त पर आंशिक रूप से प्रकाश डालने वाली पंडित बीरबल कात्वरू की 'तवारीख-ए-कश्मीर', हसन खोयामी की 'तवारीख-ए-कश्मीर' तथा मुहम्मद-दीन-फौक साहब की 'तवारीख-ए-कश्मीर' पुस्तकों के अलावा और कोई प्रामाणिक सामग्री उपलब्ध नहीं होती। इन पुस्तकों में भी हब्बा खातून के व्यक्तित्व और जीवन के बारे में जो सूचनाएँ दर्ज हैं वे या तो अपर्याप्त हैं या फिर अन्तर्विरोध से ग्रस्त। इधर, प्रो. एस. एल. साधू ने पर्याप्त परिश्रम और विद्वत्ता के साथ साहित्य अकादेमी, दिल्ली के लिए 'हब्बा खातून' शीर्षक से जो पुस्तिका तैयार की है, उसमें कवयित्री के जीवनवृत्त आदि के बारे में दी गई जानकारियाँ प्रमाणसंगत होने के साथ-साथ विश्लेषणपरक भी हैं। (इस

पुस्तिका का अंग्रेजी से हिन्दी में अनुवाद इन पंक्तियों के लेखक ने किया है।)

हब्बा खातून का जन्म सोलहवीं शताब्दी के मध्य में श्रीनगर के दक्षिण में स्थित पाम्पोर नामक गाँव के निकट चन्दहार में हुआ था। (श्री फौक साहब ने हब्बा खातून का जन्म-काल 1541 से 1552 के बीच माना है। स्व. आजाद, रहबर तथा डॉ. तोषखानी ने भी इसी मत को स्वीकार किया है)। उसका जन्म का नाम जून था और पिता अब्दीराथर सम्भवतः अच्छी-खासी हैसियत वाला किसान था। कुछ विद्वान हब्बा खातून के जन्म-स्थान को लेकर एक दूसरी मान्यता प्रस्तुत करते हैं। इस मान्यता के अनुसार हब्बा खातून का जन्म झेलम-घाटी के उत्तर में स्थित गुरेरा के निकट एक कन्दरा में हुआ था। एक अन्य जनश्रुति गरेस में चूरवन के निकट एक स्थान-विशेष के साथ कवयित्री के जन्मस्थान का सम्बन्ध जोड़ती है। आज भी इस स्थान को 'हब्बा की टेकरी' के नाम से जाना जाता है। अपनी इस मान्यता की पुष्टि में ये विद्वान जिस किंवदन्ती को आधार बनाती है, उसका उल्लेख यहाँ पर करना अनुचित न होगा। कहते हैं हब्बा खातून गुरेस के एक साधारण-से सरदार की बेटी थी। कर्ज की अदायगी के तौर पर उसने अपनी बेटी हब्बा खातून को एक मालदार कश्मीरी व्यापारी हयामांड को सौंप दिया। हयामांड ने उसका विवाह-सम्बन्ध अधिक दिनों तक नहीं चला। फलस्वरूप हब्बा खातून अपने मन का दु:ख-दर्द गीतों में ढालने लगी। तभी दर्दिस्तान और गुरेस में रहने वाली दरद जाति का यूसुफशाह हब्बा खातून के इन दर्दभरे गीतों से आकृष्ट हुआ और उसने उसके साथ विवाह रच लिया। जब यूसुफशाह का राजपाट छिन गया और वह निर्वासित जीवन बिताने लगा तो हब्बा खातून ने महलों को त्याग दिया और उसने अबदी राथर नाम के एक व्यक्ति के घर में शरण ली।

अन्त:साक्ष्य के आधार पर दूसरी मान्यता की तुलना में पहले वाली मान्यता अधिक युक्तिसंगत ठहरती है। कवयित्री के गीतों में न तो गुरेस का और न ही पहाड़ी कबीले के उसके सरदार-पिता अथवा हयामांड का कहीं उल्लेख मिलता है। हाँ, उसके पैतृक गाँव चन्दहार का वर्णन अवश्य मिलता है—'मेरा पैतृक घर चन्दहारवाला में स्थित है' (माल्युन म्योन प्यठ चन्द्रहार छुए)। एक अन्य गीत में कवयित्री इस बात की स्वयं पुष्टि करती है कि उसका नाम 'जून' और उसके पति का अजीज था—"रे अजीज, अपनी जून से यों रूठकर न जा।"

प्रो. साधू साहब ने हब्बा खातून के जीवनवृत्त से सम्बन्धित जो विचार प्रस्तुत किए हैं, वे उल्लेखनीय हैं। वे लिखते हैं—"हब्बा खातून अपनी रचनाओं का कोई प्रामाणिक साक्ष्य अपने पीछे नहीं छोड़ गई हैं। वे सारे गीत जो इस कवयित्री के नाम से प्रचलित हैं, जनता तक या तो संगीत रचनाओं के अभिलेख के रूप

में या फिर मौखिक परम्परा से पहुँचे हैं।" (हब्बा खातून, पृ. 15) कुछ वर्ष पूर्व कवयित्री के गीतों का एक संकलन जम्मू और कश्मीर राज्य की भाषा कला और संस्कृति अकादमी ने प्रकाशित किया था। कतिपय विद्वानों ने आपत्ति की है कि उक्त संकलन में हब्बा खातून के जो गीत दिए गए हैं, उनमें अधिकांश की प्रामाणिकता सन्दिग्ध हैं। वैसे, कुल मिलाकर अधिकांश विद्वान यह स्वीकार करते हैं कि "कवयित्री का जन्म अब्दी राथर के घर हुआ था। जन्म के समय उसका नाम 'जून' रखा गया तथा उसके पहले पति का नाम अजीज था।"

प्रारम्भिक शिक्षा (कुरान की तालीम आदि) ग्रहण करने के बाद, कालान्तर में, माता-पिता ने हब्बा खातून (जून) की शादी करने का निश्चय किया। अनुमान लगाया जाता है कि हब्बा खातून अत्यधिक सुन्दर थी तथा गला भी उसका बहुत ही मधुर था। माता-पिता ने अजीज नाम के एक ग्रामीण युवक से उसकी शादी तय की। दुर्भाग्य से यह रिश्ता बहुत दिनों तक चल न सका। जून के साथ अजीज की न तो रुचियाँ मेल खाती थीं और न ही विचार। वह तो एक तरह से उजड्ड-गँवार देहाती युवक था। प्रो. साधु के अनुसार–"खुदा ने शायद उसे (अजीज को) इसलिए पैदा किया था कि वह हब्बा खातून के दिल की कोमल भावनाओं को आहत करे और प्रतिक्रियास्वरूप हब्बा की पीड़ा गीतों में फूट निकले। यदि उसका वैवाहिक जीवन सुख में बीता होता तो इस बात की पूरी सम्भावना थी कि साधारण नर-नारियों की तरह उसका जीवन भी रासरंग में व्यतीत हुआ होता और वह काल के गर्भ में सदा-सदा के लिए खोकर अनजानी और अनचीन्ही ही रह जाती। इसे प्रकृति का वरदान ही समझना चाहिए कि वह अजीज लोन के सम्पर्क में आई जिसकी ढिठाई और निष्ठुरता ने उसे कश्मीरी गीतों की रानी बना दिया।

जैसाकि ऊपर कहा जा चुका है हब्बा खातून को प्रकृति ने असीम रूप तथा सुरीला कंठ दिया था। वह गृहकार्य में भी कुशल थी तथा थोड़ी-बहुत पढ़ी-लिखी भी थी। यह सब होते हुए भी उसे अपने पति के घर में एक दासी की तरह काम करने को बाध्य होना पड़ा। उसकी दिनचर्या सवेरे-सवेरे नदी पर पानी भरने से शुरू हो जाती। इसके बाद उसे जंगल में लकड़ियाँ—बटोरने के लिए भेजा जाता। तदुपरान्त वह चरखा कातती तथा घर के समस्त श्रमसाध्य कार्य करती। इतना सब करने पर भी उसके काम की प्रशंसा न होती, बल्कि डाँट-फटकार ही खानी पड़ती। कभी यदि भूल से उस बेचारी से पानी भरते समय घड़ा हाथ से छूट जाता तो निर्दयी सास उसकी खूब पिटाई करती और नया घड़ा लाने को कहती या फिर घड़े के पैसे रखवा लेती। कभी यदि रात को देर तक चरखा कातते-कातते उसकी आँख लग जाती तो सास उसके बाल पकड़कर जोर से झिंझोड़ती। अपनी इस वेदनुनाभूति

को कवयित्री ने अपने प्रसिद्ध गीत 'चारअ कर म्योन मलिन्यो...' में वर्णित किया है। इस प्रसिद्ध गीत-रचना में कवयित्री ने विवशताजन्य आत्मपीड़ा को वाणी देकर ससुराल में बहू को मिलने वाली यंत्रणाओं का मार्मिक चित्रण किया है। अपनी ओर से हब्बा ने निष्ठुर पति की रुचियों को बदलने का भरसक प्रयास किया ताकि उसके पति में थोड़ी-सी दया-ममता जाग जाए। अपने 'छाव म्यान्य दआ'न पोश' (मेरे अनार-पुष्पों का आनन्द ले ले) गीत में यह प्रयास द्रष्टव्य है–

गुलदस्ता सजाया है मैंने तेरे लिए,
मेरे अनार-पुष्पों का आनन्द ले ले।
मैं धरती, तू आकाश है मेरा,
आवरण तू मेरे रहस्यों का।
मैं हूँ इक व्यंजन, अतिथि तू प्यारा
मेरे अनार-पुष्पों का आनन्द ले ले।

प्रेम की भावपूर्ण याचना करने पर भी उसके पति के व्यवहार में कोई अन्तर नहीं आया। उल्टा, कवयित्री के प्रति उसके पति अजीज की वेरुखी बढ़ती ही गई। प्रो. साधू के अनुसार–"प्राय: ऐसी निराशाजनक परिस्थितियों में औरतें मार्गदर्शन के लिए साधु-महात्माओं की शरण में जाती हैं। हब्बा खातून भी ख्वाजा मसूद नाम के एक सूफी संत के पास अपना दु:ख कहने के लिए गई होंगी। संत ने धीरज बँधाया–'तेरा भविष्य अवश्य सुखमय होगा।' कहते हैं, उसी संत ने उसे हब्बा खातून नाम दिया जिसे बाद में जून ने अपना लिया।

इस सबके बावजूद हब्बा खातून का दाम्पत्य-जीवन दिनों-दिन पीड़ामय होता गया। कोई भी युक्ति उसके कुंठित जीवन को क्षण-भर के लिए भी राहत न दे सकी। फिर भी वह प्रेम-मतवाली, पति-अनुरक्ता अपने निर्मम पति से बराबर प्रणय-निवेदन करती रही। अपने प्रसिद्ध गीत 'लदयों दसान पोश तअ ही' (अनार और जूही के फूलों का गुलदस्ता बनाऊँगी) में वह कहती है—

किस खता पर, ऐ हरजाई !
मेरे कोमल दिल पर
तूने दराँती चलाई ?
वार पे वार किया
मुझ मासूम को मार ही दिया,
मरा जो एक बार,

वह लौटकर आया नहीं,
तेरे लिए तो मैं
अनार और जूही के फूलों का
गुलदस्ता बनाऊँगी...।

मन की बढ़ती व्यथा को कवयित्री अब और ज्यादा नहीं सह पाई। उसे इस बात का पक्का विश्वास हो गया कि उसके निर्दयी पति में प्रेम की ज्योति जगाना या फिर कठोर-हृदया सास में सहानुभूति का भाव पैदा करना सम्भव नहीं है। ऐसी स्थिति में विरक्ति और अवसादजन्य पीड़ा से संत्रस्त किसी भी नवविवाहित के पास आखिरी सहारा यही रह जाता है कि वह सहायता और सांत्वना के लिए अपने मायके वालों से फरियाद करे। कवयित्री की चिन्तातुरता और विलाप का वर्णन उसके एक बहुचर्चित गीत 'चारअ कर म्योन मलिन्यो' (मायकेवालो, मेरा कष्ट निवारो...) में बड़ी खूबी के साथ हुआ है—

ससुराल में सुखी नहीं हूँ
मायकेवालो, मेरा कष्ट निवारो।
यह जवानी अब ढलने लगी है,
टीलों पर चढ़ाई अब होती नहीं है,
ढेले एकत्र करते पैरों में छाले पड़े हैं
नमक छिड़कते हैं सभी, मुझे सँभालो
मायकेवालो! मेरा कष्ट निवारो...।

एक दिन खेत पर काम करते हुए हब्बा खातून उपर्युक्त गीत की पंक्तियाँ अपने मीठी आवाज में गुनगुना रही थी। कवयित्री सम्भवतः प्रकृति को साक्षी बनाकर अपने दर्द को हल्का कर रही थी। तभी वहाँ से सजे-सजाए घोड़े पर सवार सुन्दर परिधान में सुसज्जित एक नवयुवक गुजरा जिसे दर्द भरे गीत के मधुर बोलों ने बरबस अपनी ओर खींच लिया। नवयुवक गीत गाने वाली उस ग्राम्य-बाला पर मुग्ध हो गया। वह नवयुवक और कोई नहीं, कश्मीर के सिंहासन का वारिस शाहजादा यूसुफशाह चक था। क्षणभर में चन्दहार गाँव की रूपसी कश्मीर के भावी नरेश के दिल की रानी बन गई। हब्बा ने शहजादे का मौन निमंत्रण स्वीकार कर लिया और 1570 ई.। वह ग्राम्य बाला खेतों से निकलकर राजमहल में आ गई।

यूसुफशाह चक के महल में हब्बा खातून किस रूप में प्रविष्ट हुई, इस बात पर विद्वानों में मतभेद हैं। प्रायः ऐसा माना जाता है कि अजीज लोन से तलाक

दिलवाकर यूसुफशाह ने हब्बा खातून के साथ बाकायदा शादी की थी और वह उसके साथ रानी की तरह रही। कतिपय विद्वान इस बात से सहमत नहीं है। उनका कहना है कि हब्बा खातून यूसुफशाह के हरम (रनिवास) की एक सदस्या मात्र थी और उसका दर्जा एक रखैल से बढ़कर नहीं था। दुर्भाग्य से इस सम्बन्ध में किसी भी इतिहास-ग्रंथ में सही जानकारी उपलब्ध नहीं होती। प्रो. साधू के अनुसार– "संस्कृत के जाने-माने इतिहासकार शुक-पंडित, जो हब्बा खातून के समकालीन थे और जिन्होंने अपने पूर्ववर्ती इतिहासकारों-जोनराज और श्रीवर द्वारा लिखित कश्मीर के इतिहास को 1600 ई. तक बढ़ाकर पूर्ण किया, ने भी इस कवयित्री के बारे में कोई उल्लेख नहीं किया है। ...यूसुफशाह चक के निधन के दो सौ वर्ष बाद जन्मे अब्दुल वहाब शाइक ऐसे प्रथम इतिहासकार हैं जिन्होंने फारसी में लिखित अपने इतिहास में हब्बा खातून के बारे में मामूली-सा उल्लेख किया है। मगर यूसुफशाह के साथ उसका सम्बन्ध किस तरह का था, इस बात पर वे भी मौन हैं। ...बहरहाल, लोकविश्वास के अनुसार हब्बा खातून यूसुफशाह की रानी थी...।"

राजमहल में कदम रखने के बाद हब्बा खातून का व्यक्तित्व पूरी तरह निखर उठा। यूसुफशाह चक यद्यपि कुशल प्रशासक सिद्ध न हुआ, लेकिन वह एक सुरुचि-सम्पन्न व्यक्ति था। संवेदनशीलता उसमें कूट-कूटकर भरी थी तथा सौन्दर्य, कला और प्रकृति का वह प्रेमी था। सम्भवतः वह थोड़ी-बहुत कविता भी कर लेता था और इस नाते काव्य, संगीत और नृत्य से उसका विशेष लगाव था। उसके दरबार में संगीतकारों, कलाकारों आदि का जमघट लगा रहता। हब्बा खातून जैसी कोकिलकंठी के लिए यह महल रूपी बाग हर प्रकार से उपयुक्त जगह थी। अपनी कला को निखारने में कवयित्री को यहाँ हर तरह की प्रेरणा और सुविधा मिली।

हब्बा खातून ने जब महल में प्रवेश किया, कश्मीरी भाषा और कविता की स्थिति संतोषजनक नहीं थी। उसकी लोकप्रियता और प्रभावशीलता विद्वज्जनों के बीच विवाद का विषय बनी हुई थी। इस भाषा में साहित्य-रचना करना प्रतिष्ठा-विरुद्ध बात समझी जाती थी। सुविधापरस्त मनोवृत्ति की कोई और नारी होती तो शायद उसने अपनी सहज मनोभावनाओं को दबाकर कश्मीरी भाषा के मूल्य पर उस समय के विद्वत् समाज में प्रचलित आभिजात्य एवं प्रतिष्ठा की सूचक समझी जाने वाली फारसी भाषा को ही अपना अभिव्यक्ति-माध्यम बनाया होता। मगर चूँकि उसे अपनी मातृभाषा और संस्कृति से बेहद प्यारा था, इसलिए उसका बड़ा उपकार है कि उसने फारसी के राजकीय प्रभाव की चिन्ता किए बिना कश्मीरी में ही काव्य-रचना की, जिससे इस भाषा को फलने-फूलने का अवसर मिला तथा साथ ही कश्मीरी काव्य-परम्परा की छोटी-सी धारा को जो कवयित्री के लगभग

एक सौ वर्ष पूर्व तक लुप्तप्राय थी, काल के गर्भ में विलीन हो जाने से बचाया।

सोलहवीं शताब्दी के मध्य में भारत पर मुगल साम्राज्य की पकड़ मजबूत हो जाने के पश्चात् अब मुगल शासकों की दृष्टि कश्मीर की ओर गई। यूसुफशाह चक, जो 1579 ई. में तख़्त पर बैठा था, कुशल नेतृत्व के अभाव में धीरे-धीरे अपनी लोकप्रियता खो बैठा और घाटी में आन्तरिक कलह एवं झगड़ों ने ऐसा उग्र रूप धारण किया कि लगभग एक वर्ष बाद ही 1580 ई. में उसे सत्ता से च्युत होना पड़ा और इसी के साथ हब्बा खातून का भाग्य-चक्र भी घूम गया। यूसुफ शहंशाह अकबर के पास फौजी मदद माँगने के लिए पहुँचा। काफी दिनों तक लटकाए रखने के बाद आखिर एक दिन अकबर ने उसे खोया हुआ राजपाट वापस प्राप्त करने के लिए सैनिक सहायता दे दी। 1581 ई. में यूसुफ पुनः सिंहासनारूढ़ हुआ। प्रवास के दौरान यद्यपि उसने पर्याप्त राजनीतिक अनुभव अर्जित कर लिया था तथापि कश्मीर की बढ़ती हुई कूटनीतिक जटिलताओं को सुलझाने में वह सफल न हो सका। असंतुष्ट तत्त्व एकजुट होकर पुनः सक्रिय हो गए और उन्होंने यूसुफ के खिलाफ योजनाबद्ध तरीके से संघर्ष छेड़ दिया। इसके लिए उन्हें शह मिली दिल्ली और लाहौर से। यूसुफ को मुगलों की नीयत का पता तब लगा जब 1585 ई. में मुगल सेनाओं ने कश्मीर की ओर कूच किया। शक्तिशाली मुगलों का जब यूसुफ ने डटकर मुकाबला किया तब मुगलों ने कूटनीति से काम लिया और दुविधाग्रस्त यूसुफ शहंशाह अकबर के सामने आत्मसमर्पण करने को राजी हो गया। इसके बाद यूसुफ कश्मीर नहीं लौटा। कहा जाता है कि उसे बाद में बन्दी बनाकर बिहार के बसोक नामक स्थान पर रखा गया जहाँ प्रवास के दौरान सात वर्ष बाद 1592 ई. में उसका निधन हो गया।

यूसुफ से बिछुड़ जाने के बाद हब्बा खातून के जीवन में एक बार फिर वीरानगी छा गई। वियोग की असहनीय पीड़ा को कवयित्री ने अपने गीत 'च कम्यू स्वनि म्यानि...' (तुझे मेरी किस सौत ने) में बड़ी मार्मिकता के साथ चित्रित किया है—

मेरी किस सौत ने तुझे भरमाया
क्यों विरक्त रहने लगे, मुझसे पिया ?
छोड़ दे अब यह मलाल
यह गुस्सा, यह उबाल,
मैंने दिल में तुझे
कब से है बसा लिया
क्यों विरक्त रहने लगे, मुझसे पिया ?

मुगलों द्वारा 1586 ई. में कश्मीर पर पूर्ण अधिकार कर लेने के बाद भी हब्बा खातून की प्रिय-मिलन की आशा का दीपक बराबर टिमटिमाता रहा। वह प्रियतम की राह में टकटकी लगाए यही सोचती रही कि शायद उसका बिछुड़ा यूसुफ उसे मिल जाए। यदि राजा बनकर नहीं, तो साधारण व्यक्ति के रूप में तो आएगा। विश्वास किया जाता है कि यूसुफ के कश्मीर छोड़ने के बीस वर्ष बाद तक वह जीवित रही। प्रो. साधू के अनुसार—"अब वह सांसारिकता से मुख मोड़कर अनासक्त भाव से दर-दर भटकती रही। इस अवधि में रचे गए उसके गीतों से स्पष्ट हो जाता है कि इनमें प्रिय से मिलन की लालसा और उत्सुकता प्राय: लुप्त हो चुकी है। इन गीतों में मिलती है कवयित्री के शोकाकुल मन की वितृष्णा, खिन्नता और उद्वेगजनित आत्मपीड़ा।" इस काल के एक गीत "कांसिम राविन शुरे पान" (हाय, किसी का भी यौवन व्यर्थ न जाए) में कवयित्री ने अपने जीवन के अच्छे-बुरे अनुभवों का अतीव सुन्दरता के साथ वर्णन किया है—

तन मन में लगी है आग
इसका क्या किया जाए,
हाय, किसी का भी यौवन
व्यर्थ न जाए !
माँ बाप ने बड़ा किया
मिश्री-कस्तूरी खिलाकर,
दूध में नहलाया
खूब चुमका कर—
बनी मुसाफिर अब
वह दर-दर डोलती जाए
हाय, किसी का भी यौवन
व्यर्थ न जाए !...

उक्त गीत उन अन्तिम गीतों में से एक है जिसे कवयित्री ने 1592 ई. में यूसुफ के निधन से पूर्व रचा था। ऐसा माना जाता है कि यूसुफ के प्रवास के दो दशकों बाद तक हब्बा खातून उसके विरह में विलाप करती रही और अन्तत: प्रेम की पीर और ख्वाबों की अधूरी कसक को अपनी आँखों में सँजोकर वह प्रेम-दीवानी-विरहिणी सदा-सदा के लिए इस दुनिया से चल बसी। उसकी कब्र श्रीनगर के निकट पान्तछोक नामक स्थान पर है। कश्मीर की काव्य-सम्राज्ञी, गीतों की रानी, सौन्दर्य और संगीत की महारानी हब्बा खातून यहीं पर चिर-निद्रा में लेटी हुई है।

हब्बा खातून कश्मीर भाषा की ऐसी प्रथम कवयित्री है जिसने अलौकिक जगत की बातों में उलझे बिना लौकिक जगत और जीवन की ऐहिक इच्छाओं : मिलन, बिछोह, कुंठा, ईप्सा आदि से उत्पन्न अपनी मनोभावनाओं को अभिव्यक्ति दी। उसकी कविता का मूल स्वर विरह-जनित पीड़ा है जिससे वह कश्मीरी भाषा में वेदना, अभाव और पीड़ा को वाणी देने वाली पहली कवयित्री के रूप में उपस्थित होती है जिसमें कृत्रिमता अथवा अस्वाभाविकता नाममात्र को भी नहीं है। प्रेम और कामना का तीखा दर्द उसके गीतों में व्याप्त है। सीधी और सच्चे प्रेमानुभावों की सीधी और सच्ची अभिव्यंजना उसकी कविता का मुख्य आकर्षण है। हब्बा खातून से पूर्व ललद्यद और शेख नुरुद्दीन वली ने क्रमशः 'वाक्' और 'श्रुक' को अपनी काव्य-रचना का माध्यम बनाया था। हब्बा खातून ने पहली बार गीत-विधा को अपनी अभिव्यक्ति का माध्यम बनाया जो कश्मीर काव्य के इतिहास परम्परा को जन्म देने वाली कवयित्री हब्बा खातून ही है। इस रचना-शैली को बाद के कवियों ने बड़े प्रेम और आदर के साथ अपनाया जिनमें उल्लेखनीय हैं—अर्णिमाल, महमूद गामी, रसूल मीर, महजूर आदि।

हब्बा खातून की पाँच कविताएँ

(1)

गुलदस्ता सजाया है मैंने तेरे लिए,
मेरे अनार के फूलों का आनन्द ले ले।
मैं धरती, तू आकाश है मेरा
आवरण तू मेरे सारे रहस्यों का,
मैं व्यंजन इक मीठा, अतिथि तू प्यारा
मेरे अनार के फूलों का आनन्द ले ले।

लैला ने अँधियारे में जोत जलाई
होश खो बैठी सारे संसार का,
तू मेरा दीपक, पतंगा बन मैं मँडराई
मेरे अनार के फूलों ... ।

उम्र की बहार बीत रही धीरे-धीरे
आकर गुल का शबाब तू पीता जा,
मुरझाए न चम्पा, बाग के बुलबुल मेरे
मेरे अनार के फूलों ... ।

चाव से छेड़ रही मधुर यह तराना
बेदर्दी सुना नहीं तूने मेरा फसाना,
कौन-सा अभाव ! प्रिय, तूने यहाँ जाना
मेरे अनार के फूलों ... ।

घड़े यह सारे किस कुम्हार ने बनाए
काढ़े हरेक पर बेल-बूटे प्यारे-प्यारे,
कुछ बने टेढ़े तो कुछ मन-भाए
मेरे अनार के फूलों... ।

तेरे लिए बनाया, पहरावा पश्मीने का
रूठ के न जा, मेरे 'अजीज' अब,
सपना सपना रहा, दुखियारी 'हब्बा खातून' का
मेरे अनार के फूलों... ।

(2)

कैसे बिताऊँगी ये दिन
तेरे बिना, ओ साजन !
मैं तो तेरे लिए अनार और जूही के
फूलों का गुलदस्ता बनाऊँगी।
थक गई मैं ढूँढ़ते-ढूँढ़ते
तुझे पहाड़ों में, जंगलों में,
बहका कर ले गई
कौन-सी पराई नारियाँ ?
अब तो आ
मुझ दुखियारी को है
तेरा ही इन्तजार
मैं तो तेरे लिए अनार और जूही के
फूलों का गुलदस्ता बनाऊँगी।
किस खता पर, ऐ हरजाई
मेरे कोमल दिल पर
तूने दराँती चलाई ?

वार पे वार किया
मुझ मासों को मार ही दिया,
मारा जो एक बार
वह लौटकर फिर आया नहीं,
मैं तो मेरे लिए अनार और जूही के
फूलों का गुलदस्ता बनाऊँगी।
मस्त है तू
अपनी ही मस्ती में
प्रेम का निभाना
तू भूल गया,
अब तो आ जा रे निर्मोही।
आँसू हब्बा खातून के थमते नहीं,
मैं तो तेरे लिए अनार और जूही के
फूलों का गुलदस्ता बनाऊँगी।

(3)

ससुराल में सुखी नहीं हूँ मैं
मायके वालो, मेरा कष्ट निवारो।
घर से निकली थी पानी भरने को
छूटा हाथ से घड़ा, मायके वालो,
या तो घड़े के बदले घड़ा लाकर दो—
मायके वालो, मेरा कष्ट निवारो।
यह यौवन अब ढलने लगा है
टीलों पर चढ़ाई होती नहीं है
ढेले इकट्ठे करते पैरों में छाले पड़े हैं
नमक छिड़कते हैं सभी, मुझे सँभालो।
मायके वालो, मेरा कष्ट निवारो—

चर्खा कातते आँख जो लगी मेरी
माल टूटी चर्खे की,
सास ने बाल फिर मेरे खींचे

मौत-सी पीड़ा हुई, मुझे बचा लो—
मायके वालो, मेरा कष्ट निवारो।

प्रियतम के विरह में विकल हो उठी
जीवन भार बन गया, इसे ढो रही,
मायके वालो, तुम्हें सचेत कर रही हूँ
'हब्बा खातून' के इशारों को समझ लो—
मायके वालो, मेरा कष्ट निवारो।

(4)

मेरी किस सौत ने तुझे भरमा लिया
क्यों विरक्त रहने लगे, मुझसे पिया ?
छोड़ दे अब यह मलाल
यह गुस्सा, यह उबाल,
तुझे मैंने दिल में
कब से है बसा लिया
क्यों विरक्त रहने लगे, मुझसे पिया ?
आधी-आधी रात तक
दरवाजे मैंने खुले छोड़े,
मनमुटाव कभी हुआ नहीं
फिर, रूठकर क्यों चले गए ?
क्यों विरक्त रहने लगे, मुझसे पिया ?
इस घोर विरह की आग में
तन-मन मेरा झुलस रहा,
ढुलक रहे खून के आँसू
हुई लाल बादामी मेरी अँखियाँ
क्यों विरक्त रहने लगे, मुझसे पिया ?

पिघल रही हूँ वैसे ही
बर्फ पिघले ज्यों सावन में,
जूही थी मैं, पूरी न खिली
तुम न आए, न इसका सुवास लिया

क्यों विरक्त रहने लगे, मुझसे पिया ?
रोज नहाती, सिंगार हूँ करती
तेरी कसम, प्रिय
मैं अब भी तेरे लिए, पर
तेरा तो अपनी ही धुन में खोया जिया
क्यों विरक्त रहने लगे, मुझसे पिया ?

हाय, 'हब्बा खातून' को अफसोस है
बस, इस छोटी-सी बात का,
सेवा का बदला बेरुखी से चुकाया,
याद आ रही हैं बीती रंगीनियाँ
क्यों विरक्त रहने लगे, मुझसे पिया ?

(5)

तन मन में लगी है आग, इसका क्या किया जाए,
हाय, किसी का भी यौवन व्यर्थ न जाए।
माँ-बाप ने बड़ा किया
मिश्री और कस्तूरी खिलाकर,
दूध में नहलाया जिसे चुमकार कर-
बनी मुसाफिर अब वह डोलती जाए
हाय, किसी का भी यौवन व्यर्थ न जाए।
माँ-बाप ने बहुत प्यार दिया—
नौकर-चाकरों और माल-असबाबों का
भरपूर उपहार दिया,
अब यह दिन है देखना पड़ा
बना-बनाया महल गिरता जाए
हाय, किसी का भी यौवन व्यर्थ न जाए।

माँ-बाप ने जब हाथ मेरे पीले किए
गीत सखियों ने तब खूब गाए
चली आई दूर तक पीछे वे मेरे

वे गीत सारे अब झूठे निकल आए
हाय, किसी का भी यौवन व्यर्थ न जाए।

माँ-बाप ने कहा था—
“उठ बेटी, तेरा भाग्य जगा है
आँगन में कब से तेरा पिया खड़ा है”
डोली के वे सब रंग फीके निकल आए
हाय, किसी का भी यौवन व्यर्थ न जाए।

अलखेश्वरी रूपभवानी

कश्मीर-भूमि अनादिकाल से धर्म-दर्शन, विधा-बुद्धि तथा साहित्य-संस्कृति का प्रधान केन्द्र रही है। जगती का स्वर्ग कहलाने वाली यह तपो भूमि 'कश्यपमर' 'शारदा-पीठ', 'ऋषि-वाटिका' आदि नामों से भी जानी जाती रही है। इस भूभाग में ऐसे-ऐसे मनस्वी, संत, योगी, कवि तथा दार्शनिक अवतरित हुए हैं जिन्हें कश्मीर के ही नहीं भारतीय प्रज्ञा और चिन्तन के यशस्वी हस्ताक्षर कहा जा सकता है। कल्हण, अभिनवगुप्त, नागार्जुन, वामन, मम्मट, शेख नूरुद्दीन वली, ललद्यद हब्बा खातून आदि के नाम इस सन्दर्भ में बड़े गर्व के साथ लिए जा सकते हैं। मनस्विता की इस बेजोड़ और समृद्ध परम्परा में कवयित्री रूपभवानी का नाम भी बड़े आदर के साथ जोड़ा जा सकता है।

अलखेश्वरी के नाम से प्रसिद्ध रूपभवानी का जन्म 1621 ई. में श्रीनगर में दर खानदान में पंडित साधवजुव दर के यहाँ हुआ था। इनके जन्म के विषय में एक अलौकिक घटना का उल्लेख किया जाता है। कहते हैं आज से लगभग साढ़े तीन सौ वर्ष पूर्व सफा-कदल में साधवजुव दर नाम के एक अत्यन्त सीधे-सादे व्यक्ति रहते थे जो भगवती शारिका के परम भक्त थे। सूर्योदय से पूर्व ही जागकर नित्य शारिका-पर्वत की परिक्रमा करते, देवी को प्रसाद चढ़ाते तथा शुद्ध मन से भजन-पूजन कर घर लौट आते। यह क्रम बहुत वर्षों तक चलता रहा। एक दिन स्वप्न में शारिका भगवती ने माधवजुव को दर्शन दिए और कहा–"मै तुम्हारी भक्ति देखकर बहुत प्रसन्न हुई हूँ। बोलो, क्या मनोकामना है तुम्हारी?"

"मुझे कुछ नहीं चाहिए बस देवी, आपकी कृपा चाहिए।" कुछ माँगने का पुनः अनुरोध करने पर माधवजुव ने संकोचपूर्वक निवेदन किया—"यदि आप कुछ देना ही चाहती हैं तो एक कृपा करें। मेरे घर जन्म लें ताकि मैं पुत्री के रूप में आपका लालन-पालन/सेवा कर सकूँ।" कहते हैं तब देवी ने अगले दिन सिंह-आरूढ़ होकर चक्रेश्वर (हारी पर्वत मंदिर) में माधवजुव दर को वास्तविक दर्शन दिए और कहा—'तथास्तु'।

ठीक नौ महीनों के पश्चात् ज्येष्ठ-पूर्णिमा को आज से लगभग तीन सौ

पंचानबे वर्ष पूर्व शारिका भगवती ने माधवजुव दर के यहाँ जन्म लिया और नाम उसका रखा गया रौफ (चाँदी) जो बिगड़कर 'रोप या रूप' बन गया। कालान्तर में यही नाम 'रूपभवानी' रूपद्दद 'अलखेश्वरी' आदि आदर-सूचक नामों के रूप में भक्तजनों में लोकप्रिय हुआ।

रूपभवानी का जन्मकाल विद्वानों के बीच विवाद का विषय बना हुआ है। सर्वश्री अब्दुल अहद आजाद (*कश्मीरी जबान और शायरी,* पृ. 222), अवतार कृष्ण रहबर (*क़आ'शिरी अदबुच तारीख,* पृ. 264), डॉ. शशि शेखर तोषखानी (कश्मीरी साहित्य का इतिहास, पृ. 89) आदि ने इस संत कवयित्री का जन्मकाल 1625 ई. माना है। अपने मत की पुष्टि में इन तीनों ने कालगणना-सम्बन्धी कोई प्रमाण या आधार नहीं दिया है। लगता है डॉ. तोषखानी ने रहबर द्वारा निर्दिष्ट जन्मकाल को बिना परीक्षा अथवा जाँच के स्वीकार कर लिया है और स्वयं रहबर ने आजाद द्वारा प्रस्तावित इसी सन् को ज्यों-का-त्यों मान लिया है। इधर, कश्मीरी भक्तिकाव्य के अध्येता श्री सर्वानन्द कौल 'प्रेमी' ने जो खोज की है, उससे रूपभवानी के व्यक्तित्व और जीवन विशेषकर उनके जन्मकाल पर नए सिरे से विचार करना जरूरी हो जाता है। प्रेमी जी को पर्याप्त परिश्रमोपरान्त फारसी भाषा में लिखी एक दुर्लभ हस्तलिपि हाथ लगी है जो लगभग दो सौ वर्ष पूर्व आलिकदल निवासी पंडित संसारचन्द दर ने देवी रूपभवानी की महिमा का वर्णन करने हेतु लिखी थी। रूपभवानी के जन्मकाल के बारे में इस हस्तलिपि में स्पष्टतया उल्लिखित है–"नौ मास बीत जाने के बाद देवी अवतार धारण करती है और वर्ष होता है–सोलह सौ सत्तर विक्रमी। यदि प्रेमीजी के खोजकार्य को रूपभवानी पर किया जाने वाला अधुनातन कार्य माना जाए तो उस स्थिति में इस संत-कवयित्री का जन्मकाल 1621 ई. बैठता है 1625 नहीं। 1621 ई. को ही रूपभवानी का जन्मकाल मानने का दूसरा कारण यह भी है कि प्राय: सभी विद्वानों ने इस कवयित्री का मृत्यु-संवत 1777 विक्रमी अर्थात् 1721 ई. माना है। चूँकि लोकप्रवाद तथा जनश्रुतियों के आधार पर रूपभवानी के साढ़े बारह वर्ष प्रति चरण के हिसाब से कुल आठ चरणों में अपनी सम्पूर्ण जीवन-यात्रा को ठीक सौ वर्षों में पूर्ण करने की सूचना मिलती है, इसलिए यह मानने में जरा भी संकोच नहीं होना चाहिए कि देवी रूपभवानी का जन्म 1621 ई. में ही हुआ होगा।

रूपभवानी का आरम्भिक जीवन अलौकिक घटनाओं से भरा पड़ा है। संतों और योगियों के व्यक्तित्व में जो विशेषताएँ हो सकती हैं, वह उस मानस-पुत्री में दृष्टिगोचर होती है। प्राय: अवतारस्वरूप सिद्ध पुरुषों (नर-नारियों) का जीवन

इतना उदात्त, प्रभावशाली और आदर्शपूर्ण होता है कि कई सारी अलौकिक और चमत्कृत करने वाली घटनाएँ सुधी अथवा भक्त-जनों द्वारा उस महापुरुष के साथ जाने या अनजाने में जोड़ दी जाती हैं। रूपभवानी के जीवन से जुड़ी कुछेक ऐसी ही घटनाओं का उल्लेख आगे किया जाएगा।

ऊपर कहा जा चुका है कि रूपभवानी के पिता श्री माधवजुव श्रीनगर में नवा-कदल के रहने वाले थे। पंडित माधवजुव के परदादा पंडित मीरो दर जहाँगीर की सेना में मुलाजिम थे और दक्षिण से कश्मीर लौट आए थे। कहते हैं पंडित मीरो दर का वंश मूलत: कश्मीरी ही था। सिकन्दर बुतशिकन के कुशासन के दौरान इनके पूर्वज कश्मीर छोड़कर चले गए थे।

रूपभवानी जब थोड़ी सयानी हुई तो उसका विवाह हब्बाकदल निवासी सपरू वंश के हीरानन्द सपरू के साथ किया गया। हीरानन्द जितना मंदबुद्धि था, उतना ही कठोर भी। उसकी माँ उससे भी बढ़कर निर्दयी और छिद्रान्वेषी थी। फलत: रूपभवानी को अपनी ससुराल में मानसिक तथा शारीरिक यंत्रणाओं से गुजरना पड़ा। रूपभवानी इस यंत्रणा को एक आदर्श गृहिणी की तरह पूर्ण धैर्य के साथ सहती रही। इधर, रूपभवानी के ससुराल में पैर पड़ते ही घर में सुख-समृद्धि छाने लगी। दरिद्रता दूर हो गई और घर में सुमंगल का आगमन हुआ। ससुराल वाले इस परिवर्तन के रहस्य को समझ न पाए। एक दिन की बात है रूपभवानी के ससुराल में कोई उत्सव मनाया जाने वाला होता है। कहते हैं इस शुभ अवसर पर रूपभवानी के मायके वाले खीर की एक बहुत बड़ी देगची उसकी ससुराल भेजते हैं। देगची देखकर रूपभवानी की कर्कश स्वभाव वाली सास बड़बड़ाने लगती है–"अब मैं इस थोड़ी-सी खीर को लेकर क्या करूँगी? रखूँ क्या और बाँटूँ क्या? देखो तो बहू के मायके वालों ने कितनी छोटी देगची भेजी है, उँह।" इस पर रूपभवानी ने साहस बटोरकर कहा–"आप खीर बाँटिए तो सही, मुझे पूरा विश्वास है कि खीर कम नहीं पड़ेगी। हाँ, देगची के भीतर झाँकिएगा मत।" और हुआ भी वही। सास ने सभी सम्बन्धियों और परिजनों, यहाँ तक कि सारे मुहल्ले वालों में मुक्तहस्त से खीर बाँटी किन्तु देगची खाली न हुई। कहते हैं, देगची से खीर निकालते-निकालते सासूजी के हाथ थक गए, परन्तु देगची में खीर कम न हुई। तब उत्सुकतावश सास ने देगची के भीतर झाँका। तभी खीर गायब हो गई। देगची को साफ कर उसे मायके लौटाने की जिम्मेदारी सास ने रूपभवानी पर डाली। हब्बाकदल से नवाकदल काफी दूर है। कहते हैं, रूपभवानी देगची साफ करने के लिए दरिया (वितस्ता) पर गई और उसे साफ करने के उपरान्त वितस्ता नदी को सम्बोधन कर बोली–"वितस्ता मैया, इसे मेरे मायके पहुँचा देना।" देगची जल में प्रवाहित होती हुई धीरे-धीरे रूपभवानी के मायके के घाट तक पहुँच गई। घाट पर उस समय रूपभवानी

के पिता माधवजुव स्नान कर रहे थे। वे देगची को पहचान गए। देगची घर पहुँचाकर बोले–"अपनी रूपा ने इसे भेजा है।"

इसे संयोग ही माना जाना चाहिए कि कश्मीरी काव्य-संसार में देदीप्यमान नक्षत्रों की भाँति भास्वरित होती हुई चारों कवयित्रियों–ललद्यद, रूपभवानी, हब्बा खातून तथा अर्णिमाल को अपनी-अपनी ससुराल में सास और पति की ओर से मिली उदासीनता तथा दुर्व्यवहार का शिकार होना पड़ा था। सम्भवत: इसी उदासीनता/कटु व्यवहार ने कवयित्रियों के मर्म को आहत-स्पन्दित कर उनकी अन्तर्वाणी को मुखरित किया। ससुराल में मिली यंत्रणाओं तथा पीड़ाओं से तंग आकर एक दिन रूपभवानी ने संसार त्याग दिया और जंगल का मार्ग पकड़ा। कहते है, सर्वप्रथम वह शाही चश्मे के निकट 'चश्मा-साहिबी' में रही। इस जगह पर साढ़े बारह वर्ष गुजरने के बाद वह 'व्यतशन' पहुँची और वहाँ पर भी साढ़े बारह वर्षों तक रही। जनश्रुति के अनुसार यहाँ पर नित्य एक कामधेनु उसके पास आती और उसके थनों से दूध की धारा अनायास प्रवाहित होती। रूपभवानी ने इसी कामधेनु के दूध पर यहाँ गुजारा किया। इसके बाद रूपभवानी 'मनिग्राम' चली गई और वहाँ पर किन्ही लालचन्द के घर पर रहने लगी। कहते हैं 'मनिग्राम' में रूपभवानी ने कई सारी करामातें कीं जिनसे उसकी लोकप्रियता और प्रसिद्धि बढ़ती चली गई। यहाँ पर भी साढ़े बारह वर्षों तक रह लेने के पश्चात् रूपभवानी 'वोतलार' चली आई जहाँ उसकी भेंट उस समय के प्रसिद्ध सूफी संत शाह सादिक कलंदर से हुई। शाह कलंदर से कवयित्री की अध्यात्म-चर्चा का एक प्रसिद्ध संवाद यहाँ पर उद्धृत करना अनुचित न होगा–

शाह सादिक कलंदर : क्या नाम है तेरा?
रूपभवानी : रोफ/चाँदी।
कलंदर : आ, तुझे सोना बनाऊँ।
रूपभवानी : तू आ, तुझे मोक्तअ (मुक्ता बनाऊँ) मोक्ष प्रदान करूँ।

कहा जाता है कि रूपभवानी के अध्यात्म-चिन्तन से शाह कलंदर काफी प्रभावित हुए और दोनों बहुत दिनों तक तत्त्व-चिन्तन के अछूते प्रसंगों पर परस्पर चर्चा कर विचारों का आदान-प्रदान करते। 'वोतलार' में साढ़े बारह वर्षों तक के प्रवास के अनन्तर रूपभवानी 'वास्कुर' चली आती है जहाँ वह पूर्ववत साढ़े बारह वर्षों तक रहती है। 'वास्कुर' में अपने प्रवास के समय तक रूपभवानी उस सिद्धावस्था तक पहुँच चुकी होती है जहाँ पर प्राय: योगी और सिद्ध पुरुष भगवत-भक्ति का अनूठा प्रसाद पाकर कुछ चमत्कार करने लग जाते हैं। कहते हैं 'वास्कुर' में मलिक वंश की एक मुसलमान औरत की अपूर्व श्रद्धा-भक्ति से प्रभावित

होकर रूपभवानी ने उसके जन्मान्ध पुत्र को नेत्र-ज्योति दिलाई थी। रूपभवानी ने मुसलमान औरत की परमभक्ति से प्रसन्न होकर कहा–"तुम लोग एक कुआँ खोदो। जैसे-जैसे उसमें पानी आता रहेगा, वैसे-वैसे तुम्हारे लड़के की आँखों की रोशनी भी लौट आएगी।" हुआ भी वैसा ही। लड़के की आँखों की ज्योति लौट आई। यह कुआँ आज 'अमृत-कुंड' कहलाता है। प्रतिवर्ष मलिक खानदान के लोग रूपभवानी की पुण्यतिथि पर इस कुंड से पानी निकालकर यात्रियों तथा अन्य श्रद्धालुओं को पिलाते हैं। हिन्दुओं तथा मुसलमानों के लिए इस स्थान ने एक पवित्र-तीर्थ का रूप धारण कर लिया है।

'वास्कुर' में साढ़े बारह वर्षों तक रहने के पश्चात् अन्त में रूपभवानी अपने मायके (देदमर-नवाकदल) लौट आती है। ठीक साढ़े बारह वर्षों के बाद पूरे सौ साल तक जीवित रहने के पश्चात् रूपभवानी 1721 ई. में अपने प्राण त्याग देती है और कश्मीर मंडल को प्रकाशित करती हुई उसकी तेजोमयी आत्मा परमात्मा में विलीन हो जाती है। रूपभवानी की पुण्यतिथि (श्राद्ध-दिवस) कश्मीर में प्रति वर्ष माघ मास के कृष्ण-पक्ष की सप्तमी को मनाई जाती है। कश्मीरवासी धर्मपरायणजन बड़ी श्रद्धा के साथ इस तिथि को रूपभवानी के जन्मस्थान देय्दमर (नवाकदल) में मनाते हैं। मुसलमान भाई भी इस कार्यक्रम में शामिल होते हैं।

ऊपर रूपभवानी के जीवन और व्यक्तित्व पर सोदाहरण प्रकाश डाला गया। रूपभवानी निस्सन्देह एक ऐसी सिद्ध-योगिनी थी जिसने सांसारिक सुख भोग और मोह-माया से मुख मोड़कर परमात्म-साधना तथा सत्यान्वेषण में अपना समस्त जीवन लगा दिया था। परमात्म-साधना के दौरान उनकी गरिमामयी वाणी से निस्सृत उनके उपदेशों, शिक्षाओं तथा हृदयोद्गारों ने कालान्तर में कविता का रूप धारण कर लिया जिसमें कवयित्री की आध्यात्मिक-दृष्टि और दार्शनिक चेतना की प्रबलता मिलती है। लगता है रूपभवानी ने शैव तथा अन्य धर्म-दर्शनों का अच्छा अध्ययन किया था। स्वचिन्तन के आधार पर उसने निर्गुण की पुनः व्याख्या तथा उसके स्वरूप को समझाने का प्रयास किया है। अभिव्यक्ति-शैली की दृष्टि से रूपभवानी ने प्रायः ललद्यद की 'वाख-शैली' का अनुसरण किया है। अपने कतिपय पदों में कवयित्री ने ललद्यद का कई स्थानों पर स्मरण भी किया है। डॉ. शशि शेखर तोषखानी ने रूपभवानी की काव्य-साधना के सम्बन्ध में लिखा है–"आध्यात्मिक रहस्यवाद उनका मूल स्वर रहा है, आत्माभिव्यक्ति नहीं। फिर भी 'वचनकाल' के कवियों में उसका उल्लेख शायद इसलिए किया जाता है कि वह उस कालखंड विशेष में ही रचनाशील रही...।" (*कश्मीर साहित्य का इतिहास*, पृ. 90)

अलखेश्वरी यानी रूपभवानी के पदों का एक महत्त्वपूर्ण संग्रह (डॉ. शिवनाथ

शर्मा द्वारा सम्पादित) नागरी लिपि में प्रकाशित हो चुका है। ललद्यद की भाँति ही रूपभवानी ने संसार की असारता को रेखांकित कर आत्मप्रकाश द्वारा परमविभु की भक्ति में आत्म के पूर्ण निमग्न होने की बात स्वीकारी है–

आगरअ नीरिथ तअ ग्रोजम
वुगअ वाने डूर सोगमो,
ओरके क्रपाए बोरुम
योरअना केंह सोहम मो।
अमृत-रस से मन-प्राण सिंचित
कर काया रूपी क्यारी को
सिक्त किया। तब प्रभु-कृपा का
आशीर्वाद प्राप्त किया,
यद्यपि मेरा योगदान कुछ भी न था।

रहस्य-साधना की दुर्गम यात्रा में रूपभवानी ने गुरु-कृपा को एक परमावश्यकता स्वीकार किया है। अपने पदों में कवयित्री ने शिव के बाद ललद्यद तथा पिता माधवजुव को नमस्कार किया है–

ओम ग्वर अन्तिर तत न्यर्मल
शुद्ध अत्यन्त विधा धरम
लल नाम लल पदमा स्वरम
शिव माधव नाहम परं ब्रह्म सूहम।
अन्तःकरण को निर्मल करने वाले

विद्या धर्म से मन-वचन को अत्यन्त शुद्ध करने वाले गुरु को नमस्कार–

उस गुरु का नाम लल, शिव और माधव है
जिन्हें स्मरण कर रही हूँ मैं... ॥

रूपभवानी के पदों की भाषा 'वचनकाल' की भाषा से तनिक भिन्न लगती है। लगता है कवयित्री ने अपने पदों की भाषा में जानबूझकर प्राचीनता का पुट दिया है जिससे वह उसके समय से करीब दो शती पूर्व की भाषा लगती है। तत्कालीन बोलचाल की कश्मीरी नहीं। (डॉ. तोषखानी)

संक्षेप में, रूपभवानी कश्मीरी की एक ऐसी रहस्यवादी/अध्यात्मवादी कवयित्री है जो अपने संस्कारों और काव्य-दृष्टि की वजह से ललद्यद की प्रतिमूर्ति लगती

है। दोनों में अन्तर बस इतना है कि ललद्यद के सृजन का धरातल बौद्धिक होते हुए भी भावमूलक है, जबकि रूपभवानी के पद शुद्ध अध्यात्म-चिन्तन के संस्करण हैं।

रूपभवानी के कतिपय और चुने हुए पद भावानुवाद सहित यहाँ पर दिए जा रहे हैं। धर्म-दर्शन और अध्यात्म की अभिव्यंजनाएँ इनमें विपुल मात्रा में मिलती हैं :

बू यो न बीजम तोया न तीजम
वायु नाकाशम अवा ताह सर्वम।
न जि ब्रह्मांडम नच खात्म-आत्मम
शक्ति स्वरूपम परं ब्रह्म सोहम॥

न पृथ्वी न बीज न जल न बीजारोपण, न प्रकाश न आकाश न वायु न ही ब्रह्मांड, न ही स्वयं आत्म-शक्ति रूप में परम ब्रह्म मैं ही हूँ।

पुरषो न पुरुषात विमर्शो न मर्शात
वर्नातीजो शान्त अन्तर आकाशम
सुक्ष्मो न विस्तार न पर व्यापारम
न अन्तदारम परं ब्रह्म सोहम॥

न ही पुरुष, न पुरुषार्थ, न विमर्श, न उद्भावना अन्तर आकाशसे मात्र शान्तमयी प्रकाश न हीं सूक्ष्म न ही विस्तार और न ही कोई परम व्यापार है। अन्तर्धारण किए हुए परमब्रह्म मैं ही हूँ।

सम्बूर-एरू वातान ब्वह तस
तम्बूर-साजय गू यस ब्वय।
शशि दारि लव दिमहा ब्वह तस
गम्बूर-तोतस क्य ह बोल्याह॥

उस ईश्वर के संबल के सहारे मैं उस तक पहुँची। उस तम्बूरे साज के सहारे मैंने उसे अपने वश में किया। चन्द्रमा को धारण कर मैं महादेव का जलाभिषेक करना चाहती हूँ क्योंकि गम्भीर तोता अब कुछ भी नहीं बोल पाता।

अनेक नजू मेज्याम दर्याव
अवय स्वबाव आव स्वरूफ।
ना किंह थवु-त ना किंह त्रव
बहु दीप आव नह छिपा रूफ॥

अनेक नदियाँ समंदर में मिलती हैं। तभी इनका स्वरूप गतिशील है। इसके

लिए न कुछ रखना पड़ता है न कुछ छोड़ना पड़ता है। इस बहु तेज से वास्तविक स्वरूप प्रकट होता है।

आकाश सुह मदुर वछम दार
तवय-तार रटूमस पव।
दीपा शशि-रव रूप औतारे
बहु-आकार न-त निराकार॥

आकाश से मीठी धारा बहने लगी। तभी मैंने उसको अपने स्वरूप में आत्मसात् कर लिया सूर्य और चन्द्रमा के प्रकाश से उसका रूप दिखाई दिया—बहु आकार लिए निराकार है।

युस–सा कन्दी बस्मा करे
पसमंद तिहान्दु शून्या–रूफ।
शास्त्र शस्त्र क्याह मूचरे
लुहार-अग्न सुह मार्यस दीह।
किंह-न सुह मंगे क्याह न स्मरे
ध्यान सुह वरे विय-त पान॥

जो शरीर-कन्दरा को भस्म करता है उसे प्रसन्नचित्त शिवमय रूप हासिल होता है। वह शास्त्र और शस्त्रों का मोहताज नहीं होता। वह ज्ञान अग्नि प्रज्वलित कर शरीर के विकारों को समाप्त करता है। उसे न कुछ माँगने की इच्छा रहती है और न कुछ याद रखने की जरूरत है। ध्यान सिमरन से शरीर का उद्धार सम्भव है।

गोम औतार सू महादीव
सु हा बु हा सुय अख छू
पूरा तोले त रामा बोले
ब्रह्म पानैय मंदोरे छुअ
इह केह कांछि तीह केह दिए
दुकान त्रेपिथ समुद्रय छस॥

मैं महादेव के अवतार में अवतरित हुई हूँ। वह और मैं दोनों एक ही हैं। पूर्ण होकर मैं राम नाम का उच्चारण कर रही हूँ। ब्रह्मस्वरूप स्वयं मेरी इच्छाओं को पूर्ण कर रहे हैं। जो मैं चाह रही हूँ वही मिल रहा है। इस भरी दुकान में समंदर के समान हूँ।

दिशान त दीशन ग्वारान आएस
निश में अनुम शिवालयस
छल लोद चर्कस कल आयि नशान
इम शनवैय पूर मशान आयि॥

कई जगहों और दिशाओं में तलाश करती रही और शिवालय को घर ले आई। मैंने अपने छल को चक्की में डाल दिया और अपने छह इन्द्रियों को भुलाकर आत्मस्वरूप को जागृत किया।

छु न कुने छु ना कुने?
वुछून ओर न योड न कुने
दिस प्युर तले मूल न कुने
छिवैय चीतन स्वरितोन कुने॥

न तो कहीं है और कहीं है भी नहीं। उस ओर देखा तो इस ओर भी नहीं था। और अगर पलटकर भी देखा तो मूल में भी नहीं था। अगर चेतन अवस्था में हो तो खुद ही सँवार लोगे।

ओर ति जीवा योर ति जीवा
जीवस जीवा रस ख्यावान
युस छूअ नाना रंग पान रवान
सुयि छुअ प्रथकुनि पान वातान
चोन म्योन लोन ब्योन ब्योन तैय
न त चोन म्योन अकुय आसानय॥

इस ओर भी जीव है और उस ओर भी जीव है। जीव ही जीव-रस का पान कर रहा है। जो खुद ही भिन्न–भिन्न रंगों से रँगा हुआ है। वही सभी के पास खुद पहुँचता है। तेरा-मेरा भाग्य अलग–अलग है अन्यथा तेरा-मेरा स्वरूप एक ही है।

नोट— *(रूपभवानी के उक्त पदों या उनकी कविता की भाषा संस्कृतनिष्ठ होने के साथ-साथ तनिक दुरूह है। कहीं-कहीं पर बोधगम्य भी नहीं है। उनके पदों के अनुवाद मुझे कहीं से सुलभ हुए जिन्हें साभार यहाँ पर प्रस्तुत किया गया है।)*

कश्मीरी काव्य में रामकथा

भारत का मुकुटमणि कश्मीर! प्रकृति ने जहाँ दिल खोलकर इस खूबसूरत वादी को अपनी अनुपम-अनूठी सुन्दरता प्रदान की है, वहीं सरस्वती ने उसे अपने आशीष से धर्म-दर्शन, विद्या-बुद्धि तथा कला-साहित्य का प्रधान केन्द्र भी बनाया है। प्रसिद्ध काव्यशास्त्री मम्मटाचार्य, वामन, क्षेमेन्द्र आदि, राजतरंगिणीकार कल्हण, तंत्रलोक के रचयिता शैवाचार्य अभिनवगुप्त, बौद्धदर्शन के मीमांसक नागार्जुन आदि के नाम इस सन्दर्भ में बड़े आदर और गर्व के साथ गिनाए जा सकते हैं। यह समय दसवीं-ग्यारहवीं शताब्दी के आसपास का है जब कश्मीर में संस्कृत भाषा को पूर्ण वर्चस्व प्राप्त था और प्रायः उसी में साहित्य-रचना होती थी।

ध्यान से देखा जाए तो ज्ञात होगा कि कश्मीरी भाषा में रचित साहित्य के इतिहास की सुस्पष्ट परम्परा 14वीं शताब्दी के उत्तरार्द्ध से देखने को मिलती है जब संत-कवयित्री ललद्यद (जन्म 1335 ई.) और शेख नूरुद्दीन वली 'नुन्दऋषि' ने कश्मीरी भाषा और साहित्य में भक्ति, ज्ञान और सदाचार की अनुपम रसधारा बहाई जिसमें अवगाहन कर कश्मीरी जनमानस आज तक आप्लावित है। ललद्यद के पद 'वाख' कहलाते हैं और शेख नूरुद्दीन के 'श्रुक'। दोनों का कृतित्व सांस्कृतिक पुनर्जागरण, मानव-कल्याण और सामाजिक पुनरुत्थान की दार्शनिक अभिव्यक्त है। आगे चलकर कश्मीरी के सर्वप्रसिद्ध विद्या-प्रेमी व प्रजा-वत्सल शासक शाहमीरी वंश के अन्तिम उल्लेखनीय सुल्तान जैनउलाबुद्दीन 'बडशाह' (1420-1470) का राजत्व-काल कश्मीरी भाषा-साहित्य, कला व संस्कृति के लिए नई आशाओं और उपलब्धियों का सन्देश लेकर आया। कश्मीरी भाषा को पहली बार राजकीय प्रश्रय मिला और संगीत, नृत्य-नाट्य और साहित्य के अन्यान्य क्षेत्रों में इस काल में सर्वांगीण उन्नति हुई। यह काल, वास्तव में, कश्मीरी भाषा, साहित्य और कलाओं का स्वर्णकाल था। इसके बाद हब्बाखातून व अरणिमाल ने अपने प्रेम-गीतों द्वारा कश्मीरी साहित्य को अनुरंजित किया। कश्मीरी साहित्य पहली बार धर्म-दर्शन की विचार-भूमि ऊपर उठकर प्रेम-यौवन के रंगीन डैनों पर परवाज करने लगा। यों इन प्रेम गीतों में मिलन-सुख की अनुभूति कम और बिछोह की कसक अधिक

रही। सृजन का यह क्रम 1550 से लेकर 1750 तक चला। 1750 से लेकर 1900 ई. तक रचे गए कश्मीरी साहित्य में प्रमुखत : दो प्रकार की धाराएँ देखने को मिलती हैं। प्रथम के अन्तर्गत फारसी मसनवियों के आधार पर कश्मीरी में रचित अथवा अनुवादित प्रेम-काव्य मिलते हैं और दूसरी के अन्तर्गत राम एवं कृष्ण भक्ति-काव्य। इस काल में रचित काव्य-कृतियों में 'गुलरेज', 'यूसुफ जुलेखा', 'रामावतारचरित', 'राधा-स्वयंवर', 'सुदामाचरित' आदि उल्लेखनीय हैं।

कश्मीरी साहित्य के उपर्युक्त परिदृश्य से यह स्पष्ट हो जाता है कि 19वीं शताब्दी तक कश्मीरी साहित्य में रामकथा सम्बन्धी किसी भी काव्य रचना की सूचना नहीं मिलती है। उल्लेखनीय है कि कश्मीरी के प्रसिद्ध प्रजावत्सल व साहित्य-अनुरागी शासक जैनुलाब्दीन 'बडशाह' (1420-1470 ई.) के राजत्वकाल में जिन पौराणिक आख्यानों को आधार बनाकर विभिन्न प्रबन्ध-काव्य लिखे गए, उनमें भी रामकथा को स्थान नहीं मिला। यों, कश्मीर में ग्यारहवीं शताब्दी में आचार्य क्षेमेन्द्र ने अपने 'दशावतारचरित' और 'रामायण-मंजरी' में राम-कृष्ण सम्बन्धी कतिपय कथा-प्रसंगों को संस्कृत में पद्यबद्ध कर कुछ सुन्दर कविताएँ रची थीं। पर इस अल्प सामग्री को कश्मीरी रचित रामकाव्य की परम्परा में शामिल नहीं किया जा सकता है। कारण स्पष्ट है। एक तो यह सामग्री संस्कृत में है, कश्मीरी भाषा में नहीं है। दूसरा, यह सामग्री अत्यल्प है, मात्र एक या दो गीतों के रूप में।

मोटे तौर पर कश्मीरी साहित्य में रामकथा-काव्य की सुस्पष्ट परम्परा 19वीं शताब्दी के आसपास से देखने को मिलती है। सात रामायण लिखी गईं। इनमें उल्लेखनीय हैं–'रामावतारचरित', 'शंकर रामायण', 'विष्णुप्रताप रामायण', 'शर्मा रामायण' आदि। यहाँ पर तनिक यह विचार किया जाए कि 19वीं शती में कश्मीरी काव्य में राम और कृष्ण-भक्ति की जो रसधारा प्रवाहित हुई, उसके पीछे क्या कारण थे? यह जानने के लिए हमें इस काल की ऐतिहासिक पृष्ठभूमि को देखना-परखना होगा। इस प्रसंग में यहाँ पर कश्मीरी विद्वान डॉ. शशिशेखर तोषखानी के विचार उद्धृत करना अनुचित न होगा : "अठारहवीं शती में अफगानों ने निरंकुश हिंसा, लूटपाट और धार्मिक अत्याचारों से लोकचित् को इस सीमा तक आतंक-कम्पित कर दिया था कि पौराणिक मानसिकता से सम्बद्ध हिन्दू-मन में असुर शब्द का अर्थ क्रूरता और नृशंसता के सम्पूर्ण आयामों के सहित साकार हो उठा। अवतारवाद ने राम और कृष्ण के चरित्र के माध्यम से इस (प्रकम्पित) मन को लोकोत्तर स्तर पर मुक्ति का आश्वासन दिया। लीला-काव्य की मूल प्रेरणा जो भी रही हो, उसके अन्तर्गत आने वाली अधिकांश कृतियों में भावात्मक धरातल इतना विस्तृत है कि

उसे मात्र धार्मिक काव्य कहकर उपेक्षित नहीं किया जा सकता। यह काव्य उच्चतर मानवीय मूल्यों की प्रतिष्ठा करता है और अलौकिकता और आध्यात्मिकता के सन्दर्भ के बावजूद मानवीय स्थितियों को एक व्यापक भाव-परिवेश में रूपायित करता है। उन्नीसवीं शती या फिर सत्रहवीं-अठारहवीं शती में अपने प्रस्फुटन के बाद यह काव्य-प्रवृत्ति कश्मीरी कविता में बीसवीं शती के प्रारम्भिक दशकों तक अपना विस्तार पाती है।" (कश्मीरी साहित्य का इतिहास)

जो भी हो इतना अवश्य है कि कश्मीर में रामभक्ति का विकास एक सशक्त सम्प्रदाय के रूप में क्यों नहीं हो पाया, इसका एक प्रमुख कारण यह भी है कि कश्मीर-मंडल शताब्दियों तक शैवमत का प्रधान केन्द्र रहा। यहाँ के भक्त-कवि एवं धर्मपरायण प्रबुद्ध जन इसी मत के सैद्धान्तिक चिन्तन-मनन तक सीमित रहे। भौगोलिक सीमाओं के कारण भी यह प्रदेश मध्य भारत के वैष्णव भक्ति-आन्दोलन से सीधे-सीधे जुड़ न सका। कालान्तर में वैष्णव भक्ति की सशक्त स्रोतस्विनी जब समूचे देश में प्रवाहित होने लगी तब कश्मीर-मंडल भी इससे अछूता न रह सका। दरअसल, कश्मीर में वैष्णव-भक्ति के प्रचार-प्रसार का श्रेय उन घुमक्कड़ साधुओं, संतों एवं वैष्णव भक्तजनों को जाता है जो उन्नीसवीं शताब्दी में मध्य-भारत से इस प्रदेश में आए और राम/कृष्ण भक्ति का सूत्रपात किया। यहाँ पर यह रेखांकित करना अनुचित न होगा कि शैव-सम्प्रदाय के समान्तर कश्मीर में सगुण भक्ति की एक क्षीण-धारा तो प्रवाहित होती रही किन्तु एक वेगवती धारा का रूप ग्रहण करने में वह असमर्थ रही। इधर, जब शैव सम्प्रदाय के अनुयायी विदेशी सांस्कृतिक आक्रमण से आक्रान्त हो उठे तो निराश-निस्सहाय होकर वे विष्णु के अवतारी रूप में त्रण (सहारा) ढूँढ़ने लगे। अन्तर केवल इतना रहा कि जिस सगुण भक्ति, विशेषकर रामभक्ति आन्दोलन ने, मध्य भारत के कवि को सोलहवीं शती में प्रभावित और प्रेरित किया, उसी आन्दोलन ने, देर से ही सही, कश्मीर में उन्नीसवीं शताब्दी में प्रवेश किया और रामकथा विषयक सुन्दर काव्य रचनाओं की सुष्टि हुई।

कुल मिलाकर सात रामायण लिखी गईं जिनके रचनाकाल के क्रम से नाम हैं–'रामावतारचरित' (1847), 'शंकर रामायण' (1870), 'आनन्द रामावतारचरित' (1888) 'विष्णुप्रताप रामायण' (1904-14), 'शर्मा रामायण' (1919-26), 'ताराचन्द रामायण' (1926-27) तथा 'अमर रामायण' (1950)। इनमें सर्वाधिक लोकप्रिय कश्मीरी की प्रथम रामायण 'रामावतारचरित' है जो प्रकाशित हो चुकी है। शेष अप्रकाशित हैं अथवा उनका उल्लेख-मात्र मिलता है। 'विष्णुप्रताप रामायण' रचयिता पं. विष्णु कौल, रचनाकाल (1904-1914) की हस्तलिखित पांडुलिपि (कलमी-नुस्खा) उपलब्ध है और 'विष्णुप्रताप रामायण का आलोचनात्मक अध्ययन'

शीर्षक से इस रामायण पर कश्मीर विश्वविद्यालय में 1976 में शोधकार्य भी हुआ है।

ऊपर कश्मीरी की जिन उपलब्ध/अनुपलब्ध रामायणों का उल्लेख किया गया, उनमें 'रामावतारचरित' को एक विशिष्ट स्थान प्राप्त है। सन् 1965 में जम्मू व कश्मीर प्रदेश की कल्चरल अकादमी ने 'रामावतारचरित' को 'लवकुशचरित' समेत एक ही जिल्द में प्रकाशित किया है। कश्मीरी नस्तालीक लिपि में लिखी 252 पृष्ठों की इस रामायण का सम्पादन/परिमार्जन का कार्य कश्मीरी-संस्कृत विद्वान डॉ. बलजिन्नाथ पंडित ने किया है। (इन पंक्तियों के लेखक ने इस बहुचर्चित रामायण का भुवन वाणी ट्रस्ट, लखनऊ के लिए सानुवाद देवनागरी में लिप्यंतरण किया है। 481 पृष्ठों वाले इस ग्रंथ की सुन्दर प्रस्तावना डॉ. कर्ण सिंहजी ने लिखी है। अनुवादक/लिप्यंतरणकार को 1983 में बिहार राजभाषा विभाग, पटना द्वारा इस कार्य के लिए ताम्रपत्र से सम्मानित भी किया गया है। प्रस्तुत आलेख में इसी अनुवादित/लिप्यंतरित संस्करण को आधार बनाया गया है।)

भक्तिरस से ओतप्रोत कश्मीरी की लोकप्रिय रामायण 'रामावतारचरित' के रचयिता कुरिगाम (कुर्यग्राम) कश्मीर के निवासी पं. प्रकाशराम हैं। 19वीं शताब्दी के आरम्भिक वर्षों में इनका आविर्भाव हुआ बताया जाता है। सन् 1888 तक वे जीवित थे। सर जार्ज ग्रियर्सन ने इनका कविता-काल कश्मीर के गवर्नर सुखजीवन (1754-1762) का समय बताया है जो सही नहीं बैठता। प्रकाशराम ने 28 वर्ष की आयु में संवत् 1904 तदनुसार 1847 ई. में अपनी प्रसिद्ध काव्यकृति 'रामावतारचरित' की संरचना की थी। इस कृति की एक हस्तलिखित प्रति पर संवत् 1904 स्पष्टतया अंकित है। इस आधार पर प्रकाशराम का जन्मकाल सन् 1819 बैठता है। इसी प्रकार कामिल बुल्के ने दिवाकर प्रकाश भट्ट को 'रामावतारचरित' का लेखक माना है जो सही नहीं है। असली रचयिता प्रकाशराम ही हैं।

प्रकाशराम भगवती त्रिपुरसुन्दरी के अनन्य भक्त थे। उन्हीं की कृपा से उन्हें वाक्-शक्ति का अपूर्व वरदान प्राप्त हुआ था। कहते हैं कि वे नित्य देवी की पूजा करते तथा उनकी आराधना में घंटों बिताते। एक दिन खूब वर्षा हो रही थी। अँधेरा घिर आया था। प्रकाशराम को दूर से एक डोली अपनी ओर आती हुई दिखाई पड़ी। डोली के वाहकों ने प्रकाशराम को आवाज दी। प्रकाशराम जब डोली के निकट पहुँचे तो डोली का पर्दा ऊपर उठा। डोली में साक्षात् त्रिपुरसुन्दरी विराज रही थीं। प्रकाशराम के नेत्र प्रफुल्लित हो उठे। कुछ ही क्षणों के बाद भगवती डोली सहित अन्तर्धान हो गईं। भगवद् भक्ति का अनूठा प्रसाद पाकर प्रकाशराम का तन-मन झूम-झूम कर ईश-स्तुति में रम गया। प्रकाशराम की निम्नलिखित पाँच रचनाओं का उल्लेख मिलता है–

(1) रामावतारचरित, (2) लवकुशचरित, (3) कृष्णावतार, (4) अकनन्दुन और (5) शिवलग्न।

उक्त पाँच रचनाओं में से केवल 'रामावतारचरित' तथा 'लवकुशचरित' प्रकाशित हुए हैं। 'लवकुशचरित', 'रामावतारचरित' के अन्त में छाप दिया गया है। प्रकाशराम के 'रामावतारचरित' का मूलाधार वाल्मीकि कृत रामायण तथा 'अध्यात्म रामायण' है। सम्पूर्ण कथानक सात कांडों में विभक्त हैं। 'लवकुशचरित' अन्त में जोड़ दिया गया है। कवि ने प्रमुखत: दो प्रकार की काव्य-शैलियों का प्रयोग किया है—इतिवृत्तात्मक शैली और गीति-शैली। इतिवृत्तात्मक शैली में मुख्य कथा-प्रसंग वर्णित हुए हैं तथा गीति-शैली में वन्दना-स्तुति सम्बन्धी तथा अन्य भक्ति-गीत कहे गए हैं। इन गीतों में कवि का भक्त-हृदय इतना विह्वल हो उठा है कि कहीं-कहीं पर मूल कथा-प्रसंग इस उत्कृष्ट भक्तिभावना के वेग तले दब-से गए हैं। 'रामावतारचरित' का मूलाधार वाल्मीकि-रामायण है। (अध्यात्म रामायण का भी आधार लिया गया है।) सम्पूर्ण प्रबन्ध-कृति महाकाव्योचित लक्षणों से युक्त है।

काव्यकृति के प्रारम्भ में कवि ने ईशवन्दना इस प्रकार की है :

नमो नमो गजेन्द्राय एकदन्तधराय च
नमो ईश्वर पुत्रय श्रीगणेशाय नमो नम:,
गोडन्य सपनुन शरण श्री राज गणीशस
करान युस छुं रख्या यथ मनुष्य लूकस,
दोयिम कर सतगोरस पननिस नमस्कार
दियि सुय गोर पनुन येमि बवसरि तार। (पृ. 27)

(सर्वप्रथम गणेशजी की शरण में जाएँ जो इस मनुष्य-लोक की रक्षा करते हैं। तत्पश्चात् सत्गुरु को नमस्कार करें जो इस भवसागर से पार लगाने वाले हैं।)

तुलसी की तरह ही प्रकाशराम की भक्ति दास्य-भाव की है। इसी से पूरी रामायण में वे कवि कम और भक्त अधिक दिखते हैं। 'रामावतारचरित' में सम्मिलित स्तुतियों, भक्ति-गीतों, प्रार्थनाओं आदि से यह बात स्पष्ट हो जाती है। ध्यान से देखा जाए तो प्रकाशराम ने सम्पूर्ण रामकथा को एक आध्यात्मिक-रूपक के रूप में परिकल्पित किया है जिसके अनुसार प्राय: सभी मुख्य पात्र और कथासूत्र प्रतीकात्मक आयाम ग्रहण करते हैं। सत् और असत् का शाश्वत द्वन्द्व इस रूपक के केन्द्र में है। 'रामायनुक' मतलब (रामायण का मतलब) प्रसंग में कवि की ये पंक्तियाँ द्रष्टव्य हैं :

गोरव गंडमच छि वथ, बोज कन दार,
छु क्या रोजुन, छु बोजुन रामावतार।
ति बोजनअ सत्य वोन्दुस आनन्द आसी,
यि कथ रठ याद, ईशर व्याद कासी।
ति जानख पानु दयगत क्या चेह् हावी,
कत्युक ओसुख चे कोत-कोत वातनावी। (पृ. 33)

(गुरूओं ने एक सत्पथ तैयार किया है, जरा कान लगाकर इसे सुन। यहाँ कुछ भी नहीं रहेगा, बस रहेगी रामावतार की कथा। इसे सुनकर हृदय आनन्दित हो जाएगा, यह बात तू याद रख। इससे सारी व्याधियाँ दूर हो जाएँगी और तू स्वयं जान जाएगा कि प्रभु कृपा से तू कहाँ से कहाँ पहुँच जाएगा।)

एक अन्य स्थान पर कवि कहता है :

सोयछ सीता सतुक सोथ रामअ लख्यमन
ह्यमथ हलूमत असत रावुन दोरजन। (पृ. 31)

(सु-इच्छा सीता है, सत्य का सेतु राम व लक्ष्मण हैं। हिम्मत हनुमान तथा असत्यरूपी दुर्जन रावण है।)

प्रकाशराम के राम लोक-रक्षक, भू-उद्धारक और पाप-निवारक हैं। वे दशरथ-पुत्र होते हुए भी विष्णु के अवतार हैं। पृथ्वी पर पाप का अन्त करने के लिए ही उन्होंने अवतार धारण किया है :

रावण के हेतु अवतारी बनकर आए
भूमि का भार हरने को आए। (पृ. 120)

'रामावतारचरित' की कथा 'शिव-पार्वती' संवाद से प्रारम्भ होती है। पूरी कथा आठ कांडों–बालकांड, अयोध्याकांड, अरण्यकांड, किष्किन्धाकांड, सुन्दरकांड, युद्धकांड, उत्तरकांड तथा लवकुशकांड में विभाजित है। इन कांडों के अन्तर्गत मुख्य कथा-बिन्दुओं को मसनवी-शैली के अनुरूप विभिन्न उपशीर्षकों में बाँटा गया है। इन उपशीर्षकों की कुल संख्या 56 है। कुछ उपशीर्षक देखिए–विश्वामित्र के यज्ञ की रक्षा, भरत को खड़ाऊँ देना, शूर्पणखा को सजा देना, जटायु से युद्ध और सीता का कैद होना, लंका की तरफ फौजकशी, कुम्भकर्ण के साथ जंग, मक्केश्वर का किस्सा, सीता को जलावतन करना आदि।

'रामावतारचरित' में वर्णित अधिकांश प्रसंग अतीव मार्मिक एवं हृदयग्राही

बन पड़े हैं जिससे कवि की विलक्षण काव्यप्रतिभा का परिचय मिल जाता है। अयोध्यापति दशरथ की सन्तान-कामना, कामनापूर्ति के लिए व्रतादि रखना, स्वप्न में भगवान विष्णु द्वारा वरदान देना आदि प्रसंग इस कश्मीरी रामायण में यों भावपूर्ण ढंग से वर्णित हुए हैं—

वोथन सुलि प्रथ प्रबातन नित्य करान श्रान
रछन जोगेन, गोसान्यन सत्य थवान ओस जान,
स्यठा रातस-दोहस लीला करान ओस
शरण सपनुन नारायण पानय टोठ्योस। (पृ. 37)

(राजा दशरथ नित्य प्रभात-वेला में जागकर स्नानादि करते तथा साधु-संतों और जोगियों के पास आशीर्वाद लेने जाते। पुत्रसुख के अभाव में उनका मन सदैव चंचल रहता। एक रात स्वप्न में नारायण/विष्णु ने उन्हें स्वयं दर्शन दिए तथा कहा कि मैं शीघ्र तुम्हारे घर में जन्म ले रहा हूँ...।)

बचनबद्धता के प्रश्न को लेकर दशरथ और कैकेयी के बीच जो परिसंवाद होता है, उसमें एक पितृहृदय की शोकाकुल/वात्सल्ययुक्त भावाभिव्यक्तियों को मूर्तता प्राप्त हुई है—

युथुय बूजिथ राजु बुथकिन्य पथर प्यव
त्युथुय पुथ सारिव जोनुख सपुन शव,
अमा करुम ख्यमा सोजन नु राम वनवास
मरअ तस रौस वन्य करतम तम्युक पास
यि केंछा छुम ति सोरूय दिम ब तस
मै छुम अख रामजुव, छुम त्युतुय बस। (पृ. 77)

(कैकेयी का अन्तिम कथन सुनते ही राजा लड़खड़ाते हुए अचेतावस्था में मुँह के बल जमीन पर गिर पड़े। दयार्द्र स्वर में उन्होंने कैकेयी से विनती की—'मुझ पर दया कर, राम को वनवास न दिला। मैं उसके बिना जिन्दा न रह सकूँगा। बचन देता हूँ कि मेरे पास जो कुछ भी है वह भरत को दे दूँगा। मेरे तो बस एक राम ही सब कुछ हैं, बस एक रामजी!')

वनगमन प्रसंग के अन्तर्गत माता कौशल्या की विरह-व्यथा को जिस तन्मयता के साथ कवि ने वर्णित किया है, उससे एक मातृहृदय की तलस्पर्शी संवेदनाओं का परिचय मिल जाता है–

कौशल्यायि हन्दि गोबरो
करयो गूर गूरो।
परयो राम रामो
कर यो गूर गूरा....
कौतू गोहम च त्र'विथ
कसू ह्यक हाल ब बोविथ
अनी कुस मननोविथ
करयो गूर गूरा॥ (पृ. 86)
(रे कौशल्या के नन्दन!
आ, तुझे पालने में झुलाऊँ
राम-राम पुकारूँ
आ, तुझे हिंडोले में झुलाऊँ।
छोड़ मुझे अकेला कहाँ गया रे तू?
अब यह हाल मैं अपना किसे सुनाऊँ?
मनाकर तुझे मैं कैसे वापस बुलाऊँ?
आ, तुझे पालने में झुलाऊँ।)

(लेखक द्वारा इन पंक्तियों का भावानुवाद)

जटायु-रावण युद्ध वर्णन में कवि की सजीव वर्णन-शैली द्रष्टव्य है–

खबर बूजिथ गव जटायन खबरदार
कफस फुटरुन त लारान गव ब यक़बार,
पुनुम चन्द्रस येलि बछुन ह्यथ चलान कीत
दौपुन तस ओय मरुत पापुक गोय हीत,
परकि दक सत्य छुस आकाशि त्रवान
जमीनस प्यठ अडजि छुस जोरअ फुटरावान। (पृ. 145)
(खबर सुन सीता-हरण की, हुआ जटायु खबरदार,
पूनम-चन्द्र को केतु द्वारा ग्रसित जो देखा
तो छेड़ दिया

पापी से युद्ध जोरदार।

'क्यों पाप करके मृत्यु को बुला रहा है रे मूर्ख?

आज होगा अन्त तेरा

मिटेगा तू रे धूर्त!

आकाश में उछाला, भू पर पटका

पंख के धक्कों से उसने

कर दिया रावण का बुरा हाल,

हड्डियों का भुरकुस निकाल

कर दिया उसका हाल बेहाल।)

(लेखक द्वारा इन पंक्तियों का भावानुवाद)

यद्यपि 'रामावतारचरित' की मुख्य कथा का आधार वाल्मीकि कृत रामायण है, तथापि कथासूत्र को कहीं-कहीं पर कवि ने अपनी प्रतिभा और कल्पना-दृष्टि के अनुरूप ढालने का प्रयास किया है। कई स्थानों पर काव्यकार ने कथा-संयोजन में किन्हीं नूतन (विलक्षण अथवा मौलिक?) मान्यताओं की उद्घोषणा की है। सीता-जन्म के सम्बन्ध में कवि की मान्यता यह है कि सीता, दरअसल, रावण-मंदोदरी की ही पुत्री थी। मंदोदरी एक अप्सरा थी जिसकी शादी रावण से हुई थी। उनके एक पुत्री हुई जिसे ज्योतिषियों ने रावण-कुल के लिए घातक बताया। फलस्वरूप, मंदोदरी उसके जन्म लेते ही, अपने पति रावण को बताए बिना, उसे एक सन्दूक में बन्द कर नदी में फिंकवा देती है। बाद में राजा जनक यज्ञ की तैयारी के दौरान नदी-किनारे उसे पाकर कृतकृत्य हो उठते हैं। तभी लंका में अपहृत सीता को देख मंदोदरी वात्सल्याधिक्य से विभोर/द्रवीभूत हो जाती है। पंक्तियाँ देखिए–

तुजिन तमि कौछि क्यथ ह्यथ ललनोवन

गेमच कौलि यैलि लेबन लौलि क्यथ सोवुन

बुछिव तस माजि मा माजुक मुशुक आव

लबन यैलि छस बबन दौद ठीँचि तस द्राव। (पृ. 145)

(तब उस मंदोदरी ने उसे गोद में उठाकर झुलाया तथा पानी में फेंकी उस सीता को पुन: पाकर अपने अंक में सुलाया। अहा, अपने रक्त-मांस की गन्ध पाकर उस माँ के स्तनों से दूध की धारा द्रुत गति से फूट पड़ी।)

'रामावतारचरित' में आई दूसरी कथा-विलक्षणता राम द्वारा सीता के परित्याग

की है। सीता को वनवास दिलाने में रजक-घटना को मुख्य कारण न मानकर कवि ने सीता की ननद (?) को दोषी ठहराया है जो पति-पत्नी के पावन-प्रेम में यों फूट डालती है। एक दिन वह भाभी (सीताजी) से पूछती है कि रावण का आकार कैसा था, तनिक उसका हुलिया तो बताना। सीताजी सहज भाव से कागज पर रावण का एक रेखाचित्र बना देती है जिसे ननद अपने भाई को दिखाकर पति-पत्नी के पावन-प्रेम में यों फूट डालती है :

दोपुन तस कुन यि वुछ बायो यि क्या छुय
दोहय सीता यथ कुन वुछिथ तुलान हुय,
मे नीमस चूरि पतअ आसि पान मारान
वदन वाराह तअ नेतरव खून हारान। (पृ. 399)

(रावण का चित्र दिखाकर–'देखो भैया, यह क्या है! सीता इसे देख रोज विलाप करती है। जब से मैंने यह चित्र चुरा लिया है, तब से उसकी आँखों से अश्रुधारा बहे जा रही है। यदि वह यह जान जाए कि ननद ने उसका यह कागज चित्र चुरा लिया है तो मुझे जिन्दा न छोड़ेगी।')

'रामावतारचरित' के युद्धकांड प्रकरण में उपलब्ध एक अत्यन्त अद्भुत और विरल प्रसंग 'मक्केश्वर-लिंग' से सम्बन्धित है जो प्राय: अन्य रामायणों में नहीं मिलता है। यह प्रसंग जितना दिलचस्प है, उतना ही गुदगुदाने वाला भी। शिव रावण की याचना करने पर उसे युद्ध में विजयी होने के लिए एक लिंग (मक्केश्वर) दे देते हैं और कहते हैं कि जा, यह तेरी रक्षा करेगा, मगर ले जाते समय इसे मार्ग में कहीं पर भी धरती पर न रखना। लिंग को अपने हाथों में आदरपूर्वक थामकर रावण आकाशमार्ग द्वारा लंका की ओर प्रयाण करते हैं। रास्ते में उन्हें लघुशंका की आवश्यकता होती है। वे आकाश से नीचे उतरते हैं तथा इस असमंजस में पड़ते हैं कि लिंग को वे कहाँ रखें? तभी ब्राह्मण-वेश में नारद मुनि वहाँ पर प्रगट होते हैं जो रावण की दुविधा भाँप जाते हैं। रावण लिंग उनके हाथों में यह कहकर पकड़ा जाते हैं कि वे अभी निवृत्त होकर आ रहे हैं। रावण लघुशंका से निवृत्त हो ही नहीं पाते! धारा रुकने का नाम ही नहीं लेती। सम्भवत: यह प्रभु की लीला/माया थी। काफी देर तक प्रतीक्षा करने के उपरान्त नारद जी लिंग को धरती पर रखकर चले जाते हैं। तब रावण के खूब प्रयत्न करने पर भी लिंग उस स्थान से हिलता नहीं है और इस प्रकार शिव द्वारा प्रदत्त लिंग की शक्ति का उपयोग करने से रावण वंचित हो जाते हैं। (पृ. 295-297)

'रामावतारचरित' में उल्लिखित एक दिलचस्प कथा-प्रसंग लंका-निर्माण के सम्बन्ध में है। पार्वती जी ने एक दिन अपने निवास-हेतु भवन-निर्माण की इच्छा शिवजी के सम्मुख व्यक्त की। विश्वकर्मा द्वारा शिवजी की आज्ञा पर एक सुन्दर भवन बनाया गया। भवन के लिए स्थान के चयन के बारे में 'रामावतारचरित' में एक रोचक प्रसंग मिलता है। गरुड़ एक दिन क्षुधा-पीड़ित होकर कश्यप के पास गए और कुछ खाने को माँगा। कश्यप ने उसे कहा—जा, उस मदमस्त हाथी और ग्राह को खा डाल जो तीन सौ कोस ऊँचे और उससे भी दुगने लम्बे हैं। वे दोनों इस समय युद्ध कर रहे हैं। गरुड़ वायु के वेग की तरह उड़ा और उन पर टूट पड़ा तथा अपने दोनों पंजों में पकड़कर उन्हें आकाश-मार्ग की ओर ले गया। भूख मिटाने के लिए वह एक विशालकाय वृक्ष पर बैठ गया। भार से इस वृक्ष की एक डाल टूटकर जब गिरने को हुई तो गरुड़ ने उसे अपनी चोंच में उठाकर बीच समुद्र में फेंक दिया, यह सोचकर कि यदि डाल (शाख) पृथ्वी पर गिर जाएगी तो पृथ्वी धँसकर पाताल में चली जाएगी। इस प्रकार जिस जगह पर यह शाख (कश्मीरी लंग) समुद्र में जा गिरी, वह जगह कालान्तर में 'लंका' कहलाई। विश्वकर्मा ने अपने अद्‌भुत कौशल से पूरे त्रिभुवन में इसे अँगूठी में नग के समान बना दिया। गृह-प्रवेश के समय कई अतिथि एकत्र हुए। अपने पितामह पुलस्त्य के साथ रावण भी आए और लंका के वैभव ने उन्हें मोहित किया। गृह-प्रवेश की पूजा के उपरान्त जब शिव ने दक्षिणा-स्वरूप सबसे कुछ माँगने का अनुरोध किया तो रावण ने अवसर जानकर शिवजी से लंका ही माँग ली :

दोपुस तअम्य तावणन लंका मे मंजमय
गछ्यम दरमस मे दिन्य, बोड दातअ छुख दय,
दिचन लवअ सारिसुय कअरनस हवालह,
तनय प्यठअ पानअ फरान बालअ बालह। (पृ. 196)

(तब रावण ने तुरन्त कहा–मैं लंका को माँगता हूँ, यह मुझे धर्म के नाम पर मिल जानी चाहिए क्योंकि आप ईश्वर-रूप में सबसे बड़े दाता हैं। तब शिव ने चारों ओर पानी छिड़का और लंका को उसके हवाले कर दिया और तभी से वे शिव स्वयं पर्वत-पर्वत घूमने लगे।)

'जटायु प्रसंग' भी 'रामावतारचरित' में अपनी मौलिक उद्‌भावना के साथ वर्णित हुआ है। जटायु के पंख-प्रहार जब रावण के लिए असहनीय हो उठते हैं तो वह इससे छुटकारा पाने की युक्ति पर विचार करता है। वह सीता को शारीरिक पीड़ा देकर जटायु के अन्त का उपाय बताने हेतु विवश कर देता है। विवश होकर

सीता को उसे जटायु-वध का उपाय बताना पड़ता है–

वोनुन सीतायि वुन्य येत्य बअ मारथ
नतअ हावुम अमिस निशि मोकल नअच वथ,
अनिन सखत़ी तमसि, सीतायि वोन हाल
अमिस जानावारस किथ पाठ्य छुस काल,
दोपुस तमि रथ मथिथ दिस पल च दारिथ
यि छनि न्यंगलिथ तअ जानि नअ पत लारिथ।

(पृ. 146-47)

(तब रावण ने सीता से कहा—मैं तुझे अभी यहीं पर मार डालूँगा, अन्यथा इससे मुक्त होने का कोई मार्ग बता। सीता पर उस रावण ने बहुत सख्ती की जिससे सीता ने वह सारा हाल (तरीका) बताया जिससे उस पक्षी का काल आ सकता था। वह बोली–रक्त से सने हुए बड़े-बड़े पत्थरों को इसके ऊपर फेंक दो। उन्हें यह निगल जाएगा और इस तरह (भारस्वरूप) तुम्हारे पीछे नहीं उड़ेगा। और हाँ, जब तक यह रामचन्द्र जी के दर्शन कर उसे (मेरी) खैर-खबर नहीं सुनाएगा तब तक यह मरेगा नहीं।)

'रामावतारचरित' में कुछ ऐसे कथा-प्रसंग भी हैं जो तनिक भिन्न रूप में संयोजित किए गए हैं। उदाहरण के तौर पर रावण-दरबार में अंगद के स्थान पर हनुमान के पैर को असुर पूरा जोर लगाने पर भी उठा नहीं पाते हैं। (पृ. 212) एक अन्य स्थान पर रावण युद्धनीति का प्रयोग कर सुग्रीव को अलग से एक खत लिखता है और अपने पक्ष में करना चाहता है। तर्क वह यह देता है कि क्या मालूम किसी दिन उसकी गति भी उसके भाई (बाली) जैसी हो जाए! वह भाई के वध का प्रतिशोध लेने के लिए सुग्रीव को उकसाता है और लंका आने की दावत देता है जिसे सुग्रीव ठुकरा देते हैं। (पृ. 228) इसी प्रकार महिरावण/अहिरावण का राम और लक्ष्मण को उठाकर पाताल-लोक ले जाना और बाद में हनुमान द्वारा उसे युद्ध में परास्त कर दोनों की रक्षा करना-प्रसंग भी 'रामावतारचरित' का एक रोचक प्रकरण है। (पृ. 259, 284) 'रामावतारचरित' के लवकुशकांड में भी कुछ ऐसे कथा-प्रसंग हैं जिनमें प्रकाशराम की कतिपय मौलिक उद्‌भावनाओं का परिचय मिल जाता है। लवकुश द्वारा युद्ध में मारे गए राम, लक्ष्मण, भरत और शत्रुघ्न के मुकुटों को देखकर सीता का विलाप करना, सीता जी के रुदन से द्रवित होकर वशिष्ठ जी द्वारा अमृत-वर्षा कराना और सेना सहित रामादि का पुनर्जीवित हो

उठना, वशिष्ठ के आग्रह पर सीताजी का अयोध्या जाना किन्तु वहाँ राम द्वारा पुन: अग्नि-परीक्षा की माँग करने पर उसका भूमि-प्रवेश करना आदि ऐसे ही प्रसंग हैं।

कश्मीरी विद्वान डॉ. शशिशेखर तोषखानी के अनुसार : "'रामावचारचरित' की सबसे बड़ी विशेषता है स्थानीय परिवेश की प्रधानता। अपने युग के सामाजिक, सांस्कृतिक और भौगोलिक परिवेश का कृति पर इतना गहन प्रभाव है कि उसका स्थानीय तत्त्वों के समावेश से पूरा कश्मीरीकरण हो गया है। ये तत्त्व इतनी प्रचुर मात्रा में कृति में लक्षित होते हैं कि अनेक पात्रों के नाम भी कश्मीरी उच्चारण के अनुरूप ही बना दिए गए हैं। जैसे जटायु यहाँ पर 'जटायन' है, कैकेयी 'कीकी', इन्द्रजीत 'इन्द्रजेठ' है और सम्पाति 'सम्पाठ' आदि। रहन-सहन, रीति-रिवाज, वेश-भूषा आदि में स्थानीय परिवेश इतना अधिक बिम्बित है कि 19वीं शती के कश्मीर का जनजीवन साकार हो उठता है। राम के वनगमन पर विलाप करते हुए दशरथ कश्मीर के परिचित सौन्दर्य-स्थलों और तीर्थों में राम को ढूँढ़ते हुए व्याकुल दिखाए गए हैं। (पृ. 92-93) लंका के अशोक-वन में कवि ने गिन-गिनकर उन तमाम फूलों को दिखलाया है जो कश्मीर की घाटी में अपनी रंग-छवि बिखेरते हैं। (पृ. 200) राम का विवाह भी कश्मीरी हिन्दुओं में प्रचलित द्वार-पूजा, पुष्प-पूजा आदि रीतियों और रस्मों के अनुसार ही सम्पन्न होता है।"

'लवकुशचरित' में सीता के पृथ्वी-प्रवेश प्रसंग के अन्तर्गत कश्मीरी रामायणकार प्रकाशराम ने भक्ति-विह्वल होकर 'शंकरपुर' गाँव (कवि के मूल निवास-स्थान कुर्यगाँव-काजीगुंड से लगभग 5 किलोमीटर की दूरी पर स्थित) में सीताजी का पृथ्वी-प्रवेश दिखाया है। (पृ. 47) किंवदन्ती है कि यहाँ के 'रामकुंड-चश्मे' के पास आज भी जब यह कहा जाता है–'सीता, देख रामजी आए हैं, तेरे रामजी आए हैं।' तो चश्मे के पानी में से बुलबुले उठते हैं। हो सकता है यह भावातिरेक-जनित एक लोक-विश्वास हो लेकिन कश्मीरी कवि प्रकाशराम ने इस लोक-विश्वास को रामकथा के साथ आत्मीयतापूर्वक जोड़कर अपनी जननी जन्मभूमि को देवभूमि का गौरव प्रदान करने का भावपूर्ण प्रयास किया है।

कुल मिलाकर 'रामावतारचरित' कश्मीरी भाषा-साहित्य में उपलब्ध रामकथा-काव्य-परम्परा का एक बहुमूल्य काव्य-ग्रंथ है जिसमें कवि ने रामकथा को भाव-विभोर होकर गाया है। कवि की वर्णन-शैली एवं कल्पना शक्ति इतनी प्रभावशाली एवं स्थानीय रंगत से सराबोर है कि लगता है कि 'रामावतारचरित' की समस्त घटनाएँ अयोध्या, जनकपुरी, लंका आदि में न घटकर कश्मीर-मंडल

में ही घट रही हों। 'रामावतारचरित' की सबसे बड़ी विशेषता यही है और यही उसे 'विशिष्ट' बनाती है। 'कश्मीरियत' की अनूठी रंगत में सनी यह काव्यकृति सम्पूर्ण भारतीय रामकाव्य-परम्परा में अपना विशेष स्थान रखती है।

यहाँ पर यह उल्लेखनीय है कि धर्म-केन्द्रित काव्य होने के कारण 'रामावतारचरित' में स्तुतियों, प्रार्थनाओं और वन्दनाओं की संख्या अत्यधिक है। "यद्यपि अधिकांश प्रार्थनाएँ और स्तुतियाँ इतिवृत्त में पूर्णतया गुंफित हैं, पर कई स्थानों पर वे केवल परिपाटी निभाने के लिए लिखी गई प्रतीत होती हैं। प्रार्थनाएँ वैयक्तिक और सामूहिक दोनों प्रकार की हैं और पात्र की असहायता, विवशता अथवा भाव-विह्वलता से निस्सृत हैं। सुग्रीव, अंगद, जामवन्त आदि वानरों द्वारा हनुमान से समुद्र संतरण की प्रार्थना कृति में आई सामूहिक प्रार्थना का एक उदाहरण है। अधिकांश प्रार्थनाएँ और स्तुतियाँ पात्र-विशेष के धार्मिक मनोविज्ञान और ईश्वर की तात्कालिक उपस्थिति में गहरे विश्वास के साथ-साथ उसके प्रति सम्पूर्ण समर्पण-भाव को अधोरेखित करती है।" (*कश्मीरी साहित्य का इतिहास,* डॉ. तोषखानी)

प्रकाशराम की भाषा प्राय: संस्कृतनिष्ठ है जिसमें कहीं-कहीं पर फारसी शब्दों का प्रयोग भी मिलता है। 'दपन', 'करन', 'गछन', 'वनन आदि शहरी कश्मीरी के प्रयोग न होकर देहाती प्रयोग हैं। अलंकारों में कवि ने उपमा व उत्प्रेक्षा का बहुलता से प्रयोग किया है।

कश्मीरी में रचित 'रामावतारचरित' के अतिरिक्त जिन अन्य रामायणों का उल्लेख ऊपर किया गया है, उनका संक्षिप्त परिचय नीचे दिया जा रहा है :

'शंकर रामायण' का रचना-काल 1870 ई. है। इसके रचयिता शंकर नाम के एक कवि हुए हैं। इस काव्यकृति में राम-जन्म से लेकर वैकुंठ-धाम की यात्रा तक के लगभग सभी मुख्य रामकथा-प्रसंग वर्णित हुए हैं। लोकगीत-शैली में रचित इस रामकाव्य में पाँच कांड हैं। प्रथम कांड के अन्तर्गत रामजन्म से लेकर सीताहरण तक, दूसरे में सीता खोज से लेकर रावण-युद्ध की तैयारी तक, तीसरे में राम-रावण युद्ध से लेकर राम की विजय तक, चौथे में विजयोपरान्त अयोध्यागमन तक और पाँचवें में सीता-परित्याग व लव-कुश जन्म से लेकर वैकुंठ-धाम की यात्रा तक के कथा-प्रसंगों का वर्णन है। पदों की कुल संख्या 4410 है। कथावस्तु का मुख्याधार वाल्मीकि रामायण ही है। प्रकाशराम के 'रामावतारचरित की तरह इसमें भी सीता-जन्म के सम्बन्ध में एक नितान्त नूतन कथा-प्रसंग की सर्जना मिलती है। रावण ने ऋषियों के रक्त से भरे कलश को समुद्र में छिपाकर रखा था। एक दिन नहाते समय वह कलश समुद्रतट पर अकस्मात् प्रकट हो गया और उसमें से एक अत्यन्त सुन्दर

कन्या उत्पन्न हो गई। रावण ने कन्या को मंदोदरी के हवाले कर दिया। उसने इसे ईर्ष्या-वश एक थैले में बन्द करके मिथिला में गड़वा दिया। बाद में जनक ने उसे हल चलाते समय उठा लिया और उसे अपना लिया। इस कथान्तर को छोड़ शेष सभी घटना-प्रसंग परम्परागत रामकथा पर आधरित हैं। मंगलाचरण के अन्तर्गत कवि ने श्रीगणेश, सरस्वती, गुरु, ब्रह्मा, शिव, पार्वती आदि की स्तुति की है। इसके अलावा मंगलाचरण के ही अन्तर्गत राम-भक्ति व रामनाम की महिमा का बखान भी किया गया है। मंथरा-कैकेयी परिसंवाद, भरत की आकुलता, सीता-त्रिजटा संवाद आदि छोटे-मोटे कथा-प्रसंग भी पर्याप्त सजीवता के साथ वर्णित हुए हैं।

'विष्णुप्रताप रामायण' पं. विष्णु कौल द्वारा रचित है। रचना-काल 1913 ई. है। कवि ने इसका नाम 'विष्णुप्रताप रामायण' इसलिए रखा है क्योंकि यह रामायण उस समय के धर्मनिष्ठ डोगरा शासक महाराज प्रतापसिंह के राजत्वकाल में लिखी गई थी। महाराजा की विष्णु कौल पर विशेष कृपा थी। अत: विष्णु कौल ने अपनी इस काव्यकृति को उन्हें सादर समर्पित किया। इस रामायण में लगभग तीस हजार छन्द हैं। अध्यायों की कुल संख्या 327 है जो पाँच कांडों के अन्तर्गत विभक्त हैं। बालकांड में 30, वनवासकांड में 171, अश्वमेध कांड में 70, रामलीला कांड में 25, और वैकुंठधाम कांड में 31 अध्याय हैं। इस रामायण का कथानक भी वाल्मीकि रामायण पर आधारित है।

'शर्मा रामायण' के रचनाकार श्री नीलकंठ शर्मा (1888-1970 ई.) है। यह वृहदाकार ग्रंथ कवि के सात वर्षों की अथक साधना का सुपरिणाम है। इसमें आठ कांड हैं। कथानक परम्परागत होते हुए भी नवीन उद्‌भावनाओं से युक्त है। तुलसी के रामचरितमानस का इस काव्यकृति पर यथेष्ट प्रभाव पड़ा है।

जनक-वाटिका में राम-सीता का पूर्वानुराग प्रसंग, अनुसूया-सीता संवाद, वर्षा-वर्णन, अंगद-रावण संवाद आदि प्रसंगों में इस प्रभाव को स्पष्ट रूप से देखा जा सकता है। कहीं-कहीं पर यह प्रभाव इतना गहन हो गया है कि 'शर्मा रामायण' की कतिपय पंक्तियाँ मानस की चौपाइयों का अनुवाद-सा लगती हैं।

छि बडि शब्द क्याह गागरायि गछान
सीतायि रोस म्योन दिल गाबरन
छि वुजमल प्रजलान का॑च नबस अन्दर
यिथ कन्य कुलिस सुन्द प्रेम न थअर॥

ये पंक्तियाँ मानस की 'घन घमंड नभ गर्जत घोरा।' के पर्याप्त निकट

हैं। इसी प्रकार मानसकार के राम जिस तरह 'हे खग मृग हे मधुकर श्रेणी, तुम देखी सीता मृग-नैनी' कहकर अपनी तीव्र विरह-व्यथा का परिचय देते हैं, उसी तरह 'शर्मा रामायण' में रामचन्द्रजी अपनी विरह-वेदना जंगली फूलों से यों कहते हैं–

रे बेला पुष्प! किन विचारों में डूब
मेरी बेबसी पर हँस रहा है तू ?
रे गुल लाला! दिल पर तेरे भी इक दाग है
मेरी सीता की कोई निशानी बता दे तू।

'शर्मा रामायण' में ऐसे और कई स्थल हैं जहाँ कवि की मौलिक उद्‌भावनाएँ व उनकी अपूर्व कवित्व शक्ति का परिचय मिल जाता है। (यह काव्य-ग्रंथ अभी तक प्रकाशित नहीं हो सका है।)

कश्मीरी में रचित रामकथा-सम्बन्धी जिन अन्य काव्यकृतियों की सूचना मिलती है, उनके नाम हैं–आनन्दराम राजदान (1880 ई.) की 'आनन्द रामावतारचरित', पं. ताराचन्द (1926 ई.) की ताराचन्द रामायण, पं. अमरनाथ 'अमर' (1940 ई.) की अमर रामायण आदि। प्रबन्धकृतियों के अतिरिक्त कुछ स्फुट काव्य-रचनाएँ भी मिलती हैं जिनमें कवियों ने राम-नाम की महिमा का गुणगान किया है। इन कवियों में उल्लेखनीय हैं : सर्वश्री लक्ष्मण रैना 'बुलबुल', कृष्ण राजदान आदि।

कश्मीर के कृष्णभक्त कवि : परमानन्द

कश्मीरी साहित्य में 1750 ई. से 1900 ई. तक जो काव्य-रचना हुई उसे दो भागों में विभाजित किया जा सकता है। प्रथम भाग के अन्तर्गत वह काव्य आता है जिसका मूलाधार सूफी दर्शन है। इस काव्य-वर्ग के कवियों ने फारसी काव्य-पद्धति का अनुसरण किया तथा कश्मीरी में फारसी मसनवियों के आधार पर अनेक प्रेम-काव्य लिखे। ये सभी कवि प्रायः मुसलमान थे। इनमें उल्लेखनीय हैं—स्वच्छक्राल, महमूद गामी, वली अल्लाह मत्तू, मकबूल शाह क्रालवारी, शमस फकीर आदि। दूसरे भाग के अन्तर्गत वह काव्य आता है जिसका मूलाधार कृष्णभक्ति व रामभक्ति है। इस काव्य-वर्ग के कवियों ने भारतीय काव्य-पद्धति का अनुसरण किया तथा कृष्ण एवं राम सम्बन्धी चरित-काव्यों को कश्मीरी में वाणी दी। ये कवि प्रायः हिन्दू थे जिनमें उल्लेखनीय हैं—कविवर परमानन्द, कृष्ण राजदान, लक्ष्मण रैणा बुलबुल, प्रकाशराम आदि।

भक्ति, ज्ञान और प्रेम की रसधारा से कश्मीरी काव्य को सिंचित करने वाले कृष्ण-भक्त कवि परमानन्द को कश्मीरी भक्ति साहित्य में विशिष्ट स्थान प्राप्त है। इनकी कविता में धर्म और कर्म का सुन्दर उन्मेष तथा संसार की असारता, जीवन की सार्थकता एवं मानवीय चेतना के आध्यात्मिक विस्तार का सफल-सुन्दर निरूपण मिलता है। इनका अधिकांश काव्य कृष्ण-भक्ति से ओतप्रोत है। कवि ने कृष्णचरित का उपयोग भक्ति के रागात्मक स्वरूप एवं मानवीय दर्शन के अन्तर्गत किया है जो सगुण-निर्गुण के भेद से ऊपर है।

कविवर परमानन्द का वास्तविक नाम नन्दराम था। इनका जन्म अमरनाथ तीर्थ के मार्ग में पड़ने वाले प्रसिद्ध धार्मिक स्थान मटन के निकट एक छोटे से गाँव सीर में 1791 ई. में हुआ था। पिता का नाम कृष्ण पंडित तथा माता का नाम सरस्वती था। डॉ. शशिशेखर तोषखानी के अनुसार मटन कुंड का झलमल जल और पास की अनेक-अनेक जलधाराएँ, चीड़ वन और उनसे छनकर आती हुई हवा, ऊँचे गिरि शिखर, शान्त प्रकृति—इस परिवेश में नन्दराम के व्यक्तित्व के कवि और विरक्त संत, इन दोनों रूपों को विकास का उपर्युक्त वातावरण मिला।

शिक्षा उन्होंने फारसी मकतब में किसी मुल्ला से पाई थी और जो दल-के-दल साधु, संन्यासी और तीर्थयात्री मटन आया करते थे उनके सम्पर्क में आकर परमानन्द का परिचय महाभारत, भागवत, शिवपुराण तथा वेदान्त दर्शन से हुआ। उत्तर भारत के वैष्णव संत-कवियों की वाणी, कबीर और सिक्ख गुरुओं के शब्द और साखियों से लेकर सूर के पद इसी माध्यम से उनके पास पहुँचे। ...पच्चीस वर्ष की आयु में परमानन्द अपने पिता के बाद गाँव के पटवारी बने पर कबीर की तरह 'मन लागो यार फकीरी में' का भाव लेकर वे पटवारी का बोझ घर चलाने भर के लिए जैसे-तैसे सँभाले रहे।

परमानन्द के पिता कृष्णपंडित ने उनकी शादी बाल्यकाल में ही मालद्यद नाम की एक लड़की से कर दी। परमानन्द जितने सरल और शान्त स्वभाव के थे, उनकी पत्नी मालद्यद उतनी ही कर्कश और उग्र स्वभाव की थी। गार्हस्थ्य-सुख से वंचित रहने के कारण परमानन्द ज्यादातर साधु-संतों की संगत में रहते। परमहंस स्वामी आत्मानन्द जी के साथ इनका काफी समय बीता और उनके सम्पर्क में रहकर वेदान्त का पूर्ण अध्ययन किया। एक सिक्ख साधु के सान्निध्य में रहकर उन्होंने गुरु ग्रंथ साहब का भी अध्ययन किया। कहते हैं परमानन्द के जीवन के अन्तिम वर्ष शारीरिक और मानसिक कष्ट में बीते। दो पुत्रों की अकाल मृत्यु ने उनके दिल को ऐसी चोट पहुँचाई जिसे वे झेल न पाए। अपनी लड़की के पुत्र को गोद लिया, पर अपने स्वभाव और रुचियों में वह कवि से इतना भिन्न था कि परमानन्द उससे वह भावनात्मक सम्बन्ध न बना सके जिसकी उन्हें अकेलेपन में आवश्यकता थी। बढ़ती हुई वृद्धावस्था और तज्जनित शारीरिक अशक्तता के कारण उनकी आँखों की रोशनी कम और श्रवण-शक्ति क्षीण हो गई। अपनी असहाय स्थिति का मार्मिक वर्णन कवि ने फारसी में रचित इन पंक्तियों में किया है–

हमें गुफ्तम खुदावन्दा करमकुन
नमे गुफ्तम खुदावन्दा करमकुन

(हे खुदा! मैंने तुमसे कहा था कि मुझ पर करम (कृपा) करो। यह तो नहीं कहा था कि मुझे बहरा बना दो।) "परमानन्द के जीवन के एकाकीपन की व्यथा को बहुत कुछ उनके प्रतिभावान शिष्यों ने पाट दिया जिनमें लक्ष्मण रैणा बुलबुल जैसे कवि तथा नारायण मूर्चगर (मूर्तिकार) जैसे चित्रकार थे। इन्हीं के बीच भजन गाते-बजाते हुए इस कवि ने कश्मीरी को अपनी महान काव्य-कृतियाँ दीं।" (डॉ. तोषखानी)

परमानन्द की काव्य-प्रतिभा उनके युवाकाल से ही विकासोन्मुखी रही। प्रारम्भ में उन्होंने 'गरीब' उपनाम से फारसी में काव्यरचना की और बाद में कश्मीरी को

अपनी भावाभिव्यक्ति का माध्यम बनाया। बीच-बीच में मौज में आकर पंजाबी, ब्रज और खड़ी बोली के अटपटे सम्मिश्रण, जिसे उन्होंने 'भाखा' की संज्ञा दी है, में भी उन्होंने कुछ गीत लिखे, जो काफी दिलचस्प हैं।...कालक्रम की दृष्टि से परमानन्द के काव्य को विभिन्न वर्गों के अन्तर्गत विभाजित करना उसके मूल्यांकन के लिए विशेष सहायक नहीं हो सकता क्योंकि स्पष्ट संकेत-सूत्रों के अभाव में इस बात का निर्णय करना असम्भव है कि कवि ने कौन-सी रचना कब लिखी, पर काव्य-मूल्यों की दृष्टि से परमानन्द के कृतित्व के श्रेष्ठतम अंशों को सरलता से अधोरेखित किया जा सकता है। उनकी प्रतिभा का पूर्ण प्रतिफलन उनकी तीन काव्य-कृतियों 'राधा-स्वयंवर', 'सुदामाचरित' और 'शिवलग्न' के अतिरिक्त 'पेड़ और छाया', 'कर्मभूमिका', 'सहज विचार' जैसी स्फुट कविताओं तथा प्रतीकात्मक रचनाओं में देखा जा सकता है।

'कृष्णचरित' पर आधारित राधा-स्वयंवर शीर्षक काव्य-रचना में कविवर परमानन्द की अद्भुत कवित्व शक्ति एवं अनन्य भक्ति-भावना का परिचय मिल जाता है। लगभग 1400 छन्दों वाली इस वृहदाकार काव्यकृति में, जो कृष्णचरित सम्बन्धी विविध आयाम उभरे हैं, जिनका मूलाधार भागवत पुराण का दशम-सकन्ध है। सम्पूर्ण काव्य एक अध्यात्म-रूपक बन पड़ा है। कृति के प्रारम्भ में ही कृष्ण को 'चित्-विमर्श देदीप्यमान भगवान' कहकर पात्रों और कथासूत्रों के प्रतीकात्मक स्वरूप को उद्घाटित किया है–

गोकुल ह्रदय म्योन तति चोन गूर्यवान
च्यत विमर्श दीप्तिमान भगवानो...
ह्रदय मेरा गोकुल
विचरती जहाँ तेरी गायें हैं,
गोपियाँ हैं मेरे मन की वृत्तियाँ
पीछे-पीछे जो तेरे दौड़ पड़ती हैं...
हे चित्त-विमर्श देदीप्यमान भगवान्।

'राधा-स्वयंवर' में वर्णित मुख्य प्रसंग इस प्रकार हैं–कृष्ण और राधा का जन्म, गोचारण करते एक-दूसरे पर मुग्ध हो जाना, किशोरानुराग का वर्णन, वनलीला, मुरली वादन, रास क्रीड़ा, गोपिका चीरहरण, माँ द्वारा बिटिया को झिड़कना किन्तु मुरली की धुन सुनते ही बेटी से पहले दौड़ पड़ना, राधा की सगाई, राधा और रुक्मिणी का सामंजस्य आदि। इन सभी कथा-प्रसंगों से होती हुई काव्यकृति की परिणति राधा-कृष्ण के परिणय में हो जाती है और अपने शीर्षक 'राधा-स्वयंवर'

को सार्थक करती है।

जैसा कि पूर्व में कहा जा चुका है 'राधा-स्वयंवर' में परमानन्द की काव्य प्रतिभा और उनकी कवित्व शक्ति की उत्कर्षता पाठक को बरबस अभिभूत कर लेती है। एक उदाहरण प्रस्तुत है। लोकापवाद के भय से माँ अपनी बेटी राधा को टोकती है–

राधा से माँ बोली–
बिटिया लाज रखो माँ की
नहीं तो तात से पिटवाऊँगी तुमको,
बोली राधा–
माँ, भोली हो तुम
कौन है किससे खेल रहा
वहाँ तो कोई भी नहीं बिन कान्ह।
कान्ह ही ग्वालबाल और बालाएँ
कौन वहाँ जो कान्ह नहीं
लोग यों ही बातें उडाएँ...।
मुरली नाद उठा इतने में
दूर-दूर और निकट-निकट,
बौराई माँ और निकल पड़ी बिटिया के पीछे-पीछे...।"

'राधा-स्वयंवर' में श्रीकृष्ण और राधा के विवाह का वर्णन अतीव सजीव बन पड़ा है।

राधा को कवि ने प्रकृति का प्रतीक और कृष्ण को पुरुष का प्रतीक माना है। इस विवाह का प्रबन्ध करने के लिए प्रकृति की विभिन्न शक्तियाँ योगदान करती हैं–

वाव लूकपाल द्राव लछ डुवनावान
इन्द्राजअ वथ लिव नावान,
बसंत रंग-रंग पोश वथरावान
सिरिय चन्द्रम ह्यथ शमा चरागान...।

(वायुदेव स्वयं मार्ग साफ करने लगे। इन्द्रदेव पानी का छिड़काव करने लगे तथा वसंतदेव मार्ग पर रंग-बिरंगे फूल बिछाने लगे। सूर्य और चन्द्रदेव ने अपने प्रकाश से सकल दिशाओं में जगमगाहट कर दी। यामिनी देवी के हाथों में मेघ-छतरी सुशोभित हो रही थी तथा पक्षी अपने पंखों से आकाश में पंखा झल रहे थे।

जैसे ही बारात वृषभानु के घर पहुँची तो वहाँ के सभी लोग बारात का स्वागत करने के लिए निकल पड़े। घर के भीतर अग्निदेव भाँति-भाँति के पदार्थ तैयार करने में लगे हुए थे जिन्हें स्वादिष्ट बनाने के लिए अमृतरस का प्रयोग किया जा रहा था।)

परमानन्द की दूसरी महत्त्वपूर्ण कृति है 'सुदामाचरित'। 250 छन्दों वाली इस अपेक्षाकृत लघु काव्य-रचना में कृष्ण की बाल-लीलाओं, ग्वालिनों की यशोदा से शिकायत, मीत सुदामा का विपदाग्रस्त जीवन, मीत की याद, अनुग्रह, मित्र-मिलन आदि का वर्णन है। 'राधा-स्वयंवर' की तरह इस काव्य-कृति में भी एक आध्यात्मिक रूपक की परिकल्पना की गई है। डॉ. तोषखानी के शब्दों में—'एक महत् भाव, एक दार्शनिक विचार-सूत्र राधा-स्वयंवर की ही तरह सुदामाचरित के केन्द्र में भी स्थित है और सम्पूर्ण काव्य में रक्तवाहिनी नाड़ियों की भाँति अपनी ऊर्जा संचारित करता है। ईश्वर और मनुष्य, जीवात्मा और परमात्मा के परस्पर नैकट्य की एक मैत्री-सम्बन्ध के रूप में परिकल्पना परमानन्द से लगभग तीन सौ वर्ष पूर्व सूरदास ने भी की थी और बीसवीं शती के जर्मन कवि रिल्के ने भी। परमानन्द के अनुसार दोनों से पार्थक्य अथवा दूरी की प्रतीति का कारण जीव का अहंभाव है। पार्थक्य का बोध पृथक् इच्छा का परिणाम है, अन्यथा जीव का परमात्मा से अभेद है। जब सद्बुद्धि (सुशीला) की प्रेरणा से सुभेच्छा का उन्मेष होता है तो जीव (सुदामा) पुनः ईश्वर की ओर अपनी यात्रा आरम्भ करता है और सभी दुःखों का अवसान हो जाता है। रूपक और अन्योक्ति परमानन्द की प्रिय तकनीक है। सुदामाचरित में इस तकनीक के प्रयोग द्वारा कवि ने कृष्ण-सुदामा मैत्री प्रसंग को आत्मबोध का आध्यात्मिक धरातल प्रदान किया है। सतह से गहरे अर्थों की ओर ले जाने का परमानन्द का यह प्रयत्न उनके काव्य की एक बड़ी विशिष्टता है। सुदामाचरित को यह बात एक महत्त्वपूर्ण काव्य कृति बनाती है। इसमें कृष्ण और सुदामा अपने सहज व्यक्तित्वों को बनाए रखते हुए भी प्रतीक पात्रों के रूप में कथा को गति और अर्थ प्रदान करते हैं।'

जैसा कि कहा जा चुका है 'सुदामाचरित' मुख्यतया भगवान श्रीकृष्ण और उनके बाल सखा सुदामा के सम्मिलन की प्रसिद्ध घटना पर आधारित है। इस काव्य कृति में आध्यात्मिकता के भी दर्शन होते हैं। साधक (सुदामा) अविद्या के कारण साध्य (श्रीकृष्ण) से विमुख हो जाता है तथा अनेक प्रकार की दुविधाओं में उलझ जाता है। आत्मबोध हो जाने पर वह साध्य को पुनः प्राप्त कर लेता है। भगवान श्रीकृष्ण और सुदामा के मिलन-प्रसंग को चित्रित करने में परमानन्द का कवि-हृदय यों विभोर हो उठा है–

वुनि ओस वातनय द्वारिका मंदरो
सखरित रूदमुत शामसन्दरो,
ब्रोंठ नेरि यारस त सूल्य रुकमनी
अथन ह्यथ पोशमाल दोनवय बअच...।

(अभी सुदामा द्वारिका पुरी पहुँचे भी न थे कि भगवान श्रीकृष्ण रुक्मिणी समेत उनके स्वागत के लिए तैयार हो गए। दोनों पति-पत्नी के करकमलों में पुष्पमालाएँ सुशोभित हो रही थीं। श्रीकृष्ण रुक्मिणी से कहते हैं–आज मेरा पुराना मित्र आ रहा है, क्या तुम्हें प्रसन्नता नहीं हो रही? जो कोई भी भगवान को पाने के लिए एक कदम बढ़ाता है, भगवान उसे प्राप्त करने के लिए दस कदम आगे बढ़कर आते हैं। उनके नैकट्य में आने पर वे भी दोनों पति-पत्नी आनन्दित होकर हड़बड़ाते हुए नंगे पाँव भागे। आगे-आगे श्रीकृष्ण थे और पीछे-पीछे रुक्मिणी जी। भगवान को देख भक्त सुदामा ने अपने आप को श्रीकृष्ण की बाँहों में सौंप दिया। दोनों को ऐसा लगा मानो स्वप्न देख रहे हों। भगवान सुदामा को अपनी गोद में बिठाकर अन्दर महल में ले आए। रुक्मिणी जी ने उनके पैर थामे थे। तत्पश्चात् भगवान ने सुदामा के हाथ-पैर धोए क्योंकि उसने सच्चे मन से भगवान के नाम की माला जपी थी। तब भगवान सुदामा की फटी-पुरानी गुदड़ी को टटोलने लगे, वैसे ही जैसे कोई योगी परम तत्त्व को टटोलता है। दो बार भगवान ने तंदुल अपने मुँह में डाले और तीसरी बार रुक्मिणी ने हाथ पकड़ लिया। सुदामा यह सबकुछ चकित होकर देखने लगे। उन्होंने चारों ओर नजर दौड़ाई और लगा जैसे वहाँ पर कोई न हो, केवल भगवान ही सर्वत्र व्याप्त हों...)

'सुदामाचरित' के ही अन्तर्गत श्रीकृष्ण जन्म-प्रसंग यों वर्णित हुआ–

गटि मंज गाश आव चान्ये जेनय
जय जय जय दीवकी नन्दनय।

(तेरे जन्म लेने पर अन्धकार प्रकाश में बदल गया। हे देवकीनन्दन! तेरी जय-जयकार हो। तू देशकाल से परे तथा अगोचर है किन्तु फिर भी तेरे जन्म लेने से सभी का मन आनन्दित हो रहा है। यशोदा ने तेरे ऊपर फूलों की वर्षा की तथा सभी ने तुझे गोद में उठा-उठाकर झुलाया गया। सकल गोप-गोपिकाएँ यशोदा को पुत्र जन्म पर बधाई देने के लिए आईं। कृष्ण को देखकर वे उसकी चिरायु की कामना करने लगीं। पूरे नगर में खुशियाँ मनाई गईं...।)

'शिवलग्न' परमानन्द की तीसरी काव्यकृति है जिसका प्रतिपाद्य पार्वती-

परिणय है। 280 छंदों में निबद्ध इस प्रबन्धात्मक कृति में भी अन्योक्ति का प्रयोग हुआ है। कवि के अनुसार शिव और शक्ति क्रमशः पुरुष और प्रकृति के प्रतीक हैं और इन्हीं के संयोग से इस सृष्टि का निर्माण हुआ है।

प्रबन्ध काव्य-रचनाओं के अतिरिक्त परमानन्द ने स्फुट कविताएँ भी लिखी हैं जिनमें प्रमुख हैं–कर्मभूमिका, पेड़ और छाया, अमरनाथ यात्रा, सहज-विचार आदि। स्फुट कविताओं में कवि ने तत्त्व-ज्ञान की बड़ी ही सटीक और सारगर्भित व्याख्या की है। इन कविताओं को पढ़ने के उपरान्त ज्ञात होता है कि परमानन्द वास्तव में उच्चकोटि के तत्वद्रष्टा थे। अपने जीवन के चिरकालीन अनुभवोपरान्त ही वे ऐसी व्याख्याएँ प्रस्तुत कर सके हैं। उनकी पैनी जीवन-दृष्टि से संयुक्त दो पंक्तियाँ प्रस्तुत हैं–

कर्म बूमिकायि दीज दर्मुक सग
संतोष ब्यालि बवि आनन्दुक फल।

(कर्मरूपी भूमि में संतोष के बीज को धर्म के पानी से सींचने पर जो प्राप्ति होगी, वह आनन्दरूपी फल होगा।)

पूर्व में कहा जा चुका है कि परमानन्द हिन्दी में भी कविताएँ करते थे। इनकी हिन्दी कविताओं के कुछ उदाहरण प्रस्तुत हैं–

श्रीकृष्ण का जन्म होने पर भगवान शंकर के मन में उन्हें देखने की इच्छा हुई। वे एक योगी का रूप धारण कर तथा हाथ में भिक्षा-पात्र लिए गोकुल गाँव की ओर चल दिए :

भिख्या माँगन साँग बनायो, आयो सदासिव गोकुल में।
दर्शन करने को ध्यान धरायो, आयो सदाशिव गोकुल में।
नंगे सिर और नंगे पैर, नन्देश्वर का सवारी था,
अंग मं भस्मा भभूत चढाए, आयो सदाशिव गोकुल में।
हाथ में त्रिशूला, कान में मुन्दरा, सुदर मुख को करा कराल,
घंटा शब्द और शंख बजायो, आयो सदाशिव गोकुल में।
गल में नागेन्द्र, हारा पग में, जल में जैसे उठी तरंग,
गोकुल में भूकम्प मचायो, आयो सदाशिव गोकुल में... ॥

परमानन्द की हिन्दी कविताओं में पंजाबी शब्द-प्रयोगों का आधिक्य है। कहीं-कहीं पर कवि ने कश्मीरी, हिन्दी तथा पंजाबी भाषाओं के मिश्रित रूप में कविताएँ की है–

ना तुम देखो कृष्ण श्यामा
पतिया हमारा पारा लूको,
बाजीगर ने बाजीगरी की
जिगर हमारा पारा लूको।
आखूँगा हम ना कह सकूँगा
ना कहूँ तो मर जाऊँगा,
रिस के नसना, उसका हँसना
चोरों का अलंकारा लूको... ॥

कविवर परमानन्द के कुछ चित्र कश्मीर में उपलब्ध हैं जिनसे उनके भव्य व्यक्तित्व का भान होता है। उनकी आँखें चमकीली तथा नाक उभरी हुई थी। ललाट प्रशस्त तथा देह गठीली थी। परमानन्द के दो पुत्र हुए थे किन्तु दोनों का निधन अल्पायु में ही हुआ। अपनी दीन-हीन स्थिति का उल्लेख कवि ने एक स्थान पर यों किया है–

कुन तअ कीवल, सोरमुच आश,
नअ पुतुर तअ नअ रूदमुत गाश।

(मैं अकेला रह गया हूँ। मेरी आशाएँ मिट गई हैं। नि:सन्तान हूँ तथा आँखों की ज्योति भी समाप्त हो गई है।)

कश्मीरी साहित्य के ये महान कृष्ण-भक्त कवि सन् 1879 में दिवंगत हुए।

हिन्दी और कश्मीरी : अन्तःसम्बन्धों की व्याख्या

भारत एक बहुभाषा-भाषी देश है। बाईस प्रमुख भारतीय भाषाओं के अतिरिक्त इस देश में लगभग 1652 बोलियाँ या उपभाषाएँ बोली जाती हैं। प्राय: प्रत्येक भाषाक्षेत्र की अपनी भौगोलिक एवं परिवेशगत विशिष्टता होते हुए भी अपनी एक पृथक्, स्वस्थ, सुदीर्घ एवं समृद्ध साहित्यिक-सांस्कृतिक परम्परा है। इस परम्परा में भारतीय धर्म-दर्शन, विद्या-बुद्धि, चिन्तन और कलाओं की परमोत्कृष्ट सम्पदा समायोजित है। दूसरे शब्दों में भारतीय मनीषा और विचारणा इन्हीं भाषाओं के साधकों, रचनाधर्मियों एवं सर्जकों की समेकित अभिव्यक्ति है, जिसे हम प्रकारान्तर से 'भारतीयता' या 'भारतीय-अस्मिता' भी कहते हैं।

भारतीय भाषाओं एवं हिन्दी के बीच अन्त:सम्बन्धों की व्याख्या कई आयामों से की जा सकती है। समाजशास्त्रीय दृष्टि से या भाषाशास्त्रीय दृष्टि से। साहित्यिक दृष्टि से या फिर सांस्कृतिक दृष्टि से। किसी भी आयाम से विचार करें तो इन अन्त:सम्बन्धों में काफी सीमा तक एकरूपता के दर्शन होंगे जो निश्चित रूप से एक सुखद अनुभूति है। ध्यान से देखा जाए तो ज्ञात होगा कि प्राचीनकाल से अब तक अन्त:सम्बन्धों के ये सूत्र हमारी वाणी और अभिव्यक्ति दोनों को जोड़े हुए हैं। दरअसल, हमारे देश में अनादिकाल से एक ही विचारधारा, एक ही जीवन-दर्शन तथा एक ही महान आदर्श का प्रचार-प्रसार था। कालान्तर में किन्हीं राजनीतिक परिवर्तनों के कारण विभिन्न प्रदेशों में उनका विशिष्ट स्वरूप स्थिर हो गया। इस विशिष्टता के होते हुए भी उनके मूल में एक ही सांस्कृतिक सूत्र विद्यमान रहा। इस अन्तर्व्यापी सांस्कृतिक सूत्र की महिमा पर आर.आर. दिवाकर लिखते हैं–"But in spite of these political and other vicissitudes, what has persisted like mighty river Ganga, is the silken thread of Indian culture which is still binding the varied people of the whole India, from Kashmir to Cape-coumarin and Kutch to Assam–" (*Bihar Through Ages*, p. 26.)

अर्थात् "राजनीतिक तथा अन्य प्रकार के उलट-फेरों के होते हुए भी भगवती गंगा के समान पवित्र एवं शाश्वत हमारी भारतीय संस्कृति का रेशमी धागा आज

भी कश्मीर से कन्याकुमारी तक तथा कच्छ से असम तक इस देश के भिन्न-भिन्न लोगों को एकसूत्र में बाँधे हुए है।" इस अविच्छिन्न सूत्र के कई आयाम हैं जिनका अन्वेषण हिन्दी के सन्दर्भ में विभिन्न भारतीय भाषाओं में उपलब्ध शब्द और साहित्य की सम्पदा के अध्ययन से किया जाना सम्भव है।

भारतीय भाषाओं और हिन्दी के मध्य विशेष रूप से कश्मीरी-हिन्दी के मध्य उक्त अन्त:सम्बन्धों/सूत्रों को दो प्रकार से खोजा जा सकता है–

1. भाषा के स्तर पर और
2. कथ्य/साहित्य के स्तर पर

भाषा के स्तर पर विचार करें तो ज्ञात होगा कि संस्कृत से उद्‌भूत होने के कारण प्राय: समस्त आधुनिक भारतीय भाषाओं पर तत्सम शब्दावली की छाप स्पष्टतया दिखाई पड़ती है। परिवर्तनशीलता के बावजूद शब्दों की यह एकरूपता हमारी भाषाओं की आन्तरिक अखंडता अथवा एकसूत्रता को दर्शाती है। कश्मीरी भाषा में आज भी संस्कृत के अनेक शब्द उनके मूल रूप या फिर तनिक परिवर्तन के साथ प्रयुक्त होते हैं। कुछ उदाहरण प्रस्तुत हैं–लक्ष/ लछ/लाख, द्राक्ष/दछ/ अंगूर, श्वसुर/हिहुर/ससुर, दन्त/दन्द/ दान्त, सप्त/सथ/सात आदि।

अन्य भारतीय भाषाओं में भी इसी तरह की भाषिक निकटता देखी जा सकती है। विभिन्न भारतीय भाषाओं में व्याप्त अन्त:सम्बन्धों के प्रसंग में उनके साहित्य पर दृष्टिपात कर उनमें उपलब्ध उन सूत्रों को अन्वेषित करना अनुचित न होगा जो भारतीय साहित्य की समेकित अवधारणा को पुष्ट करते हैं। यह भारतीय संस्कृति या अस्मिता की विशिष्टता ही है कि प्राय: समस्त भारतीय भाषाओं के साहित्य का आदिकाल संतवाणी या भक्तिप्रधान काव्य से युक्त है। इस काल के प्रत्येक संत/भक्त कवि ने जो रचना की, उसकी भाषा भले ही भिन्न रही हो पर कथ्य के स्तर पर उसमें अद्‌भुत साम्य/एकसूत्रता दृष्टिगोचर होती है। भाषा-साहित्य के स्तर पर भारतीय साहित्य में इस तरह की एकरूपता सचमुच अभिनन्दनीय है। एकसूत्रता का यह प्रभाव भारतीय मनीषा एवं सृजनशीलता में व्याप्त आन्तरिक अखंडता एवं भावनात्मक एकता को रेखांकित करता है। चाहे बंगला के चंडीदास हों या गुजराती के नरसिंह मेहता, मराठी के संत ज्ञानेश्वर हों या तमिल के कम्बन या आलवार भक्तिन आंडाल, तेलुगु के पोतन हों या मलयालम के तुंजन, असमिया के माधव कन्दली हों या कश्मीरी की संत कवयित्री ललद्यद या शेख नूरुद्दीन वली/नन्द ऋषि या फिर हिन्दी के कबीर, दादू, नानक, रैदास आदि। ये सभी कवि अपनी-अपनी भाषाओं के आदिकाल के अत्यन्त प्रतिष्ठित एवं कृती रचनाकार हैं जिनका काव्य संतवाणी से मुखरित

है और ज्ञान, सदाचार, धर्म, दर्शन आदि की अन्त:सलिला से इन भाषाओं का साहित्य रससिक्त है। यहाँ पर कश्मीरी साहित्य की आदि संत-कवयित्री ललद्यद के कतिपय पद/वाक प्रस्तुत किए जाते हैं जिनकी तुलना हिन्दी के इसी काल के कवियों कबीर, दादू आदि से करके यह प्रतिपादित किया जा सकता है कि भारतीय भाषाओं, विशेषकर कश्मीरी-हिन्दी के अन्त:सम्बन्धों में कितनी निकटता अथवा एकसूत्रता है–

हिन्दी उदाहरण

मैमन्ता मन मारि रे, घट ही माहैं घेरि
जब ही चाले पीठि दे, अंकुश दै दे फेरि। (कबीरदास)

कश्मीरी उदाहरण

मार दे काम, क्रोध और लोभ को
नहीं तो मारेंगे ये हत्यारे पलट के,
खाने को दे इन्हें सुविचार-संयम
तब होंगे सबके सब असहाय ये। (ललद्यद)

हिन्दी उदाहरण

कबीर पढ़िबो दूरि करि, पुस्तक देइ बहाइ,
बावन आषिर साधि करि, ररै ममै चित्त लाइ। (कबीरदास)

कश्मीरी उदाहरण

अविचारी पढ़ते हैं पोथियों को
ज्यों पिंजरे में तोता रटता 'राम-राम',
दिखलावे को ये ढोंगी पढ़ते हैं गीता
पढ़ी है मैंने गीता, पढ़ रही हूँ अविराम। (ललद्यद)

हिन्दी उदाहरण

बकरी पाती खात है, ताकी काढ़ी खाल,
जो बकरी को खात है, ताको कौन हवाल? (कबीरदास)

कश्मीरी उदाहरण

तेरी लाज ढकता, शीत से भी रक्षा करता है
स्वयं (बेचारा) तृणजल का करता आहार है,
फिर दिया किसने तुझे यह उपदेश, रे पंडित!

जो अचेतन पत्थर पर तू चेतन बकरे को बलि चढ़ाता है। (ललद्यद)

हिन्दी उदाहरण

कोई दौड़े द्वारिका, कोई कासी जाँहि
कोई मथुरा को चलै, साहिब घट ही माँहि। (कबीरदास)

कश्मीरी उदाहरण

प्रभु को ढूँढ़ने घर से निकली मैं
ढूँढ़ते ढूँढ़ते दिन-रात गए बीत,
तब पंडित को निज घर में ही पाया
बस, मुहूर्त साधन का निकल आया मेरे मीत।

हिन्दी उदाहरण

सब घट एकै आत्मा, क्या हिन्दू मुसलमान (दादू)

कश्मीरी उदाहरण

शिव व्याप्त हैं जल-थल में
तू हिन्दू-मुसलमान में भेद न जान,
प्रबुद्ध है तो पहचान अपने आप को
यही साहिब से है तेरी पहचान। (ललद्यद)

समस्त भारतीय भाषाओं के साहित्यों में मध्यकाल में कथ्य की विविधता या फिर प्रतिपाद्य विषयों की अधिकता के कारण पूर्वोक्त अन्त:सम्बन्धों के तन्तु बिखरे हुए अवश्य मिलते हैं किन्तु आधुनिक काल में, विशेषकर भारतीय स्वतंत्रता आन्दोलन के आसपास से, ये सम्बन्ध पुनः संगठित और एकनिष्ठ होते हुए दिखाई पड़ते हैं। परिस्थितियाँ और परिवेश भिन्न होते हुए भी काव्य-चेतना के स्तर पर समस्त भारतीय भाषाओं में रचित इस काल की रचनाओं की अभिव्यक्ति में उल्लेखनीय समानता मिलती है। ध्यान से देखा जाए तो भारतीय स्वतंत्रता-संग्राम के महायज्ञ में जहाँ देश के बड़े-बड़े नेता, समाजसेवी, देशभक्त आदि आहुतियाँ दे रहे थे, वहीं विभिन्न भारतीय भाषाओं के कवि एवं लेखक भी अपनी क़लम की ताकत से इस राष्ट्र-व्यापीजन-आन्दोलन को मजबूत कर रहे थे। टैगोर/बंगला, भारती/तमिल, गोपबन्धुदास/उड़िया, जोश मलीहाबादी/उर्दू, श्रीश्री/तेलुगु, वीरसिंह/पंजाबी, भारतेन्दु हरिश्चन्द्र, मैथिलीशरण गुप्त व माखनलाल चतुर्वेदी/हिन्दी, गुलाम अहमद महजूर, अब्दुल अहद आजाद व दीनानाथ नादिम/कश्मीरी आदि, ऐसे कुछ रचनाकार हैं, राष्ट्रीय आन्दोलन के इतिहास में जिनके योगदान

ने समूचे भारतीय साहित्य को ऊर्जा प्रदान कर स्वतंत्रता-संग्राम के महायज्ञ में मंत्रोच्चार का कार्य किया।

अन्य भारतीय भाषाओं की तरह कश्मीरी भाषा में भी राष्ट्रीय आन्दोलन से जुड़ी काव्यचेतना की मुखरता साफ तौर पर देखने को मिलती है। इतना जरूर है कि राष्ट्रीय आन्दोलन की मुख्य धारा की अनुवर्ती बनकर यह चेतना 'देसी आन्दोलन' के रूप में अधिक मुखर रही। स्वातंत्र्यपूर्व रची हिन्दी कविता की तरह ही कश्मीरी कविता में भी राष्ट्रीयता एवं जनचेतना की अनुगूँज सुनाई पड़ती है। बीसवीं शती के प्रारम्भ में कश्मीर सिक्खों के दौर से गुजरकर डोगरा शासकों की सामन्ती शासन-व्यवस्था की जकड़ में आ चुका था और जम्मू व कश्मीर राज्य की स्थापना भी हो चुकी थी। उधर, अंग्रेजी शिक्षा और सभ्यता तथा भारतीय नवोन्मेष का प्रभाव इस भू-भाग में भी परिलक्षित होने लगा था। कालान्तर में रेजीडेंटशाही के दमनचक्र के विरुद्ध कश्मीरियों ने कमर कस ली और अपने ऊपर हो रही ज्यादतियों का विरोध किया। राजनीतिक व सामाजिक दृष्टि से पराभूत तत्कालीन कश्मीरी जनमानस में नवचेतना का संचार किया गुलाम अहमद महजूर, अब्दुल अहद आजाद, नूर मुहम्मद रोशन, दीनानाथ नादिम, अर्जुन देव मजबूर आदि कवियों ने। हिन्दी में जो कार्य साहित्य के मोर्चे से सर्वश्री भारतेन्दु हरिश्चन्द्र, मैथिलीशरण गुप्त, माखनलाल चतुर्वेदी, बालकृष्ण शर्मा नवीन, सुभद्रा कुमारी चौहान, सोहनलाल द्विवेदी आदि कर रहे थे, वही कार्य कश्मीरी में महजूर, आजाद, रोशन, नादिम आदि कर रहे थे। राजनीति के मोर्चे पर जहाँ शेख अब्दुल्ला आदि नेताओं की अगुआई में डोगरा शासकों के सामन्ती वर्ग को चुनौती देता हुआ राजनीतिक आन्दोलन तीव्र हो चला, वहीं साहित्य के मोर्चे पर महजूर, आजाद, नादिम आदि ने जनजागरण व राष्ट्रीय चेतना से ओतप्रोत सुन्दर कविताएँ लिखीं। 'नया कश्मीर' जिन्दाबाद का नारा घर-घर गूँजने लगा। शायर-ए-कश्मीर 'महजूर' ने इकबाल के 'सारे जहाँ से अच्छा' की तर्ज पर 'गुलशन वतन छु म्योनुय.../गुलशन है वतन मेरा...', 'वलो हो बागवानो...' ओ बागबान, आओ...' आदि कविताओं में अपने मन व समय के अन्तर्संघर्षों को वाणी दी। 1938 की सांकेतिक क्रान्ति के उद्घोषक के रूप में 'महजूर' ने प्रतीकों के माध्यम से स्वाधीनता की बात कही–

रे बागबान! तू नव-बहार की शान पैदाकर,
खिले गुल, पंख फैलाए बुलबुल-
ऐसा तू सामान पैदा कर।

तूफान ला, भूकम्प ला या फिर तू
गर्जन पैदा कर...।

'महजूर' ने देशभक्ति से ओतप्रोत जो कविताएँ लिखीं उन्हें पढ़ व सुनकर कश्मीरी जनता में नई उमंग व स्फूर्ति का संचार हुआ। 'नोव कश्मीर' कविता में महजूर ने 'नए कश्मीर' के सपनों को यों सँजोया—

काँटे करेंगे बाग की रखवाली
ताकि फूलों को तोड़कर न ले जाए कोई,
भेद मिट जाएगा–
छोटे-बड़े, कमजोर-ताकतवर का
सभी एकसमान होंगे, और
आदमी इंसान बन जाएगा।
मजहबदारों के हथियार खोल दिए जाएँगे
ताकि एक-दूसरे के साथ लड़ते-मरते न रहें, और
मजहब मात्र एक चिह्न रह जाएगा।

आगे चलकर 'महजूर' की कविता में उद्वेलन एवं क्रान्ति के स्वर गूँज उठे। वे निर्भय होकर कहने लगे—

रे भूख से पीड़ित मजदूर!
तू गफलत की नींद से जाग,
उठ और अपने पैरों पर खड़ा होना सीख।
जुल्म ने तुझको पौरुषहीन बना दिया है–
देख, इंकलाब का प्रकाश लेकर नया सूरज
पूर्व से उगा है...।

हिन्दी में राष्ट्र कवि मैथिलीशरण गुप्त की कविता में भी कुछ ऐसे ही तेवर देखने को मिलते हैं—

धरती हिलाकर नींद भगा दे
वज्रनाद से व्योम जगा दे
दैव, और कुछ लाग लगा दे। (स्वदेश संगीत)

अब्दुल अहद 'आजाद' के साथ आधुनिक कालीन कश्मीरी कविता का

एक ऐसा युग जुड़ा हुआ है जिसमें राष्ट्रीय संचेतना, देशभक्ति तथा जनजागरण के समवेत स्वर गूँजते मिलते हैं। उपन्यासकार मुंशी प्रेमचन्द ने जिस तरह अपने उपन्यासों द्वारा अपने युग का चित्रण किया था, ठीक उसी तरह 'आजाद' ने अपनी कविताओं द्वारा अपने समय का प्रतिनिधित्व किया। प्रगतिवादी एवं राष्ट्रीय संचेतना से ओतप्रोत 'आजाद' की कविताओं में कवि की बेचैनी एवं विक्षुब्ध हृदय से निकली क्रान्ति की उद्दाम धड़कनें समाहित हैं–

रे देशवासी!
तेरे सजदा-ए-नियाजमंदी से
जमीन-ओ-आसमान हिल सकते थे, मगर-
हाय अफसोस! तू ने वह सजदा गैर-मुल्की हाकिमों की
दहलीज पर कर दिया नजर।
फर्ज को भुलाकर तू ने
ख़ून किया इंसानियत का—
क्या यही उचित है?

आजाद के अन्य प्रयाण व भक्ति गीतों में 'म्योन वतन', 'हा वतनदारो', 'नगमा-ए-बेदारी', 'इंकलाब', 'शायर-लीडर-कौम', 'महात्मागांधी', 'शिकवा-कश्मीर', 'सरमायदारी' आदि काफी प्रसिद्ध हैं।

यहाँ पर इसी काल के हिन्दी कवियों की कुछ कविताओं के उदाहरण देना अनुचित न होगा जो राष्ट्रीय चेतना से ओतप्रोत कविताएँ लिख रहे थे और जिनका वर्ण्य-विषय लगभग वही था जो कश्मीरी कवियों का रहा–

1. किसके आगे हाथ पसारें
   कौन हमें है देने वाला?
   अपनी छिनी हुई आजादी
   भारत खुद ही लेने वाला। (जगन्नाथप्रसाद 'मिलिन्द')
2. ले अँगड़ाई उठ हिले धरा
   कर निज स्वर में निनाद
   तू शैल विराट्! हुंकार भरे
   फट जाए कुहा, भागे प्रमाद। (रामधारी सिंह दिनकर)
3. प्राण प्रेम का खेल हो चुका अब आकर्षणहीन पुराना
   ब्रज की बंशी छोड़ हमें अब कुरुक्षेत्र का शंख बजाना। (हरिकृष्ण प्रेमी)

ऊपर दिए गए उदाहरणों का ध्यान से अध्ययन करने पर इस सुखद निष्कर्ष पर पहुँचा जा सकता है कि हिन्दी और कश्मीरी में प्रत्यक्षतया भाषा-भेद होते हुए भी दोनों भाषाओं में कथ्य के स्तर पर आशातीत आन्तरिक समानता है और यह समानता उनके अन्त:सम्बन्धों को न केवल प्रमाणित करती है अपितु पुष्ट भी करती है।

यहाँ पर यह रेखांकित करना अनुचित न होगा कि भारतीय वाङ्मय के दो अनुपम ग्रंथों रामायण और महाभारत ने लगभग सभी भारतीय भाषाओं में स्थान पाकर इस बात को सिद्ध कर दिया है कि इस देश में प्राचीनकाल से वैष्णव भक्ति, विशेषकर राम और कृष्ण भक्ति की अन्त:सलिला ने भारतीय साहित्य को न केवल सिंचित किया है अपितु सभी भारतीय भाषाओं को जोड़ने, उनमें पारस्परिक सद्भाव एवं सौमनस्य को बढ़ाने में अद्भुत योगदान किया है। कश्मीरी भाषा की लोकप्रिय रामायण प्रकाशराम कृत 'रामावतारचरित' इस बात का प्रमाण है। (भुवन वाणी ट्रस्ट, लखनऊ के लिए इस बहुमूल्य रामायण का हिन्दी अनुवाद सहित देवनागरी में लिप्यंतरण इन पंक्तियों के लेखक ने 1975 में किया है।) अपनी विशिष्ट भौगोलिक एवं सांस्कृतिक छवि-छटा को समेटते हुए भी यह रामायण उस मूल कथा से जुड़ी हुई है जिसका आधार वाल्मीकि कृत रामायण है। सीता-जन्म, राम द्वारा सीता परित्याग, मक्केश्वर प्रसंग, लंका-निर्माण प्रसंग, सीता का शंकरपुर गाँव में पृथ्वी-प्रवेश आदि कथा-विलक्षणताएँ कश्मीरी की इस लोकप्रिय रामायण के महत्त्व और सौन्दर्य को कम नहीं करती अपितु बढ़ाती हैं। एक तरह से ये विलक्षणताएँ दो तरह की संस्कृतियों के बीच अन्त:सम्बन्धों के सूत्रों को न केवल पुष्ट करती हैं अपितु नूतनता का भी उन्मेष करती हैं।

हिन्दी-कश्मीरी के अन्त:सम्बन्धों की व्याख्या करते समय एक बात स्पष्ट हो जाती है, और जो बड़ी महत्त्वपूर्ण है, कि कश्मीर में चूँकि काफी लम्बे समय तक संस्कृत की यथेष्ट परम्परा रही है, इसलिए हिन्दी का व्यवहार करने में यहाँ के भाषा-भाषियों ने कभी दिक्कत महसूस नहीं की। सम्भवत: यही कारण है कि यहाँ के कवियों ने जहाँ अपनी मातृभाषा कश्मीरी में कविताएँ रचीं, वहीं हिन्दी में भी काव्यरचना की। कृष्णभक्त कवि परमानन्द, मास्टर जिदा कौल, पृथ्वीनाथ पुष्प, हरिकृष्ण कौल, रतनलाल शान्त आदि के नाम इस सन्दर्भ में गिनाए जा सकते हैं। कविवर परमानन्द (1791-1879) की हिन्दी में रचित यह कविता देखिए–

श्रीकृष्ण का जन्म होने पर भगवान शंकर के मन में उन्हें देखने की इच्छा हुई। वे एक योगी का रूप धारणकर तथा हाथ में भिक्षा-पात्र लिए गोकुल गाँव की ओर चल दिए–

भिख्या माँगन साँग बनायो, आयो सदाशिव गोकुल में।
दर्शन करने को ध्यान धरायो, आयो सदाशिव गोकुल में।
नंगे सिर और नंगे पैर, नन्दिकेश्वर का सवारी था,
अंग में भस्मा भभूत चढ़ाए, आयो सदाशिव गोकुल में।
हाथ में त्रिशूला, कान में मुन्दरा, सुन्दर मुख को करा कराल,
घंटा शब्द और शंख बजायो, आयो सदाशिव गोकुल में।
गल में नागेन्द्र, हारा पग में, जल में जैसे उठी तरंग,
गोकुल में भूकम्प मचायो, आयो सदाशिव गोकुल में... ॥

परमानन्द ने पंजाबी-हिन्दी-कश्मीरी के मिश्रित रूप में भी कुछ सुन्दर कविताएँ लिखी हैं।

एक बात और। हिन्दी की बढ़ती हुई लोकप्रियता (इलेक्ट्रानिक मीडिया की बदौलत) ने कश्मीरी-भाषी समुदाय को अपनी भाषा में हिन्दी के अनेक शब्दों का व्यवहार करने की यथेष्ट प्रेरणा दी है। ऐसा हिन्दी के दबाव के कारण नहीं वरन् उसकी हर क्षेत्र में बढ़ती हुई व्यावहारिक उपयोगिता के कारण है। संरचना एवं व्याकरणिक दृष्टि से भी चूँकि हिन्दी और उर्दू में कोई विशेष अन्तर नहीं है, इसलिए यहाँ के भाषा-भाषियों में हिन्दी के प्रति कोई दुराग्रह भी नहीं है। रूप, जनता, राजनीति, भारत, प्रधानमंत्री, युद्ध, देश, भाषा, अध्यक्ष, विधान सभा आदि ऐसे अनेक शब्द हैं जो इधर, कश्मीरी भाषियों की जुबान पर चढ़ गए हैं और इन शब्दों का अपनी भाषा में प्रयोग करते समय जन-सरोकारों से सम्बन्ध रखने वाला शिक्षित कश्मीरी भाषी न केवल अपने को मुख्यधारा से जुड़ा हुआ पाता है, अपितु इन शब्दों का प्रयोग करने पर आनन्दित भी होता है। यहाँ पर मैं कश्मीरी के प्रसिद्ध साहित्यकार श्री अमीन कामिल की उन पंक्तियों को उद्धृत करना चाहूँगा जो उन्होंने आज से लगभग 40 वर्ष पहले एक इंटरव्यू के दौरान मुझसे कही थीं–'हम तो नहीं, पर हमारी सन्तान को अब हिन्दी सीखनी चाहिए क्योंकि यही वह भाषा है जो हमें और हमारे बच्चों को समूचे देश के साथ जोड़ सकती है...।' कामिल साहब के कथन में जो सहमति का भाव दर्ज है, वह निश्चित रूप से किसी दबाव या विवशता का सूचक नहीं है, अपितु हिन्दी की बढ़ती हुई लोकप्रियता एवं उसकी सर्वग्राह्यता के कारण है। एक सूचना के अनुसार आज कश्मीर में, राजनीतिक अफरा-तफरी के बावजूद, वहाँ के विश्वविद्यालय में हिन्दी का अध्ययन-अध्यापन हो रहा है, हिन्दी में शोधकार्य हो रहा है, विश्वविद्यालय के स्नातकोत्तर हिन्दी विभाग से 'वितस्ता' नाम की हिन्दी पत्रिका निकल रही है आदि-आदि।

यहाँ पर भारतीय भाषाओं में उपलब्ध अन्त:सम्बन्धों की व्याख्या के प्रसंग में यदि भाषायी-सद्भावना पर थोड़ा-सा विचार लें तो अनुचित न होगा। भारत में स्वतंत्रता-प्राप्ति के बाद ज्यों-ज्यों शिक्षा का प्रचार-प्रसार बढ़ा तथा व्यक्ति की दृष्टि व्यापक होती चली गई, त्यों-त्यों अपने देश तथा अपने देशवासियों के बारे में और अधिक जानने की इच्छा उसमें बलवती होती चली गई। उधर, देश के विचारकों, राजनेताओं, हितचिन्तकों आदि का ध्यान इस ओर भी गया कि विविधता वाले इस देश में सांस्कृतिक एकता अथवा सद्भाव कैसे कायम हो? अलग-अलग धर्म हैं, अलग-अलग जातियाँ हैं, अलग-अलग भाषाएँ हैं और अलग-अलग जीवन-शैलियाँ हैं। इन सबके बीच सामंजस्य बिठाना बहुत जरूरी समझा गया। इसी आवश्यकता को ध्यान में रखकर देश के प्रथम प्रधानमंत्री पंडित जवाहरलाल नेहरू ने 'अनेकता में एकता' वाली बात को रेखांकित किया था।

आज देश के सामने यह प्रश्न चुनौती बनकर खड़ा है कि बहुभाषाओं वाले इस देश की साहित्यिक-सांस्कृतिक धरोहर को कैसे अक्षुण्ण रखा जाए ? देशवासी एक-दूसरे के निकट आकर आपसी मेलजोल और भाई-चारे की भावनाओं को कैसे आत्मसात् करें ? वर्तमान परिस्थितियों में यह और भी आवश्यक हो जाता है कि देशवासियों के बीच सामंजस्य और सद्भाव की भावनाएँ विकसित हों ताकि प्रत्यक्ष विविधता के होते हुए भी हम अपनी सांस्कृतिक समानता एवं सौहार्दता के दर्शन कर अनेकता में एकता की संकल्पना को मूर्त रूप प्रदान कर सकें। भाषायी सद्भावना इस दिशा में एक महती भूमिका अदा कर सकती है। सभी भारतीय भाषाओं के बीच सद्भावना का माहौल बने, वे एक-दूसरे से भावनात्मक स्तर पर जुड़ें और उनमें पारस्परिक आदान-प्रदान का संकल्प दृढ़तर हो, यही भारत की भाषायी सद्भावना का मूलमंत्र है। इस पुनीत एवं महान कार्य के लिए सम्पर्क भाषा हिन्दी के विशेष योगदान को हमें स्वीकार करना होगा। यही वह भाषा है जो सम्पूर्ण देश को एकसूत्र में जोड़कर राष्ट्रीय एकता के पवित्र लक्ष्य को साकार कर सकती है। स्वामी दयानन्द ने ठीक ही कहा था, "हिन्दी के द्वारा ही सारे भारत को एकसूत्र में पिरोया जा सकता है।" यहाँ पर यह स्पष्ट कर देना आवश्यक है कि हिन्दी को ही भाषायी सद्भावना की संवाहिका क्यों स्वीकार किया जाए ? कारण स्पष्ट है। हिन्दी आज एक बहुत बड़े भू-भाग की भाषा है। इसके बोलने वालों की संख्या अन्य भारतीय भाषा-भाषियों की तुलना में सर्वाधिक है। लगभग 50 करोड़ व्यक्ति यह भाषा बोलते हैं। इसके अलावा अभिव्यक्ति, रचना-कौशल, सरलता-सुगमता एवं लोकप्रियता की दृष्टि से भी वह एक प्रभावशाली भाषा के रूप में उभर चुकी है और उत्तरोत्तर उसका प्रचार-प्रसार बढ़ता जा रहा है। अत: देश की

भाषायी सद्भावना एवं एकात्मकता के लिए हिन्दी भाषा के बहुमूल्य महत्त्व एवं वर्चस्व को हमें स्वीकार करना होगा।

भाषायी सद्भावना की जब हम बात करते हैं तो 'अनुवाद' की तरफ हमारा ध्यान जाना स्वाभाविक है। दरअसल, अनुवाद वह साधन है जो 'भाषायी सद्भावना' की अवधारणा को न केवल पुष्ट करता है अपितु भारतीय साहित्य एवं अस्मिता को गति प्रदान करने वाला एक सशक्त और आधारभूत माध्यम है। यह एक ऐसा अभिनन्दनीय कार्य है जो भारतीय साहित्य की अवधारणा से हमें परिचित कराता है तथा हमें सच्चे अर्थों में भारतीय बना क्षेत्रीय संकीर्णताओं एवं परिसीमाओं से ऊपर उठाकर 'भारतीयता' से साक्षात्कार कराता है। देश की साहित्यिक-सांस्कृतिक विरासत के दर्शन अनुवाद से ही सम्भव हैं। आज यदि सुब्रह्मण्य भारती, महाश्वेता देवी, उमाशंकर जोशी, विजयदान देथा, कुमारन आशान्, वल्लतोल, ललद्यद, हब्बा खातून, सीताकान्त महापात्र, टैगोर आदि भारतीय भाषाओं के इन यशस्वी लेखकों की रचनाएँ अनुवाद के जरिए हम तक नहीं पहुँचती, तो भारतीय साहित्य सम्बन्धी हमारा ज्ञान कितना सीमित, कितना क्षुद्र होता, इसका सहज ही अनुमान लगाया जा सकता है।

कश्मीरी-हिन्दी के अन्तःसम्बन्धों को पुष्ट करने में अनुवाद ने महत्त्वपूर्ण भूमिका निभाई है। अनुवाद दोनों ओर से हुआ है। कश्मीरी से हिन्दी में तथा हिन्दी से कश्मीरी में भी। हाँ, यह बात अलग है कि कश्मीरी से हिन्दी में अनुवाद-कार्य मात्रा में अधिक और सिलसिलेवार तरीके से हुआ है। कश्मीरी की लोकप्रिय रामायण 'रामावतारचरित', संत कवयित्री ललद्यद के वाक्/वचन, नुन्द ऋषि के श्रुक/श्लोक, हब्बा खातून के प्रेमगीत, महजूर, आजाद, दीनानाथ नादिम, जिन्दा कौल, आदि की कविताएँ, अख्तर मोहीउद्दीन, बंसी निर्दोष, अमीन कामिल, हरिकृष्ण कौल आदि की कहानियाँ हिन्दी में अनुवादित हो चुकी हैं। इसी प्रकार हिन्दी के रचनाकार पन्त, प्रेमचन्द, प्रसाद आदि अनुवाद के माध्यम से कश्मीरी साहित्य जगत तक पहुँच चुके हैं। जम्मू व कश्मीर राज्य की कल्चरल अकादमी ने कई वर्ष पूर्व एक प्रकाशन-योजना बनाई थी जिसके अन्तर्गत कश्मीरी भाषा की श्रेष्ठ कहानियों, कविताओं, लोकगीतों, लोक-कथाओं आदि को हिन्दी में रूपान्तरित करने का काम अकादमी ने हाथ में लिया था। निस्सन्देह यह कश्मीरी द्वारा हिन्दी के प्रति बढ़ाया गया मैत्री का हाथ था और इसका परिणाम भी बहुत अच्छा रहा। इसी योजना के अन्तर्गत इन पंक्तियों के लेखक ने कश्मीरी के प्रसिद्ध कवि गुलाम अहमद महजूर की श्रेष्ठ कविताओं का हिन्दी में अनुवाद किया है। कहने की आवश्यकता नहीं कि इस अनुवाद के माध्यम से हिन्दी जगत शायर-

ए-कश्मीर की रचनाओं से पहली बार परिचित हुआ और दोनों भाषाओं के बीच अन्त:सम्बन्धों को पुष्ट होने का अवसर मिला।

ऊपर विस्तार से हिन्दी और कश्मीरी के बीच अन्त:सम्बन्धों को व्याख्यायित करने का प्रयास किया गया। यहाँ पर यह उल्लेखनीय है कि हिन्दी समन्वय और एकता की भाषा है। इसने प्राय: सभी भारतीय भाषाओं से सामंजस्य स्थापित कर अपने स्वरूप को संवर्द्धित किया है। भारतीय भाषाओं को अपने साथ लेकर चलने की उसकी क्षमता अद्‌भुत है। अपनी इसी विशेषता के कारण, कुछ अपवादों को छोड़कर, वह समूचे देश में उत्तर से दक्षिण तक तथा पूर्व से पश्चिम तक जन-जन की भावाभिव्यक्ति का सहज माध्यम बनी हुई है। आशा की जानी चाहिए कि भविष्य में भारतीय भाषाओं से अपने अन्त:सम्बन्धों के आधार पर उसका व्यक्तित्व और निखरेगा।

कश्मीरी का आधुनिक-कालीन साहित्य

पूर्व में एक स्थान पर कहा गया है कि 1750 से लेकर 1900 ई. तक रचे गए कश्मीरी साहित्य को दो भागों में विभाजित किया जा सकता है। प्रथम भाग के अन्तर्गत वह काव्य आता है जिसका मूलाधार सूफी-दर्शन है। इस काव्य-वर्ग के कवियों ने फारसी काव्य-पद्धति का अनुसरण किया तथा कश्मीरी में फारसी मसनवियों के आधार पर अनेक प्रेम काव्य लिखे। इन प्रेम काव्यों के लिए उन्होंने फारसी मसनवियों से कथानक लिए तथा उन्हें कश्मीरी में लिपिबद्ध किया। ये सभी कवि प्राय: मुसलमान थे। इनमें उल्लेखनीय हैं : शाह गफूर, स्वच्छक्राल, महमूद गामी, वली अल्लाह मत्तू, नाजिम, रसूल मीर, मकबूलशाह क्रालवारी, रहमान डार, शम्स फकीर, वहाब परे, हक्कानी आदि। दूसरे भाग के अन्तर्गत वह काव्य आता है जिसका मूलाधार राम व कृष्ण-भक्ति है। इस काव्य-वर्ग के कवियों ने भारतीय काव्य-पद्धति का अनुसरण किया तथा राम व कृष्ण सम्बन्धी चरित-काव्यों को कश्मीरी में रूपान्तरित किया। ये सभी कवि प्राय: हिन्दू थे। इनमें उल्लेखनीय हैं–प्रकाशराम, कृष्ण राजदान, परमानन्द, लक्ष्मण रैना 'बुलबुल' आदि। महमूद गामी की 'शीरी-खुसरो', 'लैला-मजनू', 'यूसुफ-जुलेखा' आदि मसनवियाँ, वली अल्लाह मत्तू की मसनवी 'हिमाल', मकबूलशाह क्रालवारी की 'गुलरेज', हक्कानी की 'मुमताजे-बेनजीर' तथा प्रकाशराम का 'रामचरितमानस', परमानन्द का 'सुदामाचरित', 'राधा-स्वयंवर' व 'शिवलग्न', कृष्ण राजदान का 'हरिहर-कल्याण' और 'बुलबुल' की 'नलदमन' आदि इस काल की महत्त्वपूर्ण रचनाएँ हैं।

1900 के बाद का कश्मीर साहित्य

1. कविता— कश्मीर साहित्य का आधुनिक काल हिन्दी की तरह ही सन् 1900 से प्रारम्भ होता है। कश्मीरी नाटक, कहानी, उपन्यास आदि इसी काल की देन हैं। काव्य के क्षेत्र में इस काल में अभूतपूर्व प्रयोग हुए। 1947 तक की कश्मीरी कविता में प्रकृति-प्रेम तथा देश-प्रेम की मिली-जुली भावानुभूति व्याप्त रही। 1947 के बाद कश्मीरी कविता दोनों शिल्प व वर्ण्य-विषय की दृष्टि से लोक से हटकर आगे बढ़ी

और उसकी अभिव्यक्ति व भावभूमि में नूतन प्रयोग होने लगे।

1900 और 1947 के बीच कश्मीरी कविता जिन कवियों के हाथों समुन्नत हुई उनमें उल्लेखनीय हैं–सर्वश्री गुलाम अहमद 'महजूर', मास्टर जिन्दा कौल, अब्दुल अहद 'आजाद', अहद जरगर, अलमस्त कश्मीरी, फाजिल आदि। गुलाम अहमद 'महजूर' के सम्पूर्ण काव्य-साहित्य को कालक्रम की दृष्टि से तीन श्रेणियों में विभाजित किया जा सकता है—1. उर्दू-फारसी-प्रधान काव्य (1904-1917), 2. प्रेम तथा श्रृंगार-प्रधान काव्य (1919-1930) और 3. देशभक्ति-प्रधान काव्य (1931-1947)। 'महजूर' का उर्दू-फारसी-प्रधान काव्य यद्यपि मात्रा में अधिक नहीं है तथापि जितना उपलब्ध है, उसमें प्रकृति की श्रृंगार वर्णन की प्रधानता है। उर्दू-फारसी में लिखी इनकी कविताओं में 'नाल-ए-महजूर', 'गुल-ए-वीरान' आदि उल्लेखनीय हैं। प्रेम तथा श्रृंगार-प्रधान काव्य में 'महजूर' के हृदय से निकले स्वच्छंद प्रेमोद्गार, यौवन की उल्लसित उमंगें, आशा-निराशा आदि का प्राधान्य है। 'प्रीस्यकूर, 'सोज-ए-दिल, 'वने वयाह', 'यवन रयास छन म्यान माय', 'दीवान कोरनस' आदि कविताएँ प्रेम व सौन्दर्य की हृदयग्राही धड़कनों से युक्त हैं। 'ग्रीस्क्यूर' में एक कृषक-बाला के नैसर्गिक रूप-लावण्य का अपूर्व चित्रण है। कवियों ने उसे अनुपम ही बना दिया है :

महकते गुलिस्तों की गुलबदन प्यारी
वह नाजनीन सुन्दरी।
आजाद वन की महकती कली
सुवासिनी, रस में पगी
वह नाजनीन सुन्दरी।
कबूतरी वह मदमाती
चहकती चिड़िया रंगोली
चश्मे के समीप सब्जाजार पर खिली
ज्यों उन्मत्त माधवी
वह नाजनीन सुन्दरी...।

1930 तक 'महजूर' प्रेम व सौन्दर्य के गीत गाते रहे। इसके बाद समय की परिवर्तनशीलता ने उनकी चिन्तनधारा को एक नई दिशा प्रदान की। स्वतंत्रता-संग्राम ने देश में काफी जोर पकड़ लिया था और उसकी लहर कश्मीर में भी फैल चुकी थी। वर्षों से पिसती आ रही कश्मीरी जनता रेजिडेंटशाही की दमन-नीति तथा उसके कुचक्रों को अब भलीभाँति समझने लग गई थी। 1931 ई. में दबी चिनगारी सुलग

उठी। शासकों के विरुद्ध खुलेआम प्रदर्शन होने लगे। देशभक्तों ने एकत्र होकर आततायियों से जूझने का प्रण किया। 'नया कश्मीर जिन्दाबाद' का नारा घर-घर गूँजने लगा। 'महजूर' इन राजनीतिक सरगर्मियों को ध्यान से देखते रहे। उन्होंने देशभक्ति से ओत-प्रोत कविताएँ लिखीं जिन्हें पढ़-सुनकर जनता में नई उमंग व स्फूर्ति का संचार हुआ। 'नोव कश्मीर' कविता में 'महजूर' ने 'नए-कश्मीर' के सपनों को यों सँजोया :

काँटे करेंगे बाग की रखवाली,
ताकि
फूलों को तोड़कर न ले जाए कोई।
भेद मिटा जाएगा–
छोटे-बड़े, कमजोर-ताकतवर का
सभी एक-समान होंगे
आदमी इंसान बन जाएगा।
मजहबदारों के हथियार खोल दिए जाएँगे
ताकि
एक-दूसरे के साथ लड़ते-मरते न रहें, और
मजहब मात्र एक चिह्न रह जाएगा।

आगे चलकर 'महजूर' की कविता में क्रान्ति के स्वर गूँज उठे। वे निर्भय होकर कहने लगे :

रे भूख से पीड़ित मजदूर! तू गफलत की नींद से जाग।
उठ, अपने पैरों पर खड़ा होना सीख।
जुल्म ने तुझको पौरुषहीन बना दिया है।
उठ और देख इंकलाब का प्रकाश लेकर नया सूरज पूर्व से उगा है...

मास्टर जिन्दा कौल मूलतः रहस्यवादी कवि हैं। हिन्दी कवयित्री महादेवी वर्मा की भाँति ही पीड़ा एवं वेदना के साथ-साथ इनकी कविताओं में प्रेमतत्त्व की प्रधानता दृष्टिगत होती है। यह प्रेमतत्त्व कवि के अन्तर्मन तथा बाह्य-जगत की सीमाओं को एक-दूसरे के निकट लाने में प्रर्याप्त मात्रा में राचेष्ट रहा है। सन् 1940 तक मास्टर जी उर्दू, फारसी तथा कभी-कभी हिन्दी में कविताएँ करते थे। उर्दू में उन्होंने अपनी पहली कविता तेरह वर्ष की उम्र में लिखी थी। 1920 में उनकी हिन्दी कविताएँ अंग्रेजी अनुवाद के साथ 'पत्र-पुष्प' शीर्षक से प्रकाशित हुईं। 'सुमिरन'

मास्टर जी की 35 कश्मीरी कविताओं का संकलन है जिस पर कवि को 1956 का साहित्य अकादेमी पुरुस्कार मिला है। रहस्यवादी कविताओं के अतिरिक्त मास्टर जी ने देश-भक्तिपूर्ण कुछ कविताएँ भी रची हैं परन्तु इनकी संख्या अधिक नहीं है।

अब्दुल अहद 'आजाद' नाम के साथ कश्मीरी-कविता का एक ऐसा युग जुड़ा हुआ है जिसमें राष्ट्रीय सचेतना, देशभक्ति तथा जनजागरण के स्वर गूँजते मिलते हैं। कालक्रम की दृष्टि से उनके काव्य-साहित्य को दो श्रेणियों में रखा जा सकता है—1. प्रारम्भिक काल, और 2. परिपक्व काल। प्रारम्भिक काल के अन्तर्गत 'आजाद' की ऐसी कविताएँ रखी जा सकती हैं जिनमें कवि की सुकुमार व अबोध भावनाओं का प्राधान्य है। इस काल में कवि ने गजलें ही ज्यादा लिखीं। इनमें कवि का प्रेमोल्लास व हृदय का कोमल स्पन्दन यत्र-तत्र व्याप्त है। परिपक्व काल में आकर 'आजाद' की काव्य-प्रतिभा एक नई दिशा लेकर प्रकाशित हुई। इस काल की कविताओं में प्रेम की रंगीनियाँ यथार्थ जीवन की कटु-अनुभूतियों में परिवर्तित हो गईं। द्वितीय महायुद्ध के छिड़ने से पूर्व कश्मीर की राजनीति एक नई करवट ले चुकी थी। वर्षों की दासता तथा शोषण-चक्र से मुक्ति पाने के लिए जनता हाथ-पाँव मारने लगी थी। शोषक वर्ग के अत्याचारों, हाकिमों के आतंक तथा जमींदारों के अन्याय से त्राण पाने के लिए जनता ने मिलकर अपनी आवाज बुलंद करने का साहस बटोर लिया था। 'आजाद' अपनी आँखों से देख चुके थे कि किस प्रकार शोषक वर्ग निरीह जनता पर जुल्म ढा रहा है। श्रमिक व कृषक वर्ग किस प्रकार जागीरदारों व हकीमों के दमन-चक्र में पिसता जा रहा है। उपन्यास सम्राट मुंशी प्रेमचन्द ने जिस तरह अपने उपन्यासों द्वारा अपने युग का चित्रण किया था उसी तरह 'आजाद' ने अपनी कविताओं द्वारा अपने समय का प्रतिनिधित्व किया। प्रगतिवादी राष्ट्रीय संचेतना से ओत-प्रोत 'आजाद' के साहित्य-सर्जन का यह काल दस वर्षों तक फैला हुआ है। प्रगतिकाल के साथ-साथ इस काल में रची कविताओं में 'आजाद' के विक्षुब्ध हृदय से निकलीं क्रान्ति की उद्धत धड़कनें भी समाहित मिलती हैं।

'आजाद' ने आततायियों को कभी नहीं कोसा। वे जानते थे कि जनता मूक गाय की तरह अन्याय सह रही है, अत: दोषी वही है। जनता में हुब्बे-वतन (देश-प्रेम) की कमी है, तभी आतंकवादियों को भोली जनता पर अत्याचार करने का मौका मिल रहा है :

'जनता में देश-प्रेम की भावना बर्फ के समान ठंडी पड़ गई है। अपनी ही लापरवाही की वजह से उनका सब कुछ लुटा जा रहा है। रे देशवासी! अब जरा नींद से जाग। इस धरती को स्वर्ग कहा जाता था किन्तु हाय अफसोस! तूने उसे

नरक बना दिया। यह धरती बडशाह, कल्हण, सरफी, गनी जैसे सपूतों की है, उस धरती की यह दुर्दशा! गैर-मुल्की शासन के चंगुल से मुक्त होना, जालिमों के जुल्मों—जब्र का अन्त करना और जनता में देश-प्रेम को जगाना-यही मेरी आरजू है और यही मेरा पैगाम है...।'

कवि इतना कुछ कहने पर भी संतुष्ट नहीं दिखता। वह आगे कहता है :

रे देशवासी!
तेरे सजदा-ए-नियाजमंदी से
जमीनो-आसमान हिल सकते थे,
हाय अफसोस!
तूने वह सजदा गैर-मुल्की हाकिमों की दहलीज पर
कर दिया नजर।
फर्ज को भूलकर तूने
खून किया इनसानियत का
क्या यही उचित है?...

'आजाद' के अन्य प्रयाण व देशभक्ति गीतों में 'म्योन वतन', 'हा वतनदारो', 'नगमा-ए-बेदारी', 'इंकलाब', 'शायर-लीडर-कौम', 'महात्मा गांधी', 'नाल-ए-बडशाह', 'शिकवा-ए-कश्मीर', 'सरमायादारी' आदि काफी प्रसिद्ध हैं।

अहद जरगर, अलमस्त, फाजिल, नाजकी आदि कवियों ने गुलामी का रोना प्रत्यक्ष में नहीं रोया। गुलामी की टीस को उन्होंने दिल में ही समेट लिया और प्रकृति व श्रृंगार को आधार बनाकर उन्मुक्त हृदय से निकली भाव-राशि को जनता के कानों में उड़ेला तथा उनकी गम-दफाई करने का प्रयास किया। कहीं-कहीं पर प्रतीकात्मकता से भी काम लिया :

तुम दुनिया वालों से दूर ही रहते
क्योंकि
मेरी ही तरह
दुनिया के जंजाल तुम्हें पसन्द नहीं,
औरों की खातिर
अपना जीवन कुर्बान करते हो
और
अपनी पूँजी दूसरों पर लुटाते हो

इस नाते भी तुम मेरे सहकर्मी हो,
तुम प्रकाश को रोककर अँधेरा ही करते
बस,
यहीं पर तुम अपना सहकर्मी मानने में
रे बादल !
मुझे इनकार है।

(अलमस्त कश्मीरी : 'बादल के प्रति')

1947 का वर्ष कश्मीर के इतिहास में विशेष महत्त्व रखता है। इस वर्ष कश्मीर की सुरम्य घाटी पर पाकिस्तान द्वारा समर्थित कबाइलियों का आक्रमण हुआ, जिसके परिणामस्वरूप घाटी के अनेक देशभक्तों ने एकत्र होकर पाकिस्तानी हमले का साहित्यिक मोर्चे से मुकाबला करने के लिए 'कल्चरल फ्रंट' नाम की एक अदबी अंजुमन गठित की। इस अंजुमन के सदस्य थे कश्मीर के विभिन्न प्रगतिशील युवा लेखक, कर्मठ समाजसेवी तथा विचारशील चिन्तक आदि। सभी ने देश-भक्ति की भावना से ओतप्रोत साहित्य की संरचना की। सन् 1947 के एक वर्ष पूर्व कश्मीर के नवगठित राजनीतिक दल 'नेशनल कॉन्फ्रेंस' ने वर्षों से चली आ रही सामन्तशाही डोगरा-शासन के विरुद्ध अभियान छेड़ दिया था और इससे पूर्व मई 1946 इस अभियान के अन्तर्गत 'कश्मीर छोड़ो' आन्दोलन ने एक व्यापक एवं उग्र रूप धारण कर लिया था। इस आन्दोलन के पीछे चूँकि स्वदेश-प्रेम की भावना तथा प्रगतिशील तत्त्व काम कर रहे थे, इसलिए कबाइली हमले तक घाटी में एक ऐसा जोशीला एवं तनावपूर्ण माहौल बन चुका था, जिसको 'कल्चरल-फ्रंट' के साहित्यकारों ने एक अनुकूल एवं सामयिक पृष्ठभूमि के रूप में आत्मसात् कर लिया। इस दौरान जो साहित्य रचा गया, उसका व्यापक ध्येय जनता को देश-प्रेम का पाठ पढ़ाकर उसे आर्थिक एवं राजनीतिक दोनों प्रकार की दासता के बन्धनों से मुक्त कराना रहा। इस दौरान की मुख्य साहित्यिक प्रवृत्ति राष्ट्रीय प्रगतिवादी रही, जो कश्मीरी-साहित्य में सन् 1953 के आसपास तक व्याप्त रही। आततायियों को मुँहतोड़ उत्तर देने के लिए जिस साहित्यिक मोर्चे ('कल्चरल-फ्रंट') का गठन किया गया, उसके सक्रिय सदस्य थे : सर्वश्री दीनानाथ नादिम, नूर मुहम्मद रोशन, गुलाम अहमद फाजिल, नन्दलाल अम्बारदार, अलमस्त कश्मीरी, अर्जुनदेव मजबूर, प्रेमनाथ प्रेमी आदि। ये सभी कवि-हृदय रखे थे। सभी ने देश की स्वतंत्रता, अखंडता, मान-मर्यादा, तथा धर्मनिरपेक्षता की रक्षा हेतु ओजस्वी वाणी में दुश्मन को ललकारा। सभी का एक नारा था :

हमलावर खबरदार!
हम कश्मीरी हैं तैयार !!

नादिम साहब इस मोर्चे के अगुआ सिद्ध हुए। उनके प्रत्येक आह्वान ने जनता में नवीन स्फूर्ति एवं मनोबल का संचार किया। व्यापक जनजागरण उनका विश्वाश था, विश्वमैत्री उनकी आस्था थी तथा मानवतावाद उनका संबल था :

बढ़ना है
बढ़ना है मुझे जम्हूरियत के मशविरों पर
नजर मेरी है कश्मीर के रहबरों पर
सारी दुनिया को विश्वमैत्री से मुझे एक है बनाना
कि मुझमें जोश-ए-जवानी हैं,
जोश-ए-जवानी,
जोश-ए-जवानी... ।

नूर मुहम्मद रोशन ने नादिम के साथ स्वर में स्वर मिलाकर 'नए कश्मीर' के सपने अपनी कविता 'वतन आजाद थावुन छुम' में यों सँजोए :

मुझ अपने वतन को आजाद कराना है तथा एक नया कश्मीर बनाना है।
ऐश-आराम छोड़कर जंग के लिए मोर्चा और तैयार करना है।
अपने दुश्मन को मुझे मिटा देना है और एक नया कश्मीर बनाना है।
गुलामी की जंजीरों को तोड़ डालना है तथा
अपनी जवानी के दम से अपनी तकदीर को सँवारना है...

सन् 1953 के आसपास से राजनीतिक परिस्थितियों की स्थिरता के परिणामस्वरूप कश्मीर में शान्ति का वातावरण स्थापित होने लगा। फलस्वरूप, साहित्यकारों की विचारधारा में भी नए परिवर्तन होने लगे। नई भावभूमि की सृष्टि हुई तथा नई परिवर्तित परिस्थितियों के कारण नूतन जीवन-मूल्यों की स्थापना होने लगी। सर्जकों की बदलती हुई बहिर्मुखी दृष्टि ने साहित्य के शिल्प-पक्ष की समृद्धि के साथ-साथ नवीन प्रयोगों को अपना केन्द्र बनाया। प्रयोगवादियों ने पहली बार परम्परा से हटकर भावों को मूर्त रूप प्रदान करने के लिए विभिन्न नवीन प्रतीकों, बिम्बों तथा अभिव्यक्ति शैलियों का आश्रय लिया। परम्परागत उपमानों एवं प्रयोगों को नवीन परिवेश में संयोजित कर उन्हें रचना में सफलतापूर्वक 'फिट' कर देना इस प्रवृत्ति के रचनाकारों की प्रमुख विशेषता रही। कविता की शैली में भी पर्याप्त

परिवर्तन होने लगे। अब रूपक-काव्य, अतुकान्त कविताएँ, प्रगति आदि जैसी विभिन्न काव्य-शैलियों को अपनाया गया। प्रयोग कथ्य के क्षेत्र में भी हुए, किन्तु बहुत कम।

प्रयोगवादी कवियों में नादिम अपना विशिष्ट स्थान रखते हैं। इनकी बहुचर्चित 'लखचुन' शीर्षक कविता आधुनिक कश्मीरी कविता की प्रयोगवादी प्रवृत्ति का जीवंत उदाहरण है। मुक्त छंद में लिखी इस कविता में कवि की पैनी कल्पना-शक्ति तथा सटीक बिम्ब-योजना मुखर हो उठी है। सुन्दरी के माथे, गले व बिम्बों के माध्यम से मूर्तता प्रदान की है, उससे कवि की गहरी कलात्मक सूझ-बूझ का प्रमाण मिल जाता है :

छबीली के तिल है
मस्तक के ऊपर,
सूर्य प्रभा से घिरा प्रकाशवीर
ले रहा हो चुम्बन ज्यों पद्मिनी के भाल का
रूप फबीला
जैसे नूरजहाँ हूर-सी
याकेश-रूपी वन से
लपक चला एक मृग
नयन स्रोतों की छाया में
आराम से बैठ गया हो।

कला का निखार रहमान राही की कविताओं में अधिक है। 'नौरोज-ए-सबा' शीर्षक इनका काव्य-संकलन आधुनिक कश्मीरी-कविता की प्रयोगवादी प्रवृत्ति का प्रतिनिधित्व करनेवाला प्रथम महत्त्वपूर्ण संकलन है। (इस संकलन पर कवि को साहित्य अकादेमी का सन् 1969 का पुरस्कार मिल चुका है। भारतीय ज्ञानपीठ पुरस्कार भी इनको इनकी काव्य-कृति 'सियाह रूद जेरेन मंज' पर मिला है।) 'नौरोज-ए-सबा' की भूमिका में कवि ने स्वीकार है कि 'कविता में नूतन प्रयोगों का समावेश करना अब एकदम जरूरी हो गया था। इसी आवश्यकता को ध्यान में रखते हुए मैंने अपनी कविताएँ रची हैं।' राही का शिल्प-विधान तथा उनकी अभिव्यक्ति-शैली परम्परा से एकदम हटती हुई है। 'पै छु जुल्माति वुजान' शीर्षक कविता में प्रयुक्त प्रतीक-संयोजकता द्रष्टव्य है। उस कविता में एक ऐसी मनहूस, क्रूर एवं डरावना वातावरण लगता है :

'कल आधी रात को सहसा मेरे विचारों का धागा टूट गया। मैंने ज्यों ही तकिए

पर से सर ऊपर किया तो सामने एक गहरा एवं सियाह गड्ढा दिखाई पड़ा। दीवार के साथ जैसे ही मैं पीठ लगाकर बैठ गया तो माघ मास की सारी ठंडक मेरे सीने में जैसे धँस गई। इसी बीच कोने में पड़े सन्दूक पर से एक चुहिया ने छलाँग मारी और अलमारी की ओर जा छिप गई।

अलगनी पर रखे 'फिरन' (चोले) के स्थान पर मुझे एक बिल्ली लटकती दिखाई दी। इतने में बाहर उल्लू का रुदन-स्वर सुनाई पड़ा मेरी 'कांगड़ी' जो मेरे बिस्तर में थी, उलट गई तथा उसकी सर्द राख मेरे पैरों के नीचे बिखर गई। यदि मेरा दिल साथ दे देता तो शायद मैं जोर से रो पड़ता...।'

अमीन कामिल कश्मीर के चौथे साहित्यकार हैं जिन्हें साहित्य अकादेमी ने उनके काव्य-संकलन 'लव त प्रवअ' पर सन् 1967 का पुरस्कार प्रदान किया है। राही की तरह कामिल ने भी दावा किया है कि उनके संकलन में सभी कविताएँ परम्परा से हटकर नूतन प्रयोगों का निर्देश करती हैं। स्वयं कवि ने संकलन की भूमिका में एक स्थान पर लिखा है, ये कविताएँ कथ्य तथा शिल्प की दृष्टि से नवीनता लिए हुए हैं। इनमें नव्य प्रयोगात्मक शैली एवं कथ्य का सन्निवेश है। इस प्रयोग का चलन हमारी कविता में अभी-अभी हुआ है।'

कामिल साहब का उक्त कथन निस्सन्देह पर्याप्त मात्रा में सही है। 'लव त प्रवअ' में संकलित प्राय: सभी कविताएँ कश्मीरी काव्य-शैली में नूतन प्रयोगों का आभास कराती है। 'शिहिज्य बून्य', 'करामाथ', 'तलाश', 'आदम छु ज्यनय', 'पगाह कोर गछ्ख' आदि कविताएँ कथ्य की दृष्टि से काफी सुन्दर बन पड़ी हैं। 'सुबह', 'तारुक प्रजलेव', 'नीलनाग' आदि कविताएँ उत्कृष्ट शिल्प की सूचना देती हैं। इन कविताओं में प्रयुक्त बिम्ब और उपमान पारम्परिक होते हुए भी आधुनिकता का संस्पर्श लिए हुए हैं। 'सुबह' शीर्षक कविता की कुछ पंक्तियों का सरलार्थ प्रस्तुत है :

'नए जीवन की आस लेकर सुबह का तारा हाथ में भोजन-पात्र लिए घर से निकल पड़ा। रात-भर की प्रतीक्षा के बाद पर्वत शिखरों पर धीरे-धीरे प्रकाश फैलने लगा। उधर सारा गाँव प्रभात के आगमन पर आलोकित हो उठा मानो उसने एक लम्बा एवं धवल चोला पहन लिया हो या मानो एक अन्धी माँ को पुत्र-रूपी नेत्र-प्रकाश की प्राप्ति हो गई हो। आकाश-समुद्र में ताराओं की नौकाएँ लुप्त हो गईं और वे न जाने किस घाट की ओर प्रस्थान कर गईं। पूर्वांचल से एक घने प्रकाशपुंज का उदय हुआ और वह सकल संसार को झाँकने लगा। आसमान पर लाली छा गई, मानो वधू के लिए ससुराल वाले 'प्याव'/मायरा लेकर आए हों...।'

इसी प्रकार गुलाम नबी फिराक की 'बागस मंज', 'तम्य दोपनम' आदि,

संतोष की 'राथ' व 'त्रेशना', मुज्जफर आजम की 'आवलुन' व 'कलवाल' तथा चमनलाल चमन की 'गम गई पत्य' व 'म्ये लाजमच नजर' आदि कविताएँ कश्मीरी कविता की विकसित प्रयोगवादी प्रवृत्ति का परिचय देती हैं। इस प्रवृत्ति की संवृद्धि में जिन अन्य कवियों ने योगदान दिया है या दे रहे हैं उनके नाम हैं—सर्व श्री गुलाम नबी ख़याल, मक्खनलाल बेकस, वासुदेव हरे, राधेनाथ मस्सरत, साइल कश्मीरी आदि-आदि।

2. नाटक— कश्मीर नाटक के विकास की परम्परा में कश्मीर के प्रसिद्ध लोक-नाट्य 'बाँड-पा'थर' का महत्त्वपूर्ण योगदान रहा है। 'बाँड-पा'थर' संस्कृत के दो शब्दों 'भाण' और 'पात्र' के योग से बना है, जिसका अर्थ है हास्य-व्यंग्य प्रधान, हाव-भाव एवं अन्य प्रकार की शारीरिक चेष्टाओं से किसी स्थिति का अभिनय करना। अभिनय करने वाले 'बाँड' कहलाते जो अपनी प्रभावपूर्ण वेशभूषा, भाव-भंगिमा, कटाक्ष आदि से किसी भी सामाजिक, धार्मिक अथवा राजनीतिक विषय को मनोरंजक ढंग से जनता के सामने प्रस्तुत करते। मुगल काल में यह कला अपने चरमोत्कर्ष पर थी किन्तु अफगान और सिक्ख-शासनकाल में यह कला पूर्णतया नष्ट हो गई। सन् 1877 के भयंकर दुर्भिक्ष के कारण इस कला के लगभग सभी कलाकार काल-कवलित हो गए। सोयबुग, वाहथोर और अकिनगोम गाँवों में भी बहुत कम कलाकार जीवित रह पाए। ये तीनों गाँव इस कला के प्रधान केन्द्र थे। जो बचे रहे, उन्होंने तथा उनकी बाद की पीढ़ियों ने इस नाट्यकला को छोड़ दिया। कालान्तर में इस कला की विशृंखलित कड़ियों को पुनः जोड़ने का प्रयास किया गया और वर्तमान कश्मीरी रंगमंच और नाटक का विकास हुआ।

बीसवीं शताब्दी के प्रारम्भ में पारसी थिएटर कम्पनी को आगा हश्र, बेताब तथा मास्टर रहमत के नाटकों ने एक नया जीवन प्रदान किया था। कश्मीर के कई कलाकारों को इन नाटकों को देखने का मौका मिला। उन्होंने इन नाटकों से प्रभावित होकर कश्मीर में भी एक नाटक-कम्पनी खोलने का संकल्प किया। श्रीनगर में गावकदल के निकट झेलम के किनारे एक व्यावसायिक नाटक-कम्पनी खोली गई। कम्पनी ने स्त्री-पात्रों का अभिनय करने के लिए कुछ अभिनेत्रियाँ बाहर से मँगवाई। यह कम्पनी अधिक समय तक न चल सकी, क्योंकि जनता की रुचि अभी इतनी विकसित एवं परिष्कृत न हुई थी कि वह नाटक देखने के लिए चार-पाँच आने खरचती। आर्थिक संकट के कारण इस कम्पनी को टूटना पड़ा। अपने कार्यकाल में इस कम्पनी ने जो नाटक मंच पर प्रस्तुत किए वे सभी प्रायः उर्दू में लिखे गए थे। यह कम्पनी अगरचे ज्यादा समय तक न चल सकी तथापि कश्मीरी रंगमंच एवं नाटक के विकास में उसने एक महत्त्वपूर्ण भूमिका निभाई।

इस कम्पनी के भरसक प्रयत्नों की बदौलत कश्मीरी-रंगमंच को सर्वश्री रामकृष्ण, अमरनाथ हाणडा, बाबू किशनदास, वेदलाल धर, जगन्नाथ साकी, स्वामी जी जैसे प्रतिभाशाली कलाकार मिले।

कश्मीरी का प्रथम साहित्यिक नाटक 'सत्यच काहवट' सन् 1929 में लिखा गया। इसके लेखक थे श्री नन्दलाल कौल। 'सत्यच काहवट' (सत्य की कसौटी) लिखकर कौल साहब ने यह सिद्ध कर दिया कि कश्मीरी में भी सफल नाटक लिखे जा सकते हैं। सन् 1929 से 1932 तक नाटक अनेक बार श्रीनगर के 'रघुनाथ-मंदिर-स्टेज' पर खेला गया। यह नाटक इतना लोकप्रिय हुआ कि इसके गीत एवं संवाद बच्चे-बच्चे के कंठ पर साध गए। इस नाटक का कथानक सत्यवादी हरिश्चन्द्र और उनकी पत्नी तारामती के जीवन-संघर्ष पर आधारित था। नाटक के प्रमुख पात्र थे—राजा हरिश्चन्द्र, तारामती, रोहित, विश्वामित्र तथा विदूषक नक्षत्र। जहाँ तक इस नाटक की तकनीक का प्रश्न है, यह नाटक प्रमुखतया संस्कृत नाट्यकला से प्रभावित था। इसमें भी प्रारम्भ में सूत्रधार मंच पर आकर नाटक की भूमिका पर प्रकाश डालता तथा त्रसिक बिन्दुओं पर विदूषक सहसा दर्शकगण का मनोरंजन करने उपस्थित हो जाता। कथोपकथनों में कव्यात्मत्कता का पुट विशेष मात्र में था। इस नाटक के प्रथम दृश्य से एक अंश देखिए :

इन्द्र : (नि:श्वास छोड़कर) हे त्रिभुवननाथ !

सेवक : महाराज, नाश-रहित हो आपका राजा। हमें तो है ही आपकी आस। मन आपका आज है क्यों उदास ?

इन्द्र : सेवको, बताऊँ क्या तुमको मैं कारण, आज काँप रहा है मेरा मन।

वशिष्ठ : हे राजन् ! छोड़ रहे हैं आप बार-बार नि:श्वास, बात मन की क्यों नहीं कहते करके हम पर विश्वाश।

इन्द्र : महर्षि जी, बात मुझे आ रही है याद, जिसने खड़ा किया है यह विवाद। छूट रहा आराम भी, राजपाट का रहना भी लग रहा ढुलमुल—यह कह रहा हूँ निर्विवाद।

विश्वामित्र : ऐसी बात न करें आप, इनसे बढ़ेगा हृदय का ताप। शोक कौन-सा है समाया, मैं अभी किए देता हूँ उसका सफाया।

नन्दलाल कौल ने और भी कुछ नाटक लिखे, जिनमें उल्लेखनीय हैं : 'सावित्री-सत्यवान', 'कृष्ण-सुदामा', 'रामराज' आदि। ये सभी नाटक मंच पर खेले गए।

नन्दलाल कौल के पश्चात् कश्मीरी नाटककारों की परम्परा में सर्वश्री गुलाम नबी सोज, ताराचन्द बिसमल तथा नीलकंठ शर्मा के नाम उल्लेखनीय हैं। इन

तीनों ने नन्दलाल कौल की ही नाट्यकला का अनुसरण किया। गुलाम नबी सोज ने 'लैला-मजनू', व 'शीरी-खुसरो' शीर्षक नामक दो संक्षिप्त नाटक लिखे जो राजपाल ग्रामोफोन कम्पनी की ओर से रिकॉर्ड भी किए गए। जनता ग्रामोफोन पर इन नाटकों को सुनकर आनन्द लेती थी। ताराचन्द बिसमिल ने नन्दलाल कौल के 'सत्यच काहवट' से प्रेरित होकर सत्यवादी हरिश्चन्द्र के जीवनवृत्त पर एक नया नाटक 'सतच वथ' (सत्य का मार्ग) लिखा। इसके अलावा बिसमिल ने 'अकननदुन' 'रामावतार', 'प्रेमअच काहवट' आदि कुछ और छोटे-मोटे नाटक लिखे। पंडित नीलकंठ शर्मा ने 'बिलवामंगल' तथा 'स्वप्नवासवदत्ता' शीर्षक से दो नाटक लिखे। 'स्वप्नवासवदत्ता' भास के प्रसिद्ध संस्कृत नाटक का स्वतंत्र रूपान्तर था। सन् 1938 में श्री मोहीउद्दीन हाजनी का नाटक 'प्रीस्यसुन्द गरअ' प्रकाशित हुआ। तकनीक की दृष्टि से यह नया प्रयोग था। संवाद संक्षिप्त तथा प्रवाहशील थे। उनमें पूर्ववर्ती नाटकों की तरह काव्यात्मकता का पुट न था। गीत-संयोजना भी नहीं के बराबर थी। इसमें जागीरदारी निजाम में दब-पिस रहे एक गरीब किसान की दुर्दशा का चित्रण किया गया था। यह नाटक 'प्रताप' व 'गुलरेज' नामक दो पत्रिकाओं में किस्तों में छपा।

सन् 1942 से 1947 तक की छह वर्षीय कालावधि ने कश्मीरी रंगमंच व नाटक साहित्य को नया मोड़ दिया। कश्मीरी कलाकारों ने पहली बार मिलकर पीपुल्स थिएटर ऑर्गनाइजेशन', जो उस समय देश में कार्यरत थी, की एक शाखा खुलनी चाहिए ताकि कलाकारों को अपनी कला का प्रदर्शन करने के लिए समुचित अवसर मिल सके। उन्हीं दिनों उक्त नाट्य-संस्थान के प्रमुख कार्यकर्ता प्रसिद्ध अभिनेता श्री बलराज साहनी कश्मीर आए और स्थानीय कलाकारों से कश्मीर में 'इंडियन पीपुल्स थिएटर ऑर्गनाइजेशन' की शाखा खोलने की सम्भावनाओं पर विचार-विमर्श किया। प्रदेश सरकार चूँकि ऐसे संगठनों के विरुद्ध थी अत: निश्चित यह हुआ कि इस नाट्य-संस्थान की शाखा खोलने से पूर्व एक ऐसा नाटक रंगमंच पर प्रस्तुत किया जाए जो जनता में देश-प्रेम की भावना को जगा सके तथा उसमें नाटक के प्रति रुचि उत्पन्न करे और बाद में एक नाटक-मंडली गठित की जाए जिसका नाम 'आई.पी.टी.ओ.' के स्थान पर कुछ और रखा जाए। नाटक के लिए आलेख तैयार करने का काम प्रसिद्ध कश्मीरी-कथाकार स्वर्गीय प्रेमनाथ परदेसी को सौंपा गया। परदेसी जी ने सन् 1945 में 'बतअ हर' शीर्षक से एक नाटक तैयार किया। इस नाटक में प्रदेश की खाद्य-समस्या तथा भुखमरी का चित्रण किया गया था। प्रदेश सरकार से जब इस नाटक को मंच पर खेलने की इजाजत माँगी गई तब उस समय के गवर्नर महाराज कृष्णधर ने यह कहकर इस पर रोक लगा दी कि इस

नाटक में सरकार-विरोधी तत्त्वों को उभारा गया है। सरकार के विरुद्ध आवाज उठाई गई किन्तु उस आवाज को बुरी तरह कुचला गया और इस कार्रवाई में 'बतअ हर' नाटक का आलेख भी सरकार ने जब्त कर लिया। इतना होते हुए भी कलाकारों का उत्साह भंग न हुआ। वे कश्मीरी-रंगमंच एवं नाटक को एक सुव्यवस्थित रूप देने के लिए कटिबद्ध रहे। इसी दौरान 'श्रीप्रताप ड्रामा क्लब', 'नेशनल ड्रामा क्लब' तथा 'सुधार समिति ड्रामा क्लब' नाम से तीन नाट्य-संस्थाएँ स्थापित हो गईं। तीनों संस्थाओं को श्रीनगर के युवा कलाकार चलाते थे। इनमें 'सुधार समिति क्लब' द्वारा प्रस्तुत 'विधवा' नाटक काफी लोकप्रिय हुआ। इस नाटक में एक विधवा के दारुण जीवन की मर्मस्पर्शी कथा कही गई थी। इस नाटक के गीतों की धुनें कश्मीर के प्रसिद्ध संगीतकार श्री मोहनलाल ऐमा ने तैयार की थी।

सन् 1947 में कबाइली आक्रमण का 'साहित्यिक फ्रंट' से प्रतिकार करने के लिए जहाँ कवियों ने अपनी आवाज बुलंद की वहाँ नाटककारों ने भी समाज के प्रति अपने दायित्व को निबाहने में पूर्ण तत्परता दिखाई। इस काल में जो भी नाटक लिखे गए, सभी राष्ट्रीय संचेतना से ओतप्रोत प्रगतिवादी प्रवृत्ति से युक्त थे। आततायियों को मुँहतोड़ उत्तर देने के लिए 'कश्मीर यह है' नामक एक नाटक लिखा गया और मंच पर खेला गया यद्यपि यह नाटक उर्दू में लिखा गया था किन्तु इसके गीत कश्मीरी में लिखे गए थे। इसके बाद प्रेमनाथ परदेसी का एक अन्य नाटक 'शहीद-शेरवानी' मंच पर खेला गया। बारामूला निवासी शेरवानी ने किस प्रकार मातृभमि की रक्षा के लिए कबाइलियों की चाल को विफल बनाया तथा अन्त में अपनी जान दे दी। इस नाटक का मुख्य वर्ण्य-विषय था। इस नाटक के लिए गीत कविवर गुलाम अहमद महजूर ने लिखे थे।

स्वतंत्रता-प्राप्ति के पश्चात् कश्मीरी रंगमंच एवं नाटक-साहित्य उत्तरोत्तर प्रगति के पथ पर अग्रसर होता रहा। 'कल्चरल फ्रंट' के सतत प्रयासों द्वारा कश्मीरी नाटकों का प्रचार-प्रसार अब ग्रामीण क्षेत्रों में भी बढ़ गया। श्रमिक एवं कृषक वर्ग में नाटक के प्रति रुचि जगाने के उद्देश्य से नाटककारों ने छोटे-छोटे प्रभावपूर्ण नाटक लिखे, जिनका कथानक उनकी विभिन्न समस्याओं पर आधारित था। इस प्रसंग में 'तीन बट्टा चार' और 'डालर साहब' नाटकों के नाम उल्लेखनीय हैं। ये दोनों नाटक अपने समय में काफी लोकप्रिय हुए। 'तीन बट्टा चार' नाटक का मूल सन्देश यह था कि उपज का एक-चौथाई हिस्सा जमींदार को मिलना चाहिए और तीन-चौथाई हिस्सा काश्तकार को। इस प्रगतिवादी विचारधारा को प्रदेश सरकार भी व्यापक रूप देना चाहती थी अत: 'तीन बट्टा चार' नाटक ने इसके लिए अनुकूल पृष्ठभूमि तैयार की। 'डालर साहब' हाकिम वर्ग द्वारा अधिक मुनाफा कमाने

के लिए यंत्रीकरण पर व्यंग्य था। उक्त दोनों नाटक सर्वश्री सोमनाथ जुत्शी, नूर मुहम्मद रोशन, पुष्कर भान तथा प्राणकिशोर के सामूहिक परिश्रम के परिणाम थे।

'कल्चरल फ्रंट' के टूट जाने पर 'कल्चरल कांग्रेस' तथा बाद में 'आल स्टेट कल्चरल कॉन्फ्रेंस' के नाम की साहित्यिक संस्थाएँ बनीं। इन संस्थाओं का लक्ष्य कश्मीरी गद्य का समुचित विकास करना था। कश्मीरी नाट्यकला में नूतन प्रयोग करना भी इसका ध्येय रहा। सन् 1953 में पहली बार एक आपेरा (गीत-नाट्य) 'बोम्बर यम्बरजल' स्टेज पर प्रस्तुत किया गया। इस आपेरा के लेखक थे कश्मीर के प्रसिद्ध कवि श्री दीनानाथ नादिम। प्रगतिवादी दृष्टिकोण पर आधारित इस प्रतीकात्मक ऑपेरा में असत्य के ऊपर सत्य की, अन्याय के ऊपर न्याय की तथा सामन्तशाही के ऊपर लोकतंत्र की विजय दिखाई गई थी। पतझर और परभंजन इस ऑपेरा में सामन्तशाही के प्रतीक थे जो हरी-भरी फुलवाड़ी का जीवन दूभर कर देते हैं। अन्त में, पतझर और प्रभंजन को हार माननी पड़ती है। सन् 1954-55 में जब रूसी नेता बुलगागिन, ख्रुश्चेव आदि कश्मीर आए तब कश्मीर के प्रसिद्ध कला-निर्देशक श्री प्राणकिशोर ने इस ऑपेरा को पूर्ण रंग-मंचीय सज्जा के साथ अतिथियों के समक्ष प्रस्तुत किया। अतिथिगण इस ऑपेरा से इतने प्रभावित हुए कि उन्होंने बाद में इसको रूसी अनुवाद के साथ अपने देश में भी अभिनीत कराया।

सन् 1956 में पहली बार सरकार की ओर से 'जश्न-ए-कश्मीर' मानने की योजना कार्यान्वित हुई। इसके अन्तर्गत विभिन्न साहित्यिक कार्यक्रम सम्पन्न हुए। नाटक-प्रतियोगिताएँ इन कार्यक्रमों का विशेष आकर्षण थीं। सन् 1956 के 'जश्न-ए-कश्मीर' में जो नाटक मंच पर प्रस्तुत किए गए उन पर श्री दीनानाथ नादिम एवं नूर मुहम्मद रोशन का ऑपेरा 'हिमाल नागराय' व 'नीकी त बदी' और अमीन कामिल का 'हब्बा खातून' आदि उल्लेखनीय हैं।

सन् 1965 के बाद कश्मीरी नाटक साहित्य में उल्लेखनीय परिवर्तन मिलते हैं। मौलिक नाटकों की सर्जना के साथ-साथ अब अंगरेजी, बांग्ला आदि नाटकों के रूपान्तर भी सफलतापूर्वक किए जाने लगे। सन् 1965 के बाद जो मौलिक नाटक रचे गए उनमें उल्लेखनीय हैं : अली मुहम्मद लोन का 'विज छि सान्य' व 'सुय्या' रोशन का 'चोर-बाजार', कामिल का 'पगाह छु गासदार', अख्तर मोहीउद्दीन का 'नस्तिहुन्द सवाल' और 'शीश त संगिस्तान', राधाकृष्ण ब्रारु का 'याहू' सोमनाथ जुत्शी का 'अमानत', सुदामा जी का 'मिलचार' आदि। रूपान्तरित नाटकों में 'कोरबानी', 'मालिनी', 'चांडाल कट', 'वोजील्य गोलाब', 'राज त रान्य' आदि (सभी टैगोर के नाटकों के रूपान्तर) उल्लेखनीय हैं। मौलिक नाटकों की सर्जन-प्रक्रिया के पीछे मानव-चरित्र की विभिन्न दिशाओं, आकांक्षाओं, कमजोरियों आदि

का चित्रण करना नाटककारों का मुख्य ध्येय रहा।

कश्मीरी रंगमंच और नाटक के इतिहास पर विचार करते समय 'रेडियो कश्मीर' आकाशवाणी का श्रीनगर केन्द्र के बहुमूल्य योगदान को भुलाया नहीं जा सकता। यह प्रसारण केन्द्र 1948 ई. से कश्मीरी साहित्य, विशेषकर कश्मीरी गद्य साहित्य की अथक सेवा कर रहा है। कश्मीरी साहित्य को जनता तक पहुँचाने तथा उसमें कश्मीरी नाटक, एकांकी, कहानी आदि के प्रति रुचि एवं निष्ठा जगाने में इस केन्द्र ने आशातीत कार्य किया है। नाटक के क्षेत्र में इसका योगदान सर्वोपरि है। सन् 1972 तक इस केन्द्र से 550 से ऊपर कश्मीरी नाटक व अन्य फीचर प्रसारित हो चुके थे। कुछ नाटक इतने लोकप्रिय हुए कि उन्हें दोबारा प्रसारित किया गया। इन नाटकों में उल्लेखनीय है : पुष्कर भान की 'हीरो-मचामा' सीरीज, अली मुहम्मद लोन के 'अगर आश सोरि', 'महान' और 'तअज्य बअटय कान' परदेसी का 'कूद गोजवोर', कामिल का 'द्यदरान्य', सोमनाथ जुत्शी का 'विजवाव', रोशन का 'मिसकीन बुड', सूफी गुलाम मुहम्मद का 'बेछि बठ' आदि। इनमें पुष्कर भान की 'हीरो-मचामा' सीरीज विशेष लोकप्रिय रही है। रेडियो कश्मीर से अब तक इसकी लगभग डेढ़ दर्जन किस्तें प्रसारित हो चुकी हैं। इन सभी में हास्य व व्यंग्य का पुट यथेष्ट मात्रा में समाहित है। नाटकों का हीरो मचामा एक साधारण मध्यवर्गी कश्मीरी परिवार की चाहतों, उच्चाकांक्षाओं तथा अन्य विवशताओं का प्रतिनिधित्व करता है। कभी वह फिल्मी हीरो बनने के मंसूबे बनाता है, कभी फिरंगियों की भाषा बोलने लगता है, कभी स्पेश-शिप में बैठकर चाँद पर चढ़ने की सोचता है, कभी हिम-यक्ष को पकड़ने के लिए दलबल सहित घर से निकल पड़ता है आदि-आदि।

3. कहानी और उपन्यास—कश्मीरी कहानी का जीवन-इतिहास ज्यादा पुराना नहीं है। आज से लगभग 70 वर्ष पूर्व 'कल्चरल कांग्रेस' के तत्त्वाधान में हुई 25 फरवरी, 1950 की साहित्यिक गोष्ठी में पहली कश्मीरी कहानी 'येलि फोल गाश' पढ़ी गई। इसके लेखक थे श्री सोमनाथ जुत्शी। इसके बाद 'कल्चरल कांग्रेस' के ही अन्य प्रगतिशील सदस्य साहित्यकारों ने कश्मीरी कहानी को अपना बहुमूल्य योगदान देकर सम्बन्धित किया। इस साहित्यकार-मंडली में सोमनाथ जुत्शी के अलावा सर्वश्री अब्दुल अजीज हारून, दीनानाथ नादिम, नूर मुहम्मद रोशन, रहमान राही, मिर्जा आरिफ आदि के नाम उल्लेखनीय हैं। नादिम की 'जवाबी कार्ड', व 'शीन प्याते-प्याते', रोशन की 'नेहगेट', हारून की 'जून' व 'भ्रम', राही की 'येलि सु थन प्यव', आरिफ की 'जय' आदि कहानियाँ कश्मीरी कहानी साहित्य के विकास की परम्परा में प्रारम्भिक रचनाएँ हैं। 'कल्चरल कांग्रेस' का गठन चूँकि प्रगतिवादी विचारधारा को लेकर हुआ था इसलिए इन कहानियों के कथानक प्रायः

कृषि-समस्या, राजनीतिक अशान्ति तथा अन्य सामाजिक समस्याओं से सम्बद्ध रहे। उनमें प्रचारात्मक का पुट विशेष मात्रा में व्याप्त रहा।

सन् 1953 के बाद की कालावधि कश्मीरी कहानी साहित्य की महत्त्वपूर्ण कालावधि कही जा सकती है। कहानीकारों का ध्यान पहली बार कहानी की टेकनीक की ओर गया। अब कहानी महज एक 'लेक्चर' न रही अपितु वह मानव-चरित्र के गूढ़तम रहस्यों, उसकी समस्याओं एवं जीवन-दृष्टियों को मार्मिक ढंग से प्रकाशित करने वाली विधा बन गई। इस प्रसंग में अख्तर मोहीउद्दीन का नाम विशेष तौर पर गिनाया जा सकता है जिन्होंने अपनी अनवरत लगनशील साधना से कश्मीरी कहानी-कला को नए आयाम दिए तथा आनेवाले कहानीकारों के लिए प्रयोग के नूतन मार्ग खोल दिए। (अख्तर के दो कहानी-संग्रह प्रकाशित हो चुके हैं। 'सत्संगर' पर इन्हें सन् 1958 में साहित्य अकादेमी का पुरस्कार भी मिल चुका है।) इनकी कहानियों के कथानक पहली बार पैनी मनोवैज्ञानिक दृष्टि से संयुक्त मिलते हैं। छोटे-छोटे वाक्य, नित्य व्यवहार में आने वाले उक्ति-प्रयोग, सुगठित वाक्य-विन्यास आदि अख्तर की कहानी-कला की विशेषताएँ हैं। इनकी 'दन्दवजुन', 'दरियायिहुन्द येजार', 'दाग', 'कासिम साब', 'गहे ताफ गहे शुहुल', 'चस', 'हुसून द मौत', आदि कश्मीरी कहानी साहित्य की उत्कृष्ट रचनाएँ हैं। अख्तर की बहुप्रशंसित कहानी 'चस' से एक अंश उद्धृत किया जाता है। इसमें एक निरीह चूजे की निर्मम मौत द्वारा कहानीकार ने मानव व मानवेतर चरित्र की स्वार्थपरायणता पर करारा व्यंग्य किया है। एक चूजे पर दो नजरें एक साथ पड़ती हैं—कुत्ता उसे दबोचने को लपकता है—और एक परोपकारी सज्जन उसे छुड़ाने को भागते हैं। डराने-धमकाने पर कुत्ता चूजे को अपनी गिरफ्त से रिहा कर देता है। इस कार्रवाई में बेचारा चूजा क्षत-विक्षत हो जाता है। परोपकारी सज्जन उसे अपने दरबे में डाल देते हैं—यह सोचकर कि अपनी जातिवालों से हिल-मिल जाएँगे, मजे करेगा। मगर, ओफ! ठूँगें मार-मार कर अपनी ही जातिवालों ने उसका बुरा हल कर दिया, उसकी सारी खाल उधेड़ डाली। बेचारे की चिकनी-चिकनी हड्डियाँ बिलकुल नंगी हो गईं। परोपकारी सज्जन की आँखें पुरनम हो गईं। वे निरीह चूजे को हाथों में उठाकर दार्शनिकों की भाँति उसे देखने लगे :

'मैंने उसे पकड़ लिया। वह भागा नहीं। उसे हाथों में उठा लिया। वह फड़फड़ाया नहीं। केवल धीमी आवाज में 'पची-पची-पची' करता रहा। शायद कह रहा था, अच्छा अब मैं मरता हूँ, हो गए खुश? मैं तुमसे कह रहा हूँ। ऐ इनसान, ऐ मुर्गियो ! मैं अब मरता हूँ। अब कभी बाँग न दूँगा, कभी कुछ न करूँगा। मैं वही करूँगा जिससे सभी खुश हो जाएँ। अच्छा, अब मैं मरता हूँ। पची-पची-पची...'

इसी प्रकार इनकी 'दरियायिहुन्द येजार' कहानी व्यक्ति की यौन-प्रवृत्ति का मनोवैज्ञानिक अध्ययन प्रस्तुत करती है। इस प्रवृत्ति की तीव्रता एवं व्यापक को कहानीकार ने एक वयोवृद्ध दम्पती के माध्यम से सिद्ध किया है जो बुढ़ापे में भी अपनी यौन-उत्कंठा की संतृप्ति हेतु विवेक खो देते हैं। 'कासिम साब' कहानी में एक ऐसे नवोदित लेखक की उन चाहतों का मर्मस्पर्शी वर्णन है जिनकी पूर्ति हेतु उसे दर-दर की ठोकरें खानी पड़ती हैं। 'हुस्न त मौत' में पुरुष और प्रकृति के रागात्मक सम्बन्ध पर प्रकाश डाला गया है। 'गहे ताफ गहे शुहुल' आधुनिक सभ्यता में पल रहे उन हृदयहीन व आडम्बरवादी व्यक्तियों पर व्यंग्य करती है जिनकी प्रत्येक चेष्टा, जिन के प्रत्येक कार्य-व्यापार तथा जिनकी प्रत्येक बात में कुत्सित स्वार्थ, प्रदर्शन व अहंमन्यता की गहरी परतें चढ़ी हुई हैं।

एक सफल प्रयोगवादी कवि होने के साथ-साथ अमीन कामिल कश्मीरी के एक सुलझे हुए कहानीकार भी हैं। अख्तर के बाद कश्मीरी कहानी-कला को संवर्धित करने में इनका विशेष हाथ है। अपने 'कथिमंज कथ' शीर्षक कहानी-संग्रह की भूमिका में कामिल ने कहानी-लेखन की ओर प्रेरित होने के प्रसंग में लिखा है, "जो खयाल शेर न बन सका उसे मैंने कहानी का रूप दे दिया और इस तरह से मेरी कहानियाँ वजूद पा गईं..."

कहानियों में नए प्रयोग करने के विषय में इन्होंने आगे चलकर लिखा है, "मैं कहानियों में नए प्रयोग करने के खिलाफ नहीं हूँ। मगर ये प्रयोग ऐसे होने चाहिए कि पाठक को कहानीकार के साथ-साथ फलागम तक पहुँचने में कोई बाधा न आए...('कथिमंज कथ' कहानी-संग्रह में कामिल की दस कहानियाँ आकलित हैं। इस संग्रह पर कहानीकार को जम्मू व कश्मीर राज्य की कल्चरल अकादमी से सन् 1968 में पुरस्कार मिल चुका है।) ये सभी कहानियाँ जीवन को नए परिवेश, नए अन्दाज के साथ चित्रित करती हैं। सभी के पीछे कहानीकार की पैनी जीवन-दृष्टि व्याप्त है। इस संग्रह की 'लाग', 'नोव तावन', 'बेछि', 'पोतकल' आदि कहानियाँ कश्मीरी कहानी-कला की विकसित व समुन्नत प्रविधि का परिचय देती हैं।

कामिल की 'लाग' शीर्षक कहानी में एक ऐसे सहृदय कम्पाउंडर के आत्मोत्सर्ग का हाल दर्ज है जो क्षय-रोग से बुरी तरह ग्रस्त एक सुन्दरी का मनोवैज्ञानिक ढंग से उपचार करता है, उसे प्यार देता है और बदले में खुद उस संक्रामक रोग का शिकार हो जाता है (स्वास्थ्य-लाभ करके सुन्दरी उसे इस हाल में छोड़कर न जाने कहाँ चली जाती है) कहानी मानव-चरित्र की स्वार्थवृत्ति एवं उसके नानाविध स्वरूप पर कटु व्यंग्य करती है। 'नोवतावन' दो कॉलेजों-छात्राओं-शीला और जुबैदा की एक ऐसी कहानी है जो समाज से छिपकर समाज के ही कतिपय

तथाकथित चरितवान 'बँगलेवालों' 'कारवालों' की वासना संतुष्ट करने के लिए मजबूर हो जाती हैं। शीला न जाने कैसे इस चक्कर में पहले से ही फँस चुकी होती है और वह अपनी भोली (?) सहेली जुबैदा को भी छल से उस 'अड्डे' पर ले जाकर, उसे वहाँ भेंट करने में सफल हो जाती है। कहानी का नाटकीय अन्त शीला और जुबैदा के इस सम्भाषण से होता है :

शीला ने तनिक साहस बटोरकर पश्चात्ताप करते हुए जुबैदा से कहा, "मुझे माफ करना, बहन ! तुमने खुद देख लिया होगा कि यह सब मुझे क्यों और किन हालत में करना पड़ा। मैं विवश और मजबूर थी।" "तुम्हारी मजबूरी उचित ही थी," जुबैदा ने संजीदगी के साथ जवाब दिया, "हाँ, एक बात है। तुमने भी कोई नई चीज 'उसे' आज भेंट नहीं की। उस दुराचारी ने तो मुझे बहुत पहले अपने जाल में फँसा लिया था। मैं तो केवल यह सोच रही थी कहीं किसी दूसरी मुसीबत का मुँह आज न देखना पड़े..."

'बेछि' एक कर्तव्यनिष्ठ डॉ. अशरफ और जवान भिखारिन मोगली की कहानी है जिसमें एक भिखारिन के जीवन की विवशताओं तथा उसके व्यक्तित्व के साथ घुले-मिले उन संस्कारों का अध्ययन है जिनकी प्रभाव से उसे इस संसार में कोई भी भला आदमी नहीं दिखता। डॉ. अशरफ ने उसे इसलिए मुँह नहीं लगाया था क्योंकि वह जवान थी, सुन्दर थी बल्कि न जाने क्यों दयावश वह उसे यदा-कदा अस्पताल के बाहर मँडराती देख दो-एक पैसे दे दिया करता। एक दिन जब भिखारिन एक सुन्दर-स्वस्थ शिशु को बाँहों में लिए अस्पताल के अन्दर दाखिल हुई, तब डॉ. अशरफ के आश्चर्य की सीमा न रही। वह सोच भी न सकता था की भिखारियों के भी ऐसे सुन्दर-स्वस्थ बच्चे हो सकते हैं। वह 'शिशु-प्रतियोगिता' में भाग के लिए इस बच्चे को ले जाता है। डॉ. अशरफ का बच्चा सर्वश्रेष्ठ घोषित किया जाता है। पुरस्कार की राशि तथा बच्चे को जब अशरफ उस भिखारिन को लौटाता है तब वह केवल इतना सोच पाती है :

"मोगली केवल इतना समझ पाई कि डॉक्टर के घर पर आज कोई महोत्सव है तभी इतने सारे रुपये दे रहे हैं। वह धीरे-धीरे कमरे से बाहर निकली और डॉ. अशरफ की ओर ऐसी नजर फेंकी मानो कह रही हो—मेरा मजाक क्यों उड़ाया तुमने ? मैं तो आज केवल तुम्हारे लिए नहा-धोकर आई थी।"

'पोतकल' एक ऐसी निपूती ग्रामयुवती की कहानी है जो विवाहोपरान्त नौ वर्षों से अपने मायके से दूर ससुराल में रह रही है। इन नौ वर्षों में उसके कोई सन्तान न हुई, यही दुःख एक अभाव बनकर उसे दिन-रात कचोटता रहता है। एक रात वह अपनी बूढ़ी सास की नजरें बचाकर अपने मायके जाने की ठान लेती है।

वह हाँफती-भागती हुई चली जाती है। मायके का गाँव निकट आ जाता है। वहाँ की प्रत्येक वस्तु देखकर उसकी नौ वर्ष पुरानी स्मृति ताजा हो उठती है और उसे अपना बचपन याद आ जाता है। मायके की नदिया, पेड़, झोंपड़ियाँ, मिट्टी आदि उसे असीम आनन्द देते हैं। वह झूम उठती है। मायके की नदिया देख उसका हृदय भावविभोर हो जाता है :

'उसने अपने होंठों पर जीभ फेरी और नदिया के किनारे के पास बैठकर उसका पानी पीने लगी। एक बार, दो बार, तीन बार—और वह पीती ही गई, जैसे उम्र-भर कभी पानी पिया ही न हो। वह सोचने लगी मायके का पानी भी कितना मीठा होता है...। इसके बाद उसने मुँह धोया। मरे कंठ से निकल पड़ा—रे मायके के पानी ! तुझ पर बलिहारी जाऊँ, मेरे हृदय को तूने असीम ठंडक पहुँचाई।'

अन्त में उसे सहसा ध्यान आता है कि वह निपूती है। मायके में भी उसकी क़द्र न होगी। उसका पति कल ही तो पास के एक गाँव में एक जोगी से मिलने गया है। सुनते हैं, पहुँचा हुआ जोगी है। शायद उसका तावीज काम कर जाए। मुझे घर में न देख पति की सारी मेहनत बेकार हो जाएगी। ऐसा विचार करते हुए वह मायके न जाकर उलटे पाँव ससुराल की ओर मुड़ जाती है 'पुत्रकामना' प्रवृत्ति की व्यापकता को सिद्ध करने के लिए कहानीकार ने निपूती ग्रामयुवती के अन्तर्द्वंद्व तथा उसकी मानसिक गति-अवगति को सफलतापूर्वक चित्रित किया है।

अमीन कामिल की अन्य उल्लेखनीय कहानियाँ हैं : 'कोकर जंग', 'जहनमी', 'फाटक', 'अशय-फयार', 'प्यंड पुरून' आदि। ये सभी कहानियाँ मानव-चरित्र की विभिन्न स्थितियों, व प्रवृत्तियों का सुन्दर चित्रण करती हैं।

बन्सी निर्दोष की कहानियाँ प्राय: मध्यवर्गीय जीवन की विभिन्न विवशताओं तथा परिसीमाओं को लेकर रची गई हैं। कुछ कहानियाँ मानव-मन की विभिन्न स्थितियों, विशेषकर मानसिक ग्रंथियों को खोलने का सुन्दर प्रयास करती हैं। 'मस्त-किलिफ' एक नर्स के निष्काम सेवाभाव की मार्मिक कहानी है जिसकी सेवा-शुश्रूषा अस्पताल के कई रोगियों में नूतन जीवनदायिनी शक्ति का संचार करती है। एक लोलुव रोगी की संकीर्ण दृष्टि तब खुलती है जब उसे मालूम हो जाता है कि उस वार्ड में उस नर्स का पति भी एक रोग-शय्या पर कई दिनों से पड़ा हुआ था और वह वही था जिसकी कल रात मृत्यु हो गई थी। (इसके बाद नर्स को किसी ने नहीं देखा कि वह कहाँ गई।)

'यिति अख एहसास' निर्दोष की बहुचर्चित कहानी है। कहानी के कथानक का केन्द्र एक छाता है जिसे एक परोपकारी सज्जन उमड़ती बरसात में किसी अनजान लड़की को दे देते हैं। घर पहुँचकर वह लड़की उस सज्जन को छाता लौटाना भूल

जाती है। पाँच वर्ष तक वह सज्जन, जब-जब पानी बरसता, लड़की के घर के बाहर बिजली के खम्भे की आड़ में खड़ा रहता—इस उम्मीद में कि शायद उसका छाता वह लड़की लौटा दे। इस बीच लड़की की शादी हो जाती है। एक दिन फिर पानी बरसता है। वह सज्जन पूर्ववत् खम्भे के नीचे हाजिर हो जाता है। इस बार विमला की नजर उस पर पड़ ही जाती है। उसे पाँच साल पहले की घटना याद आ जाती है। बड़ी मुश्किल से छाता ढूँढ़-निकालकर वह उसे देने के लिए नीचे गली में आ जाती है। दोनों के बीच जो वार्तालाप होता है उससे जहाँ कहानीकार की पैनी मनोवैज्ञानिक दृष्टि की सूचना मिलती है, वहाँ दूसरी ओर कहानी के कुतूहलपूर्ण अन्त का भी परिचय मिल जाता है।

"मुझे छाते की चिन्ता कहाँ थी, यह तो एक मामूली चीज है। फिर इसे किसकी चिन्ता थी—यह बात दिल ने मुझसे पूछी। तनिक रुककर तथा दम सँभालकर उसने अपने-आप कहा—उस दिन जोर से पानी बरसा था ना, मैंने सोचा कहीं..." (कहानीकार ने अन्तिम सम्भाषण की पूर्ति का कार्य सहृदय पाठकों के लिए छोड़ दिया है।) निर्दोष की कहानियों में उल्लेखनीय हैं—'पनुन मरुन', 'मजबूरी', 'योतामत नाल वोतुम दामनस तल' आदि।

उक्त कहानियों के अतिरिक्त सूफी गुलाम मुहम्मद की 'मलद्यद', डॉ. शंकर रैना की 'अब किसकी बारी है', उमेश कौल की 'भाग्य-हर्ता', संतोष की 'खानादार', अवतारकृष्ण रहबर की 'तोहफा', गुलनम नबी शाकिर की 'रोती जिन्दगी के हँसते क्षण', तजबेगम रिन्जू की 'दरगाह की ड्योढ़ी पर' आदि कश्मीरी कहानी साहित्य की उत्कृष्ट कथाकृतियाँ हैं। ये सभी कश्मीरी कहानी-कला की उत्तरोत्तर विकसित होती हुई प्रविधि की सूचना देती है।

कहानी की भाँति कश्मीरी उपन्यास का जीवन-इतिहास भी ज्यादा पुराना नहीं है। सन् 1955 में कश्मीरी में प्रथम उपन्यास लिखने का प्रयास किया गया। इसका नाम था 'जात बूतरात' और इसके लेखक थे श्री हबीब कामरान। इस उपन्यास का प्रथम अध्याय 1955 ई. में कश्मीरी-पत्रिका 'कोगपोश' में प्रकाशित हुआ था। शेष अध्याय अप्रकाशित ही रहे। इसके बाद तीन उपन्यास और लिखे गए। इनके नाम हैं—अख्तर मोहीउद्दीन का 'दोद-दग', अमीन कामिल का 'गटि मंज गाश' और अली मुहम्मद लोन का 'अस्य तिछि इनसान।' कुछ कश्मीरी विद्वान 'दोद-दग' को कश्मीर का प्रथम उपन्यास मानते हैं क्योंकि हबीब कामरान का 'जात बूतरात' कभी पूर्ण रूप से प्रकाशित होकर सामने न आ सका तथा लोग उसे पढ़ न पाए। 'दोद-दग' एक सामाजिक उपन्यास है जिसमें दो बहनों फाता और राजा के जीवन-संघर्ष, अब्दुल गनी की लोलुपता तथा शम्स साहब के पतन की कहानी

दर्ज है। 'गटि मंज गाश' कबाइली हमले की पृष्ठभूमि पर लिखित हिन्दू-मुस्लिम मेल-जोल एवं भाई-चारे की भावना को जगानेवाला उपन्यास है। 'अस्य ति छि इनसान' मूलतः एक रिपोर्ताज है जिसकी शैली औपन्यासिक कला के काफी निकट है। उक्त तीन-चार उपन्यासों के अलावा टैगोर के उपन्यास 'चोखेर-बाली' का 'अच्छ-किटुर' शीर्षक से कश्मीरी-रूपान्तर भी मिलता है। रूपान्तरकार हैं श्री पृथ्वीनाथ पुष्प। रूपान्तरित उपन्यासों में गोर्की के प्रसिद्ध उपन्यास 'मदर' का अली मुहम्मद लोन द्वारा 'मा'ज' शीर्षक से सुन्दर रूपान्तर भी मिलता है। यह रूपान्तरित उपन्यास 1969 में छपा है। इस रूपान्तरित पर लोन साहब कोई 1972 का सोवियत लैंड नेहरू पुरस्कार प्राप्त हुआ है। कश्मीरी उपन्यास-साहित्य के नाम पर फिलहाल कुल इतना ही सरमाया मिलता है। इस विषम स्थिति के मुख्य दो कारण हैं—पहला कारण उपन्यास-प्रकाशन के लिए समुचित प्रोत्साहन तथा सुविधाओं का अभाव है। कहानी, निबन्ध अथवा नाटक किसी भी पत्र-पत्रिका में सुगमतापूर्वक स्थान पा सकते हैं किन्तु समूचे उपन्यास का पत्र-पत्रिका में छपना कठिन है। सम्भवतः यही कारण है कि लेखकगण इस विधा के पीछे नहीं पड़े। उन्होंने छोटी-छोटी कहानियाँ तथा अन्य प्रकार की गद्य-रचनाएँ लिखकर ही साहित्यिक क्षेत्र में प्रतिष्ठापित होने की कोशिश की। दूसरा कारण यह है कि जागरूक पाठकों के अभाव ने भी उपन्यासकारों का उत्साह भंग कर दिया। कल्चरल अकादमी ने कुछ अनुदान देने की योजना कार्यान्वित की है। आशा है, इस योजना से कश्मीरी के उपन्यास-साहित्य को उत्साह मिलेगा।

ऊपर कश्मीरी कविता, नाटक, कहानी आदि के परिपार्श्व में 1900 के बाद के कश्मीरी साहित्य की विभिन्न प्रवृत्तिगत विशेषताओं का सोदाहरण विश्लेषण करने का प्रयास किया गया। हिन्दी के साथ इन विशेषताओं का तुलनात्मक अध्ययन करने पर किन्हीं महत्त्वपूर्ण निष्कर्षों पर पहुँचा जा सकता है—कश्मीरी में जब सौन्दर्य-भावना से युक्त स्वच्छतावादी (छायावादी) कविताएँ लिखी जाती थीं, तब हिन्दी में प्रगतिवादी का चलन जोरों पर था। कश्मीरी में जब राष्ट्रीय-प्रगतिवादी प्रवृति का सन्निवेश हुआ, तब हिन्दी में प्रयोगवाद का चलन प्रारम्भ हो चुका था। कश्मीरी में जब प्रयोगवाद का विकास हुआ, तब हिन्दी में नई कविता, अकविता, नई कहानी आदि जैसी नव्यतम प्रवृत्तियाँ अपना मार्ग बनाने लगीं। हिन्दी की ये नव्यतम प्रवृत्तियाँ अभी कश्मीरी में पूर्ण रूप से समाई नहीं हैं। हाँ, प्रयत्न इस दिशा में अवश्य हो रहे हैं।

हिन्दी में अनुवादित कश्मीरी साहित्य

राष्ट्रभाषा हिन्दी की सार्थकता और प्रासंगिकता इस बात में भी है कि वह सम्पर्क भाषा के रूप में सभी भारतीय भाषाओं में रचित सुरुचिपूर्ण एवं पठनीय श्रेष्ठ साहित्य को अनुवाद के माध्यम से सामने लाकर देश में साहित्यिक-सांस्कृतिक आदान-प्रदान का एक सुखद और सौमनस्यपूर्ण माहौल तैयार करे। इस दृष्टि से विचार करें तो अनुवाद का महत्त्व निर्विवाद है। दरअसल, अनुवाद वह साधन और कारगर माध्यम है जिसके द्वारा दो संस्कृतियों, दो भाषाओं के साहित्यों तथा दो भावधाराओं को निकट लाकर राष्ट्रीय एकता के पुनीत संकल्प को सुदृढ़ किया जा सकता है तथा विभिन्न भाषाओं के साहित्य में सन्निहित सांस्कृतिक और बौद्धिक मूल-चेतना की आन्तरिक समानता अथवा अखंडता के दर्शन किए जा सकते हैं।

अनुवाद-कार्य, सच में, हमें भारतीय बनाता है तथा भारतीय साहित्य की अवधारणा को पुष्ट करने में सहायता करता है। आज यदि रवीन्द्रनाथ टैगोर, शरत्चन्द्र, सुब्रह्मण्यम भारती, बंकिम चन्द्र, मामा वरेरकर, बुद्धदेव बसु, महाश्वेता देवी, बेन्द्रे, उमाशंकर जोशी, बिमल मित्र, अमृता प्रीतम, हब्बा खातून, ललद्यद, गोपीनाथ मोहन्ती, सीताकान्त महापात्र आदि भारत की प्रादेशिक भाषाओं के इन महान साहित्यकारों की रचनाएँ अनुवाद के माध्यम से हम तक न पहुँचती, तो भारतीय साहित्य सम्बन्धी हमारा ज्ञान कितना सीमित और क्षुद्र होता, इसका सहज ही अनुमान लगाया जा सकता है। यों अगर ध्यान से देखा जाए तो वेदपुराण, गीता, रामायण-महाभारत आदि भारतीय वाङ्मय के ये ज्ञानगर्भित ग्रंथ भी अनुवाद के जरिए ही सामान्य पाठक के अध्ययन अथवा समझ की पहुँच के भीतर आ सके हैं या आ सकते हैं।

विभिन्न भारतीय भाषाओं में रचे गए या रचे जा रहे समूचे साहित्य को हिन्दी में अनुवादित करना व्यावहारिक दृष्टि से यद्यपि सम्भव नहीं है, तथापि इन भाषाओं में रचित-चर्चित, पठनीय और उत्कृष्ट साहित्य को हिन्दी अनुवाद द्वारा एक वृहत्तर पाठक समुदाय तक पहुँचाना सम्भव है और इस दिशा में बंगला, मराठी, गुजराती से हिन्दी में अनुवाद करने के सार्थक प्रयास हुए हैं। अनुवाद-कर्म की महत्ता को

प्रेमचन्द जैसे महारथियों ने न केवल स्वीकार किया था अपितु स्वयं इस कर्म में संलग्न भी हुए थे। संक्षेप में, हम कह सकते हैं कि अनुवाद-कार्य के माध्यम से देश की श्रेष्ठ सोच और समझ को जानने का हमें सुअवसर मिल जाता है और भारतीय साहित्य सम्बन्धी हमारी जानकारी में इजाफा होता है।

अन्य भारतीय भाषाओं की तरह कश्मीरी से हिन्दी में हुए या हो रहे अनुवाद कार्य की एक दीर्घ परम्परा है। हिन्दी में कश्मीरी की कौन-सी रचना कब पहली बार अनूदित हुई, यह कहना यद्यपि कठिन है, तथापि यह सही है कि कश्मीरी रचनाओं का हिन्दी से पूर्व या तो अंग्रेजी में या फिर उर्दू में अनुवाद होता रहा। कश्मीर के प्रसिद्ध शायर गुलाम अहमद महजूर (1887-1952) की कविता अंग्रेजी माध्यम से ही कवीन्द्र रवीन्द्रनाथ टैगोर ने 'मॉडर्न रिव्यू' में पढ़ी थी और भाव-विभोर होकर महजूर को लिखा था : "आप तो कश्मीरी के वड्र्सवर्थ हैं।" दरअसल, कश्मीरी से हिन्दी में अनुवाद कार्य को कश्मीर में हिन्दी के प्रचार-प्रसार के साथ ही बल मिला। घाटी में राष्ट्रभाषा प्रचार समिति का गठन, हिन्दी साहित्य सम्मेलन की शाखा का निर्माण, 1960 के आसपास कश्मीर विश्वविद्यालय में हिन्दी विभाग की स्थापना आदि कुछ ऐसे प्रभावी/सहायक कारक हैं जिनकी प्रेरणा से कश्मीर जैसे अहिन्दी प्रान्त में हिन्दी प्रेमियों की एक ऐसी मंडली तैयार हो गई जिनके लिए हिन्दी न केवल जीविकोपार्जन का साधन रही, वरन् हिन्दी उनकी भावाभिव्यक्ति तथा लेखन का माध्यम भी बन गई।

उन दिनों कश्मीर में साहित्यिक, सांस्कृतिक, राजनीतिक माहौल हर दृष्टि से स्वस्थ तथा सुखद था और अमीन कामिल जैसे प्रख्यात कश्मीरी साहित्यकार जो हमेशा कश्मीर में कश्मीरी और उर्दू के पक्षधर रहे, भी मानने लगे थे कि : "हम तो नहीं, पर हमारी सन्तान को अब हिन्दी सीखनी चाहिए क्योंकि यही वह भाषा है जो हमें समूचे देश से जोड़ सकती है।"

कश्मीर में हिन्दी-प्रेमियों या लेखकों की प्रबुद्ध और उत्साही मंडली में सर्वश्री पृथ्वीनाथ पुष्प, श्री जानकीनाथ कौल कमल, प्रो. काशीनाथ धर, पद्मश्री प्रो. चमनलाल सपरू, श्री शशिशेखर तोषखानी, श्री नीलकंठ गुर्टू, डॉ. मोहिनी कौल, श्री पृथ्वीनाथ मधुप, प्रो. रतनलाल शान्त, मोहन निराश, प्रो. हरिकृष्ण कौल, प्रमोद जी, शम्भुनाथ पारिमू, प्रेमनाथ प्रेमी, अर्जुनदेव मजबूर, प्रो. लक्ष्मीनारायण सपरू, त्रिलोकीनाथ गंजू आदि के नाम उल्लेखनीय हैं। कालान्तर में समय ने करवट ली और इसी के साथ कश्मीर में हिन्दी के ये सजग प्रहरी/प्रेमी इधर-उधर बिखर गए। दरअसल, यह कश्मीर में हिन्दी को समर्पित एक ऐसी टीम थी जिसमें ज्यादातर वे लोग शामिल थे जो आयु और अनुभव की दृष्टि से वरिष्ठ थे। धीरे-धीरे समय

गुजरने के साथ-साथ वरिष्ठ साथियों के समानान्तर दूसरा वर्ग तैयार होने लगा जिसने कश्मीर में हिन्दी के प्रचार-प्रसार का बीड़ा उठाया। ये लोग थे सर्व श्री अवतार कृष्ण राजदान, संजना कौल, अग्निशेखर, उपेन्द्रनाथ रैणा, डॉ. भूषणलाल कौल, राज रैणा, श्रीमती विमला मुंशी, क्षमा कौल, महाराज कृष्ण संतोषी, क्षमा कौल, गौरीशंकर रैणा आदि। उपरोक्त दोनों सूचियों के नाम पूर्णतः हिन्दी के प्रति समर्पित लोग थे, हिन्दी जिनकी आजीविका का मुख्य साधन थी। कश्मीरी से हिन्दी में कृतसंकल्प होकर अनुवाद-कार्य करने के महत्त्वपूर्ण कार्य में जो लेखक सन्नद्ध रहे, उनमें श्री पृथ्वीनाथ पुष्प, डॉ. शशिशेखर तोषखानी, डॉ. रतनलाल शान्त, श्री पृथ्वीनाथ 'मधुप', श्री अग्निशेखर, श्री अवतार कृष्ण राजदान, प्रो. हरिकृष्ण कौल, श्री अर्जुनदेव मजबूर और इन पंक्तियों के लेखक के नाम उल्लेखनीय हैं।

कश्मीर से बाहर हिन्दी माध्यम से कश्मीरी भाषा-साहित्य पर कार्य/अनुवाद-कार्य करने वाले विद्वानों की सूची अपेक्षाकृत अधिक महत्त्वपूर्ण, प्रभावशाली एवं ध्यानाकर्षक है। इसमें प्रमुख हैं श्रीमती तारा तिक्कू (पूर्व सम्पादिका, 'भाषा' दिल्ली) श्री शम्भुनाथ भट्ट 'हलीम' (दिल्ली), श्री नन्दलाल चत्ता (दिल्ली), श्री जानकीनाथ भान (दिल्ली), श्री गोपीनाथ कौशिक (जम्मू), डॉ. शिबन कृष्ण रैणा, (राजस्थान), डॉ. जियालाल हंडू (चंडीगढ़), डॉ. ओमकार कौल, श्रीमती रजनी पाथरे (पुणे) आदि। अध्ययन की दृष्टि से कश्मीरी से हिन्दी में हुए अनुवाद-कार्य को प्रमुखतः दो भागों में विभाजित किया जा सकता है :

1. पुस्तकाकार अनुवाद
2. स्फुट अनुवाद

कश्मीरी से हिन्दी में अनुवादित होकर आने वाली प्रथम पुस्तकाकार रचना है 'ललवाक्यानि' जिसकी मूल पांडुलिपि प्रसिद्ध कश्मीरी विद्वान पं. मुकुन्दराम शास्त्री ने तैयार की थी। लल (पूरा नाम ललद्यद या लल्लेश्वरी, समय 14वीं शताब्दी) कश्मीरी की आदि संत-कवयित्री के नाम से जानी जाती है। इस कवयित्री के वचन या पद वाख (वाक्) कहलाते हैं जिन्हें सन् 1914 में ग्रियर्सन महोदय ने पुस्तकाकार रूप में प्रकाशित करने की इच्छा प्रकट की। चूँकि कबीर की तरह ललद्यद ने भी 'मसि कागद' का प्रयोग नहीं किया था, अतः ये 'वाख' प्रारम्भ में मौखिक परम्परा में ही प्रचलित रहे। ग्रियर्सन ने पं. मुकुन्दराम शास्त्री की सहायता ली जिन्होंने बड़ी लगन, मेहनत और निष्ठा के साथ ललद्यद के वाखों का संग्रह कर उन्हें संस्कृत और हिन्दी रूपान्तर के साथ ग्रियर्सन को प्रस्तुत किया। इन्हीं वाखों को ग्रियर्सन ने बाद में सन् 1920 में रॉयल एशियाटिक सोसाइटी, लंदन से प्रकाशित कराया।

इसी परम्परा में दूसरी अनूदित पुस्तक पं. जियालाल कौल जलाली कृत है।

'ललवाख' के नाम से प्रकाशित मात्र 20 पृष्ठों की इस छोटी-सी पुस्तिका में कवयित्री ललद्यद के ऐसे 38 अतिरिक्त/दुर्लभ पद (वाख) हिन्दी अनुवाद सहित संकलित किए गए हैं जो ग्रियर्सन आदि को उपलब्ध नहीं हो सके थे।

जम्मू व कश्मीर की ललितकला, संस्कृति तथा साहित्य अकादेमी ने कश्मीरी की कतिपय सुन्दर और श्रेष्ठ पुस्तकाकार रचनाएँ हिन्दी में अनुवादित कराकर प्रकाशित की हैं। इस क्रम में श्री श्यामलाल शर्मा द्वारा सम्पादित 'कश्मीरी लोक कथाएँ' अग्रगण्य हैं। 1972 में प्रकाशित इस प्रस्तक में 15 कश्मीरी लोककथाओं के हिन्दी अनुवाद संकलित हैं। जिन्हें क्रमश: मोहन निराश, श्री शशिशेखर तोषखानी ने किया है। 1972 में ही एक और पुस्तक सामने आई–'प्रतिनिधि संकलन : कश्मीरी' 176 पृष्ठों की इस पुस्तक का सम्पादक/रूपान्तरकार इन पंक्तियों के लेखक ने किया है। पुस्तक का प्रकाशन लोकोदय ग्रंथमाला के अन्तर्गत भारतीय ज्ञानपीठ, दिल्ली ने किया है। यह ग्रंथ एक तरह से कश्मीरी की प्रतिनिधि (चुनी हुई) गद्य-पद्य रचनाओं का एक संग्रह है जिसके प्रारम्भ में सम्पादक की 25 पृष्ठों की कश्मीरी कविता, कहानी, नाटक, उपन्यास आदि विधाओं पर एक विस्तृत और गम्भीर भूमिका है। गद्य-संकलन के अन्तर्गत कश्मीरी के प्रसिद्ध कहानीकारों, यथा सर्वश्री अमीन कामिल, अली मुहम्मद लोन, सूफी गुलाम मुहम्मद, अख्तर मोही उद्दीन, बंसी निर्दोष, ताज बेगम रंजू, अवतार कृष्ण रहबर, उमेश कौल, गुलाम नबी शाकिर, शंकर रैना आदि की कहानियाँ, पुष्कर भान का प्रहसन, जियालाल कौल का संस्मरण, सोनाथ साधू का हास्य-व्यंग्य तथा दीपक कौल का रेखाचित्र आदि संगृहीत हैं। पद्य संकलन में सर्वश्री मास्टर जिन्दा कौल, गुलाम अहमद महजूर, रसा जाविदानी, अब्दुल अहद आजाद, अलमस्त कश्मीरी, मिर्जा आरिफ, दीनानाथ नादिम, फजिल कश्मीरी, नूर मुहम्मद रोशन, गुलाम नबी फिराक, प्रेमनाथ प्रेमी, अमीन कामिल, रहमान राही, वासुदेव रेह, गुलाम रसूल संतोष, मक्खन लाल महव, गुलाम नबी खयाल, मोती लाल साकी, पृथ्वीनाथ कौल सायल, चमन लाल चमन, मक्खन लाल बेकस, मोहन कृष्ण रैना आदि की रचनाएँ समाविष्ट की गई हैं। यह अनुवाद मूल कश्मीरी से हिन्दी में हुआ है। संकलन के अन्त में मूल लेखकों का जीवन परिचय देने से पुस्तक की उपादेयता बढ़ गई है। इस संकलन की एक कविता का अनूदित अंश देखिए–

"तुम दुनिया वालों से दूर हो रहते/क्योंकि/मेरी ही तरह दुनिया के जंजाल तुम्हें पसन्द नहीं। औरों की खातिर/अपनी जान कुर्बान करते हो/और अपनी पूँजी दूसरों पर लुटाते हो/इस नाते भी तुम मेरे सहकर्मी हो। निर्बन्ध रहकर/तुम नभ को हो छूते/जकड़े रहना/मेरी तरह तुम्हें भाता नहीं। फायदा उठाता है हर कोई/तेरे-मेरे उपकारों

से–/इस नाते भी तुम मेरे सहकर्मी हो। मगर/तुम सूर्य को ढाँप प्रकाश को हो रोकते/ बस/यहीं पर तुम्हें अपनी सहकर्मी मानने में/हे बादल!/मुझे इनकार है! (इंकार' अलमस्त कश्मीरी, 'प्रतिनिधि संकलन : कश्मीरी' पृ. 137, भारतीय ज्ञानपीठ, दिल्ली)

मेरे द्वारा कश्मीरी की लोकप्रिय रामायण 'रामावतारचरित' का हिन्दी अनुवाद-सहित देवनागरी लिप्यान्तर 1975 में भुवन वाणी ट्रस्ट, लखनऊ से प्रकाशित हुआ। 480 पृष्ठों वाले इस ग्रंथ की प्रस्तावना प्रसिद्ध विद्वान डॉ. कर्ण सिंह ने लिखी है। कश्मीरी की इस लोकप्रिय रामायण के मूल रचयिता प्रकाशराम कुर्यगामी हैं जिन्हें ग्रियर्सन ने भूल से दिवाकर प्रकाश भट्ट कहा है।

1975 में जम्मू व कश्मीर राज्य कल्चरल अकादमी ने 'वाणी वितस्ता की' शीर्षक से कश्मीरी लोकगीतों की एक पुस्तक प्रकाशित की। 101 पृष्ठों की इस पुस्तक के संकलनकर्ता व हिन्दी अनुवादक प्रो. पृथ्वीनाथ 'मधुप' हैं।

'कहा था ऋषि ने' शीर्षक से ही उक्त अकादमी ने कश्मीरी के प्रसिद्ध संत कवि शेख नूरुद्दीन वली, नुन्द ऋषि, (समय 1376-1438) के चुने हुए कश्मीरी श्लोकों (श्रुकों) का हिन्दी भाषान्तर प्रकाशित किया। 73 पृष्ठों की इस पुस्तक के भाषान्तरकार श्री शशिशेखर तोषखानी हैं।

डॉ. मुहम्मद अयूब खाँ 'प्रेमी' के सम्पादकत्व में 'प्रतिनिधि कश्मीरी कविताएँ' शीर्षक से 73 पृष्ठों की एक पुस्तक जम्मू व कश्मीर कल्चरल अकादमी ने 1975 में प्रकाशित की। संकलन में कश्मीरी काव्य-संसार के प्रमुख कवियों (ललद्यद से लेकर सजूद सैलानी तक) की एक-एक, दो-दो कविताओं के अनुवाद दिए गए हैं। पुस्तक के प्रारम्भ में प्रसिद्ध हिन्दी विद्वान डॉ. विजयेन्द्र स्नातक की दो पृष्ठों की प्रस्तावना है। यों, डॉ. अयूब खाँ 'प्रेमी' अ-कश्मीरी हैं। सम्भव है अपने कश्मीरी मित्रों की सहायता से वे इतना सुन्दर अनुवाद-कार्य करने में समर्थ हुए हों। इस संकलन का एक उदाहरण–

शरद में झर जाते सब फूल
बसंत में फिर जीवन का जोर
मिला करता मर कर जीवन
मरण-भय छोड़ चल इस ओर। (कविवर महजूर, पृ. 13)

'ललद्यद' शीर्षक से प्रसिद्ध संत कवयित्री ललद्यद (समय 14वीं शती) के चुने 161 वाखों (पदों) का सानुवाद देवनागरी लिप्यान्तर 1976 में जम्मू व कश्मीर राज्य कल्चरल अकादमी ने प्रकाशित किया। संकलनकर्ता और अनुवादक हैं श्री शम्भुनाथ भट्ट हलीम।

इसी क्रम में एक और पुस्तक भुवन वाणी ट्रस्ट, लखनऊ से 1977 में प्रकाशित हुई। इस संग्रह में ललद्यद के 179 पदों (वाखों) का सानुवाद देवनागरी लिप्यान्तर किया गया है। सम्पादन, अनुवाद व लिप्यान्तर का काम स्वयं मैंने किया है। 112 पृष्ठों की इस पुस्तक की भूमिका प्रसिद्ध विद्वान डॉ. बनारसीदास चतुर्वेदी ने लिखी है। पुस्तक में से अनूदित/संकलित ललद्यद का एक पद (वाख) प्रस्तुत है–

हे नाथ ! न मैंने (कभी) अपने को और न (कभी) पर को जानने की कोशिश की। सदैव इस देह की चिन्ता करती रही। 'तू मैं और मैं तू' इस मेल को भी कभी न जान सकी। मैं तो इसी सन्देह (संशय) में पड़ी रही कि तू कौन और मैं कौन ?

(ललद्यद, वाख नं. 31, पृ. 40)

रसूल मीर की कश्मीरी के प्रमुख शृंगारवादी कवियों में गणना की जाती है। इनकी रचनाओं का सुन्दर अनुवाद 'पोशिमाल' संग्रह में किया गया है जो राज्य की कल्चरल, अकादमी द्वारा 1977 में प्रकाशित हुआ है। 64 पृष्ठों की इस पुस्तक में रसूलमीर की 14 नज़्में और 27 गजलों को संकलित किया गया है। एक कविता का अनुवाद देखिए :

"धन्य तुम्हारा पार्श्व, पृष्ठछवि और चाल है। चली खेलने कुसुम-कली चंचल बाला पोशिमाल है। राज-हंसिनी की हंसिनी-सी गर्दन कितनी कोमल है! रक्षा करो इलाही इसकी, दुनिया की नजरे-बद से, कम क्या होगा दयानिधि ? तेरा कोष विशाल है। चली खेलने कुसुम-कली चंचल बाला पोशिमाल है। *(पोशिमाल, रसूल मीर,* अनुवादक डॉ. शान्त, पृ. 1)

1979 में कल्चरल अकादमी ने प्रसिद्ध संत नुन्द ऋषि (शेख नूरुद्दीन वली) की रचनाओं का एक प्रतिनिधि संकलन कवि के परिचय, आलोचना और हिन्दी पद्यानुवाद सहित प्रकाशित किया। 84 पृष्ठों के इस संकलन का सम्पादन और अनुवाद सर्वश्री शम्भुनाथ भट्ट हलीम, शशिशेखर तोषखानी, अर्जुनदेव मजबूर, बद्रीनाथ कल्ला तथा डॉ. रतनलाल शान्त ने किया है। मुख्य सम्पादक श्री रतन लाल शान्त हैं।

अभी तक कश्मीरी कविताओं का हिन्दी अनुवाद उपलब्ध होता रहा था किन्तु कश्मीरी कहानियों का एक व्यवस्थित और विशिष्ट संकलन 1980 में राजपाल एंड सन्ज, दिल्ली से प्रकाशित हुआ। मेरी इस अनुवादित/सम्पादित पुस्तक का नाम 'कश्मीरी की श्रेष्ठ कहानियाँ' है। 160 पृष्ठों वाली इस पुस्तक में कश्मीरी की 19 कहानियों का अनुवाद है। इस संकलन द्वारा हिन्दी पाठकों को पहली बार कश्मीरी की सुन्दर-श्रेष्ठ कहानियाँ पढ़ने को मिलीं जो अनुवाद की भाषा को लेकर विद्वज्जनों में काफी चर्चित हुई। प्रख्यात कथाकार श्री विष्णु प्रभाकर के शब्दों में "कश्मीरी

की श्रेष्ठ कहानियों की अधिकांश रचनाएँ पढ़ गया। कश्मीरी जीवन को नाना रूपों में रूपायित करती ये कहानियाँ बहुत सुन्दर हैं। सबसे अच्छी बात तो यह है कि ये अनुवाद लगती ही नहीं। मूल भावना भी उतनी ही सुरक्षित रह सकी है...।"

साहित्य अकादेमी, दिल्ली ने अंग्रेजी/कश्मीरी में 1973 में 'ललद्यद' शीर्षक से एक पुस्तक तैयार करवाई थी। पुस्तक के लेखक थे प्रो. जे. एल. कौल। इस पुस्तक का हिन्दी अनुवाद 'ललद्यद' शीर्षक से साहित्य अकादेमी दिल्ली ने 1980 में प्रकाशित किया। अनुवाद मेरा है।

परमानन्द (1791-1879) कश्मीरी के प्रसिद्ध कृष्ण भक्त कवि हुए हैं। इनकी चुनी हुई रचनाओं का हिन्दी अनुवाद 1981 में प्रो. पृथ्वीनाथ पुष्प ने 'परमानन्द प्रवाह' शीर्षक से किया। 160 पृष्ठों की यह पुस्तक जम्मू-कश्मीर कल्चरल अकादमी का महत्त्वपूर्ण प्रकाशन है।

बंसी निर्दोष कश्मीरी कथा-जगत के सुविख्यात लेखक हैं। कश्मीरी में लिखित इनके चर्चित उपन्यास 'अख दोर' का हिन्दी अनुवाद 'एक दौर' शीर्षक से हिन्दी विकासपीठ, मेरठ से 1984 में प्रकाशित हुआ। अनुवाद स्वयं मैंने किया है। इस उपन्यास पर अनुवाद-कला की दृष्टि से एक विचार-गोष्ठी 31 मार्च, 1985 को 'भारतीय अनुवाद परिषद्' के सौजन्य से जे. एन. यू. समिति कक्ष, दिल्ली में हुई थी। कश्मीरी से हिन्दी में अनुवादित होने वाला यह प्रथम प्रशंसित उपन्यास है।

कश्मीर के प्रसिद्ध शायर श्री गुलाम अहमद महजूर (1887-1952)की श्रेष्ठ कविताओं का एक संग्रह मेरे द्वारा अनूदित 1989 में राज्य की कल्चरल अकादमी द्वारा प्रकाशित है। 77 पृष्ठों की इस पुस्तक में महजूर की 32 कविताओं का हिन्दी अनुवाद दर्ज है। एक कवितांश का अनुवाद देखिए :

"सुलाए जो कविता संसार को कभी मुझसे न लिखवाना तू, मृत पुन: जी उठें जिनसे, गीत ऐसे मुझसे, प्रभु, गवाना तू। जिन शब्दों से बहे नेह-सरिता, मिटे मरुस्थल नफरत का, जन-जन में भावना प्रेम की जगे ऐसी जुबान, प्रभु, मुझे सिखाना तू।" कश्मीरी की प्रतिनिधि कहानियों का एक संग्रह देवदार प्रकाशन, दिल्ली ने 1990 किया।

1990 में कल्चरल अकादमी ने दो संग्रह छापे—(1) डोगरी और कश्मीरी कहानियाँ (सम्पादक डॉ. उषा व्यास तथा (2) श्रेष्ठ कश्मीरी लोकगीत (संकलन एवं-रूपान्तर डॉ. जियालाल हंडू। डॉ. ओंकार कौल द्वारा सम्पादित और अनुवादित कश्मीरी कहानियों का एक संग्रह 'कश्मीरी कहानियाँ' 1992 में छपा जिसमें अनुवादक ने कश्मीरी की तेरह कहानियों का हिन्दी अनुवाद प्रस्तुत किया है। 88 पृष्ठों की इस पुस्तक के प्रकाशक हैं 'वितस्ता प्रकाशन' नई दिल्ली।

कश्मीरी से हिन्दी में अनुवादित हुए साहित्य की श्रीवृद्धि करने में पुस्तकाकार रचना 'कश्मीरी कवयित्रियाँ और उनका रचना-संसार' विशेष रूप से उल्लेखनीय हैं। पुस्तक दो भागों में विभाजित है—प्रथम के अन्तर्गत कश्मीरी की तीन प्रसिद्ध कवयित्रियों : ललद्यद, हब्बा खातून और अरणिमाल के व्यक्तित्व और कृतित्व का सोदाहरण विवेचन प्रस्तुत किया गया है। दूसरे भाग में इन तीनों कवयित्रियों की चुनी हुई रचनाओं का सानुवाद देवनागरी लिप्यंतर दिया गया है। इस पुस्तक की मुख्य विशेषता यह है कि इसमें पहली बार मूल रचनाओं को उनकी अपनी लिपि (फारसी-अरबी लिपि) में प्रस्तुत किया गया है। 152 पृष्ठों की मेरी इस पुस्तक का प्रशस्ति-सन्देश महामहिम राष्ट्रपति डॉ. शंकरदयाल शर्मा ने लिखा है तथा विस्तृत 'प्रस्तावना' प्रसिद्ध लेखिका मृणाल पांडे ने लिखी है। दोनों ने मेरे कार्य की प्रशंसा की है : "डॉ. शिबन कृष्ण रैणा इस पुस्तक के माध्यम से कश्मीर की तीन कवयित्रियों- ललद्यद, हब्बा खातून और अरणिमाल के भावलोक को सहृदय पाठकों के सामने लाए हैं। डॉ. रैणा ने इन रचनाओं को कश्मीरी, हिन्दी और उर्दू में प्रस्तुत करके एक महत्त्वपूर्ण काम किया है।" डॉ. रैणा द्वारा किए गए इन तीन यशस्विनी कवयित्रियों की रचनाओं के ये सहज अनुवाद कालजयी कविता के सभी प्रेमियों के लिए संग्रह-योग्य और शिरोधार्य बनेंगे...।

स्फुट रूप में कश्मीरी रचनाओं का हिन्दी अनुवाद विभिन्न पत्र-पत्रिकाओं में समय-समय पर प्रकाशित होता रहा है। बहुत पहले कमलेश्वर के सम्पादन-काल में 'सारिका' का कश्मीरी-कहानी-विशेषांक निकला था जिसमें कश्मीरी के 9 कहानीकारों की कहानियों के अनुवाद छपे थे। सभी कहानियों के अनुवाद सुरजीत ने कश्मीरी-भाषी किन्हीं राजदान साहब की सहायता से किए थे। इसी तरह 1975 में 'माया' का कश्मीरी-प्रेम कथा-विशेषांक भी निकला था जिसकी अधिकांश कहानियाँ स्वयं मैंने अनूदित की थीं। भारतीय भाषा परिषद्, कलकत्ता ने अपनी पत्रिका 'सन्दर्भ भारती' का दिसम्बर 1978 का अंक कश्मीरी साहित्यांक के रूप में प्रकाशित किया था। इस अंक का सम्पादन तथा रचनाओं का अनुवाद भी मैंने ही किया था। 'शीराजा', 'आजकल', 'सन्दर्भ भारती', 'भाषा', 'साप्ताहिक हिन्दुस्तान', 'हमारा साहित्य', 'समकालीन भारतीय साहित्य', 'जनसत्ता', 'पहल' आदि पत्रिकाओं में कश्मीरी से हिन्दी में किए गए अनुवाद समय-समय पर छपते रहे हैं/रहते हैं। इधर, 'समकालीन भारतीय साहित्य' (साहित्य अकादेमी, दिल्ली का प्रकाशन) का कश्मीरी साहित्य पर केन्द्रित विशेषांक (अक्तूबर-दिसम्बर 1992) तथा 'पहल' (जबलपुर) का अगस्त-अक्तूबर 1988 का कश्मीरी साहित्य-केन्द्रित अंक विशेष रूप से उल्लेखनीय हैं। दोनों अंकों में कश्मीरी की सुन्दर-श्रेष्ठ रचनाओं

का हिन्दी अनुवाद किया गया है। 'पहल' के उक्त अंक के लिए डॉ. अग्निशेखर ने कठिन परिश्रम करके सामग्री का चयन व अनुवाद किया है। एक कवितांश का अनुवाद देखिए : "मुझे आस है कल की, कल प्रज्वलित होगी दुनिया, चौड़ाएगी रोशनी दिल की, गुल गुलजार गमक उठेंगे, सिहरेगी मिट्टी और हरियाली गमक उठेगी। हृदय में फूटेंगे उमंग के अँखुवे और चुँधिया उठेंगे फव्वारे प्रेम के। कल प्रज्वलित होगी दुनिया" (कश्मीरी कवि दीनानाथ नादिम, रूपान्तर अग्निशेखर द्वारा)

कश्मीरी समिति, दिल्ली की मुख-पत्रिका 'कोशुर समाचार' में हिन्दी अनुभाग के अन्तर्गत कश्मीरी रचनाओं के सुन्दर अनुवाद बराबर प्रकाशित होते रहे हैं। कश्मीरी रचनाओं को हिन्दी पाठकों तक पहुँचाने में यह पत्रिका बड़ा ही महत्त्वपूर्ण कार्य कर रही है। इस पत्रिका ने अब तक कई विशेषांक भी प्रकाशित किए हैं जिनमें उल्लेखनीय हैं–कश्मीरी संत-विशेषांक, ललद्यद विशेषांक आदि। केन्द्रीय हिन्दी निदेशालय, (भारत सरकार) द्वारा समय-समय पर विभिन्न साहित्यिक प्रकाशनों, यथा—भारतीय साहित्य सर्वेक्षण माला के अन्तर्गत 'वार्षिकी', 'भारतीय एकांकी', 'भारतीय उपन्यास', 'भारतीय कविता' आदि का उल्लेख करना भी आवश्यक है। इन महत्त्वपूर्ण प्रकाशनों में समय-समय पर कश्मीरी साहित्य की चयनित रचनाओं (कहानी, कविता, उपन्यास अंश, निबन्ध आदि) के अनुवाद प्रकाशित होते रहे हैं। निदेशालय की पत्रिका 'भाषा' में भी कश्मीरी से हिन्दी में अनुवादित अनेक रचनाएँ छपी हैं।

अन्त में, कश्मीरी के प्रसिद्ध रहस्यवादी कवि मास्टर जिन्दा कौल की उस कविता का उल्लेख करना संगत होगा जो उन्होंने आकाशवाणी द्वारा आयोजित 25 जनवरी, 1958 को सर्वभाषा कवि-सम्मेलन में पढ़ी थी और कविवर हरिवंश राय बच्चन ने स्वयं उसका हिन्दी में (मूल कवि की सहायता से) सुन्दर अनुवाद किया था :

हुआ गँदला धर्म का नीर मत-पथों की धारा में,
मुझे पीने दो वह जल जो नहीं बँधता किनारों में,
मैं हर जर्रे में देखूँ खुद को, सब में एक को पाऊँ
दुई रहने न पाए, मैं कुछ ऐसा तुममें मिल जाऊँ।

(कोशुर समाचार, 1979, पृ. 5)

कश्यप-भूमि के समाजसेवी : कश्यप बन्धु

अपनी अनुपम प्राकृतिक सुन्दरता के लिए विख्यात शारदापीठ कश्मीर ने ख्यातिलब्ध साधकों, कलावंतों, पुण्यात्माओं, विद्याव्यसनियों आदि के अलावा जिन सामाजिक कार्यकर्ताओं एवं उच्च कोटि की राजनीतिक सोच रखने वाले महानुभावों को जन्म दिया है, उनमें कश्यप बन्धु का नाम बड़े गर्व एवं आदर के साथ गिनाया जा सकता है। कश्मीरी समाज को एक सार्थक एवं प्रयोजनकारी दिशा देने वाले इस प्रबुद्ध विचारक, निःस्वार्थ समाजसेवी एवं कवि-हृदय रखने वाले युगदृष्टा के योगदान को चिरकाल तक याद रखा जाएगा। उदारवादी दृष्टि, प्रगतिशील विचारधारा एवं समाज की हितचिन्ता के लिए तत्पर रहने वाले कश्यप बन्धु का योगदान कश्मीरी जनमानस एवं अस्मिता का एक ऐसा बहुमूल्य अध्याय है जो नई पीढ़ी के लिए प्रेरणा का स्रोत तो है ही, पुरानी पीढ़ी के लिए भी गर्व का विषय है।

बहुत कम लोग जानते होंगे कि कश्यप बन्धु का वास्तविक नाम ताराचन्द था। वे गीरु (नूरपोरा) में ठाकुर बठ के घर 24 मार्च, 1899 को पैदा हुए। यह वह समय था जब कश्मीर पर महाराजा प्रतापसिंह की हुकूमत का आखिरी दौर चल रहा था।

ताराचन्द कश्यप बन्धु कैसे कहलाए? यह घटना जितनी ऐतिहासिक है, उतनी ही महत्त्वपूर्ण भी। ताराचन्द का प्रारम्भिक जीवन अत्यन्त गरीबी में बीता। 1919 में बड़ी मुश्किल से आर्थिक विषमताओं के बावजूद उन्होंने मैट्रिक की परीक्षा पास कर ली और नौकरी की तलाश शुरू की। इस बीच वे बुलबुल उपनाम से कविता भी करने लगे। अपने दिल का दर्द, ग़म और गुस्सा तथा सामाजिक बदलाव की भावनाओं को वे कविता में कहने लगे। काफी प्रयत्नों के बाद उन्हें राजस्व विभाग में एक छोटी–मोटी नौकरी भी मिल गई जो उन्हें रास न आई। कश्मीर छोड़कर वे लाहौर चले गए और लाहौर को उन्होंने अपना कर्मस्थल बनाया। लाहौर उन दिनों आर्य-समाज, ब्रह्मसमाज तथा अन्य राजनीतिक एवं धार्मिक आन्दोलनों का प्रमुख केन्द्र बना हुआ था। ताराचन्द को आर्य-समाज की विचारधारा ने बेहद प्रभावित किया और उन्होंने लाहौर में स्थित विरजानन्द आश्रम में प्रवेश ले लिया। प्रवेश के दिन से ही उन्होंने मांस न खाने की शपथ ले ली और जीवन भर शाकाहारी बने रहे।

उन दिनों विरजानन्द आश्रम के प्राचार्य विश्वबन्धु जी हुआ करते थे। वे ताराचन्द की योग्यता, लगन, परिश्रम एवं मानवप्रेम की भावनाओं को देख बहुत प्रभवित हुए और उन्होंने ताराचन्द को 'कश्यप बन्धु' नाम दिया और कश्मीरी समाज की सेवा करने की प्रेरणा दी। कश्मीरी के प्रसिद्ध विद्वान एवं कवि अर्जुनदेव मजबूर की कश्यप बन्धु जी से खासी निकटता रही है। अपने एक लेख में श्री मजबूर ने कश्यप बन्धु के व्यक्तित्व और कृतित्व के सम्बन्ध में बड़ी ही महत्त्वपूर्ण जानकारियाँ दी हैं। वे लिखते हैं, कश्मीरी समाज में व्याप्त बुरे रीत-रिवाजों के खिलाफ कश्यप बन्धु ने सोशल रिफॉर्म की जबरदस्त तहरीक शुरू की। सामाजिक रीति-रिवाजों खास तौर पर विवाह आदि अवसरों पर फिजूलखर्ची आदि के विरुद्ध कश्यप बन्धु ने 'मार्तंड' और 'केसरी' अखबारों में लेख लिखकर इन सामाजिक कुरीतियों के विरुद्ध आवाज उठाई। चुनांचे उस जमाने में सोशल रिफॉर्म के हक में लिखे गए कश्मीरी गीत आज भी महिलाओं को 'वनवुन' के रूप में याद हैं। कुछ पंक्तियाँ देखिए—

त्रवि जूज, पूच नेरि वोडननिए
छु मुबारक दोति माहरेनिये...
छअनी सूठ बूठ, पकी बअन्य बअन्ये
छु मुबारक दोति महारेनिये...

पुराना पहनावा छोड़ दे, उघडे सिर चलना
अब तू सीख ले,
धोती (साड़ी) वाली दुल्हिन री, तुझे हो मुबारिक!
सूट-बूट पहन ले तू आगे बढ़ना सीख ले तू,
धोती (साड़ी) वाली दुल्हिन री, तुझे हो मुबारक!

कश्यप बन्धु के इस सुधारवादी आन्दोलन का तत्कालीन जनता ने खूब स्वागत किया। विधवाओं की शादियाँ हुईं। कश्मीरी पंडित लड़कियाँ घर की चारदीवारियों से निकलकर स्कूल-कॉलेज जाने लगीं, सामाजिक रीतियों एवं प्रथाओं पर अपव्यय करने की प्रवृत्ति पर रोक लग गई आदि।

कश्यप बन्धु का राजनीतिक जीवन भी कम प्रशंसनीय नहीं रहा। नेतृत्व शक्ति, आत्मसम्मान, आत्मबल आदि भावनाएँ उनके व्यक्तित्व में कूट-कूट कर भरी हुई थीं जिनका दिग्दर्शन उनके बाल्यकाल में ही हो जाता है। हिन्दी की कहावत 'होनहार बिरवां के होत चीकने पात' उनके व्यक्तित्व पर पूरी तरह चरितार्थ होती है। श्री अर्जुनदेव मजबूर को कश्यप बन्धु द्वारा सुनाई गई वह घटना

यहाँ पर उद्धृत करना अनुचित न होगा जिसमें इस स्वाभिमानी बालक के दबंग व्यक्तित्व का सहसा परिचय मिलता, उन दिनों गवर्नमेंट हाईस्कूल, श्रीनगर में पंजाबी छात्र भी पढ़ते थे। कक्षा में वे आगे वाली सीटों पर बैठते और तब तक वे सीटें खाली रहतीं जब तक कि वे पंजाबी छात्र कक्षा में प्रवेश न करते। कश्मीरी छात्र यद्यपि समय से पूर्व ही कक्षा में आ जाते किन्तु उन्हें उन सीटों पर बैठने की इजाजत नहीं होती थी। इस बात ने ताराचन्द के कोमल हृदय को आन्दोलित किया और उसने इस नाइंसाफी के विरुद्ध छात्रों को एकत्र किया और बाकायदा एक आन्दोलन छेड़ दिया। बात प्रधानाध्यापक, शिक्षा अधिकारी आदि से होते हुए महाराजा तक पहुँच गई। एक बार तो ताराचन्द ने महाराजा की गाड़ी के सामने ही अपने आप को लिटा दिया...। आन्दोलन की गम्भीरता को देखते हुए अन्ततः विभाग ने छात्रों की माँग मान ली और आन्दोलन समाप्त हो गया। ताराचन्द की यह पहली राजनीतिक विजय थी और इस सिलसिले को उन्होंने जारी रखा...।

पूर्व में कहा जा चुका है कि लाहौर में अपने प्रवास के दौरान कश्यप बन्धु वहाँ की सामाजिक एवं राजनीतिक गतिविधियों से सक्रिय रूप से जुड़े रहे। लाहौर प्रवास के दौरान ही वे वहाँ रह रहे कश्मीरी मजदूरों की बदहाली को देखकर क्षुब्ध हो उठे। उन्होंने मजदूरों को उनके अधिकार दिलाने व उन्हें सम्मान के साथ जीने की प्रेरणा देने के 'मजदूर बोर्ड' का गठन किया जिसके वे सचिव बने। इस बोर्ड को और अधिक प्रभावशाली बनाने के लिए वे प्रसिद्ध विचारक एवं शायर डॉ. इकबाल से भी सुझाव लेते रहे। इस बोर्ड के बारे में लाहौर तथा देश के दूसरे समाचार-पत्रों में खबरें छपने लगीं और बोर्ड का एक जोरदार अधिवेशन लुधियाना में आयोजित हुआ जिसमें मोतीलाल नेहरू ने कश्मीरियों के बारे में बड़ा ही ओजस्वी भाषण दिया। इसी बोर्ड के मंच से 'कश्मीर कश्मीरियों के लिए' नारा पहली बार बुलंद हुआ। अपने लाहौर प्रवास के दौरान ही कश्यप बन्धु भगतसिंह की इंकलाबी पार्टी में शामिल हो गए और सांडर्स केस के सिलसिले में उन्हें जेल भी हो गई। लाहौर में ही कश्यप बन्धु पत्रकारिता के क्षेत्र से जुड़ गए तथा 'बहारे कश्मीर' के सम्पादन मंडल में काम किया।

समय के साथ-साथ कश्यप बन्धु के बहुमुखी व्यक्तित्व ने एक नई करवट ली। अर्जुनदेव मजबूर अपने लेख में लिखते हैं : 'कश्मीर' में एक तरफ मुस्लिम कांग्रेस की बुनियाद पड़ी और दूसरी तरफ यहाँ के कश्मीरी पंडितों ने सरकारी नौकरियों में भेदभाव तथा अन्य सामाजिक विसंगतियों के विरुद्ध लड़ने का बीड़ा उठाया। कश्यप बन्धु कश्मीर के हालात पर नजर रखे हुए थे। चुनांचे प्रेमनाथ बजाज, शिवनारायण फोतेदार, जियालाल किलम, दामोदर भठ आदि कश्मीरी

पंडित नेताओं ने कश्यप बन्धु को लाहौर से श्रीनगर आने का अनुरोध किया। कश्मीर आने से पूर्व कश्यप बन्धु की शादी एडवोकेट विष्णुदत्त की बेटी बिमला से लाहौर में ही आर्यसमाजी ढंग से बिल्कुल सादे तरीके से हो गई थी। कश्यप बन्धु के श्रीनगर लौटने पर 'युवक सभा' का गठन हुआ और कश्मीर के पंडित नौजवानों ने इसमें बढ़-चढ़कर हिस्सा लेना शुरू किया। शीतलनाथ, श्रीनगर इस सभा की गतिविधियों का केन्द्र बना। यह स्थान पहले जोगीबाग कहलाता था क्योंकि यहाँ पर बाहर से आने वाले जोगी, संन्यासी आदि ठहरते थे। अमरनाथ यात्रा पर रवाना होने वाली 'छड़ी मुबारिक' भी पहले इसी जगह से रवाना होती थी। 1931 में कश्यप बन्धु कश्मीर के राजनीतिक और सामाजिक आकाश में पूरी चमक-दमक के साथ भास्वरित हो गए। पहली फरवरी, 1931 को 'मार्तंड' शीर्षक से एक अखबार प्रकाशित हुआ जो युवकसभा का मुखपत्र था और इसके प्रथम सम्पादक होने का श्रेय कश्यप बन्धु को मिला। यह अखबार पूरे उत्तरी भारत में बड़ा ही लोकप्रिय हुआ। 1931 से लेकर 1969 तक यह अखबार बराबर प्रकाशित होता रहा। कश्यप बन्धु के सतत प्रयासों से इस अखबार ने कश्मीर के पत्रकारिता के इतिहास में नया कीर्तिमान स्थापित किया। कश्यप बन्धु के सम्पादकत्व में जो कश्मीरी लेखक 'मार्तंड' में बराबर छपते रहे, उनमें प्रमुख हैं—प्रेमनाथ परदेसी, मास्टर जिन्दा कौल, दीनानाथ नादिम, हजरत महजूर कश्मीरी, अर्जुनदेव मजबूर, श्यामलाल वली, तीर्थ कश्मीरी, प्रो. नन्दलाल कौल तालिब, दीनानाथ अलमस्त कश्मीरी आदि।

अत्याचार के खिलाफ आवाज उठाने वाले कश्यप बन्धु कई बार जेल गए। पूर्व में कहा जा चुका है कि सांडर्स हत्या केस के सिलसिले में वे लाहौर में गिरफ्तार हुए और बाद में छोड़ दिए गए। इसी प्रकार रोटी एजिटेशन के सिलसिले में 1933-34 में जेल भेज दिए गए और बाद में छोड़ दिए गए। 1932 में कश्यप बन्धु शेख साहब से, जो उन दिनों जम्मू व कश्मीर मुस्लिम कॉन्फ्रेंस के अध्यक्ष थे, मिले। इस मुलाकात का उद्देश्य हिन्दुओं और मुस्लमानों का एक संयुक्त मंच तैयार करना था ताकि सभी समस्याओं का हल निकालने के लिए एक जोरदार आन्दोलन चलाया जाए तथा एक उत्तरदायित्वपूर्ण सरकार का गठन करने हेतु प्रक्रिया शुरू की जाए। अगस्त 1938 में 'नेशनल डिमांड' कौमी माँग का प्रवर्तन हुआ।...युवक सभा के स्टेज पर बन्धु जी ने जब यह कहा कि हरिसिंह को अपनी फौज जमा करने में एक दिन लगेगा तो मुझे अपनी फौज इकट्ठा करने में घंटा-भर ही लगेगा तो अगले ही दिन उन्हें गिरफ्तार कर लिया गया। अर्जुनदेव मजबूर के शब्दों में—'नेशनल डिमांड' ने फौरन एक जोरदार

तहरीक का रूप अख्तियार कर लिया। मैं खुद उन दिनों श्रीनगर में जेर–तालीम था। मुजाहिद मंजिल से लेकर अमीरा कदल तक जाने वाले जुलूस को मैंने अपनी आँखों से देखा। इसमें सभी फिरकों के लोग शामिल हुए थे और सभी का एक ही नारा था—'जिम्मादाराना हकूमत जिन्दाबाद!' लोग झूम-झूम कर बिस्मिल का यह शेर गाते जा रहे थे—'सरफरोशी की तमन्ना अब हमारे दिल में है, देखना है जोर कितना बाजू-ए-कातिल में है। इस तहरीक के सिलसिले में शेख़ साहब, मौलाना मसूदी, मिर्जा अफजल बेग, बख़्शी गुलाम मुहम्मद, कश्यप बन्धु, जियालाल किलम, प्रेमनाथ बजाज, शम्भुनाथ पेशन और सरदार बुद्धसिंह को हिरासत में ले लिया गया। 1947 में गांधी जी और दूसरे कौमी लीडरों के दबाव की वजह से शेख साहब और बन्धु जी के अलावा दूसरे रहनुमाओं को भी रिहा कर दिया गया। कश्यप बन्धु 1931 से लेकर 1961 तक कई बार आठ साल तक कैद में रहे। शेख साहब के साथ वे भद्रवाह, रियासी और उधमपुर की जेलों में नजरबन्द रहे।

1947 में जब शेख मुहम्मद अब्दुल्ला प्रदेश के मुख्यमंत्री बने तो कश्यप बन्धु को देहात 'सुधार' का डायरेक्टर जनरल बना दिया गया। 9 अगस्त, 1953 में बन्धु जी शेख साहब के साथ गिरफ्तार कर लिए गए। बाद में बख़्शी साहब ने उन्हें अपने ग्रुप के साथ मिलाना चाहा किन्तु उन्होंने उनकी सारी पेशकशें ठुकरा दीं। 1964 में सादिक साहब की सरकार में वे सोनावारी ब्लाक के प्रोजेक्टर आफिसर बनाए गए। 1974 में जब शेख साहब दुबारा सत्ता में आए और कश्यप बन्धु को हाथ बँटाने को कहा तो बन्धु जी ने कहा कि अब मैं बूढ़ा हो गया हूँ।

जीवन के आखिरी दिन कश्यप बन्धु ने अपने घर गीरू में ही बिताए जहाँ वे अक्सर किताबों का अध्ययन करते या फिर कुछ लिखते रहते। उनके बारे में प्रसिद्ध है कि जो भी उन्हें पत्र लिखता, उसका वे जवाब जरूर देते। श्रीनगर अब वे बहुत कम जाते। उनसे मिलने उनके मित्र और आम जन उनके घर पर ही आते। शेख़ साहब, उनकी बेगम, डॉ. फारूक अब्दुल्ला, गुलाम मोहम्मद शाह, मिर्जा अफजल बेग आदि उनसे मिलने उनके घर कई बार गए। कश्यप बन्धु सबसे बड़ी आत्मीयता से मिलते।

महापुरुष जब इस दुनिया को अलविदा कहने वाले होते हैं तो प्रकृति भी उनके अभाव की पीड़ा को भाँप जाती है। 18 दिसम्बर, 1985 को कश्यप बन्धु रोज की तरह अपने लिखने-पढ़ने के कार्य में व्यस्त थे। तभी एक व्यक्ति ने आकर सूचना दी कि गायें आज घास नहीं खा रही हैं, जाने उन्हें क्या हो गया है? इस पर बन्धु जी ने जवाब दिया—वे आज घास नहीं खाएँगी। सम्भवत: कहना

वे यह चाह रहे थे कि आज उनका मालिक आखिरी सफर पर रवाना होने वाला है और उसी रोज शाम के करीब आठ बजे कश्यप बन्धु की आत्मा परमात्मा में विलीन हो गई।

कश्यप बन्धु कश्मीर की सांझी-संस्कृति के अग्रदूत, प्रगतिशील विचारों के पक्षधर तथा कश्मीरी पंडित-समुदाय के ऐसे जननायक थे जिनके जीवन की एक-एक घटना अपने आप में एक इतिहास है, एक दस्तावेज है।

कश्मीर के योगीश्वर स्वामी नन्द बब

कश्मीर, जिसे शारदापीठ भी कहा जाता है, प्राचीनकाल से विद्या-बुद्धि, धर्म-दर्शन तथा साहित्य-संस्कृति का प्रधान केन्द्र रहा है। यहाँ की अद्‌भुत एवं समृद्ध दार्शनिक परम्परा के दर्शन हमें इस भू-भाग में आविर्भूत अनेक साधु-संतों, सूफियों, मस्त-मलंगों, तपीश्वरों, जोगियों वीतरागियों, सिद्ध-पुरुषों आदि के रूप में हो जाते हैं। कहने की आवश्यकता नहीं कि ऐसे ही स्वनामधन्य महापुरुषों की श्रेण्य-परम्परा में स्वामी नन्द बब का नाम बड़े आदर के साथ लिया जाता है। कुछ वर्ष पूर्व माता वैष्णो देवी के दर्शन कर लौटती बार जम्मू में कुछ घंटे रुकने का सुयोग बना। जहाँ मैं रुका वहीं आसपास नन्द बब का स्मारक/मंदिर है, यह जानकर मेरी इच्छा इस मंदिर को देखने की हुई। 'लाले दा बाग' में (अखनूर रोड पर स्थित) इस सुन्दर मंदिर को देख मन-प्राण पुलकित हुए। संयोग से उसी दिन नन्द बब की स्मृति में एक हवन आयोज्य था। अत: उस दिन भक्त जनों की अच्छी-खासी भीड़ भी जुटी हुई थी। कश्मीरी परम्परानुसार मोगल चाय, कुलचे प्रसाद आदि को मैं और मेरे परिवार के सदस्यों ने सादर ग्रहण किया। मंदिर में जब नन्द बब की मूर्ति के दर्शन किए तो मेरी आँखें उन्हें एकटक निहारती रहीं...! मेरी स्मृति काल की परतों को चीरती हुई लगभग 60 वर्ष पीछे चली गई।...देखते-ही-देखते नन्द बब की छवि मेरी आँखों के सामने तिरने लगी। पुरुषयार (हब्बाकदल) श्रीनगर-कश्मीर में स्थित हमारे घर पर नन्द बब यदा-कदा आया करते थे। पूरे मुहल्ले में हमारे घर का आँगन तनिक बड़ा था जिसमें प्रवेश करते ही नन्द बब इधर से उधर तथा उधर से इधर चक्कर काटने लग जाते। देखते-ही-देखते मुहल्ले-भर के लोग हमारे आँगन में एकत्र हो जाते जिनमें बच्चों की संख्या अधिक होती। कुछ उन्हें श्रद्धा की दृष्टि से, कुछ कुतूहल की दृष्टि से तथा कुछ विस्मय की दृष्टि से देखने लग जाते। भौंहें उनकी तनी हुई होतीं। कभी आकाश की ओर दृष्टि घुमाते तो कभी सामने वाले की ओर। कागज की पुर्जी पर कुछ लिखकर वे बुदबुदाते जिसे समझ पाना कठिन होता। मेरे दादा जी उनकी खुदा-दोस्ती से शायद वाकिफ थे इसलिए उन्हें पर्याप्त आदर देते। नन्द बब भी दादाजी के प्रति सम्मान का भाव रखते। दोनों

के बीच मौन-सम्भाषण होता और इस प्रकिया में नन्द बब दाएँ-बाएँ इधर-उधर तथा ऊपर-नीचे देखकर दादाजी को कागज की एक पुर्जी थमाकर निकल जाते। सभी कहते कि नन्द बाबा का दर्शन देना किसी महत्त्वपूर्ण घटना का सूचक है।

नन्द बब जिसे कश्मीरी जनता नन्दमो'त यानी नन्द मस्ताना या नन्द मलंग के नाम से अधिक जानती है, का पहनावा एकदम विचित्र था। ऐसा पहनावा जो ज्यादातर जोगी-फकीर, मस्तमौला किस्म के लोग पहनते हैं। कद-काठी लम्बी, गठीला शरीर, दमकता चेहरा, गले में दाएँ-बाएँ जनेऊ, सिर पर हैट, कोट-पैंट, कमरबन्द, माथे पर लम्बा तिलक, हाथ में छड़ी, कमरबन्द के साथ बगल में लटकती एक छुरी व टीन का बना डिब्बा/(नोर)। चाल मस्तानी-फुर्तीली। भाषा-बोली अनबूझी, आँखें कभी स्थिर तो कभी अस्थिर। रूहानियत के उस कलंदर के लिए सभी बराबर थे। जाति-भेद की संकीर्णताओं से मुक्त उस पूतात्मा के लिए हिन्दू-मुस्लमान सभी समान थे। उसके लिए सभी प्रभु की सन्तानें थीं। न कोई ऊँचा और न कोई नीचा। कहते हैं एक झोली उनके कन्धे पर सदैव लटकती रहती जिसमें श्रीमद्भगवद्गीता, गुरु ग्रंथ साहब, बाइबिल, कुरान शरीफ आदि पवित्र ग्रंथ रहते। हर जाति के लोगों से वे प्यार करते तथा हर धर्म के लोग उनसे मुहब्बत करते। वे भक्तों के और भक्त उनके।

उपलब्ध सूचनाओं के अनुसार नन्द बब का जन्म पौष कृष्ण पक्ष दशमी संवत् 1953 मंगलवार तदनुसार एक अप्रैल 1897, शनिवार को हुआ था। उनके पिता का नाम शंकर साहिब तथा माता का नाम यम्बरजल था। 10 अक्टूबर, 1973 को नन्द बब दिल्ली के एक अस्पताल में ब्रह्मलीन हुए। पुष्करनाथ बठ द्वारा रचित 'नन्द ज्योति' नामक पुस्तक में नन्द बब की अन्तिम यात्रा का बड़ा ही मार्मिक वर्णन मिलता है : 'उनका पार्थिव शरीर हवाई जहाज के जरिए उनके भक्त जनों ने श्रीनगर लाया। यहाँ चोटा-बाजार के शिवालय मंदिर में उनके शव को बड़े आदर से लोगों ने आखिरी दर्शन के लिए रखा। सारे शहर तथा गाँव में समाचार फैल गया। हिन्दू-मुसलमान अपनी छातियाँ पीटते हाथों में फूल/आखिरी नजराना लेकर बबजी के दर्शन करके इधर-उधर खड़े होकर रोते-विलखते थे। पूरा शहर लोगों से उमड़ पड़ा। बबजी का आखिरी श्राद्ध तथा क्रिया-कर्म इसी मंदिर में हुआ। इसके बाद एक मिलिट्री गाड़ी, जिसे फूलों से सजाया गया था, में नन्द बब के शव को रखा गया। यहाँ से शव-यात्रा शुरू हुई जिसमें हजारों लोग (हिन्दू-मुसलमान) शामिल हुए। श्मशान घाट पहुँचकर जब इनके शव को चिता पर रखा गया और मुखाग्नि दी गई तो उपस्थित जन समुदाय जोर-जोर से रोने लगा। रोती आवाजें चारों ओर से गूँजने लगीं, 'स्वामी नन्द बब की जय', 'स्वामी नन्द बब की जय'। 'नन्द बब

अमर हैं', 'नन्द बब अमर हैं!'

नन्द बब की दिव्यता, उनकी रूहानियत, उनकी सिद्ध-शक्ति उनकी करामातों आदि का विवरण सर्वविदित है। वे असहायों के सहायक, दीन-दुखियों के दु:ख-भंजक, अनाथों के नाथ तथा मानव-बन्धुता के उपासक थे। कहते हैं कि उनकी भविष्य-वाणियाँ अटल एवं अचूक होती थीं। जो भी उनके पास सच्चे मन से फरियाद लेकर जाता था, नन्द बब उसकी मुराद पूरी कर देते थे। ऐसी अनेक घटनाएँ/कथाएँ/करामातें आदि इस मस्त-मौला के जीवनचरित के साथ जुड़ी हुई हैं जिन सबका वर्णन करना यहाँ पर सम्भव नहीं है। केवल दो का उल्लेख कर नन्द बब की महानता का अन्दाज लगाया जा सकता है।

एक दिन एक नौजवान बब के पास साइकिल पर आया। बब की नजरें ज्यों ही इस नौजवान पर पड़ी उसने इसको कमरे में बन्द कर दिया और बाहर से ताला लगा दिया और बबजी कहीं चले गए। बब के जाने के वाद नौजवान ने घर वालों से खूव मिन्नत की कि उसे छुड़ाया जाए और आखिर काफी अनुनय-विनय के बाद घर वालों का हृदय पसीजा और उन्होंने उस नौजवान को छोड़ दिया। उधर कुछ देर बाद ही नन्द बब लौट आए और नौजवान को कमरे में न देखकर चिन्तित हो उठे। उनके मुँह से अचानक निकल पड़ा : 'विचोर मूद गव जान मरग!'अर्थात् बेचारा मारा गया, भरी जवानी में मारा गया! ये शब्द वे बार-बार दोहराने लगे। तभी बाहर से आकर किसी शख्स ने यह समाचार बब जी को दिया कि जो नौजवान उनके यहाँ से कुछ देर पहले निकला था, उसका 'मगरमल बाग' के निकट एक ट्रक के साथ एक्सीडेंट हो गया और घटना-स्थल पर ही उस नौजवान की मौत हो गई। समाचार सुनकर सारे घर में सन्नाटा छा गया। 'काश! नौजवान ने मेरी बात मानी होती और वह बाहर न गया होता'-बब जी मन में सोच रहे थे।

एक दूसरी घटना इस प्रकार से है। एक व्यक्ति स्वामी जी के पास आशीर्वाद के लिए आया। उसकी पत्नी एक असाध्य रोग से पीड़ित थी। शायद कैंसर था उसे। सारे डॉक्टरों ने उसे जवाब दे दिया था। अब आखिरी सहारा नन्द बब का था। बब के सामने उस व्यक्ति ने अपनी व्यथा-कथा अश्रुपूरित नेत्रों से कही जिसे सुनकर स्वामी जी का हृदय पसीजा और उन्होंने उस व्यक्ति की मुसीबत को दूर करने का मन बनाया। स्वामी जी ने कागज के टुकड़े पर कुछ लिखा और कहा कि वह जाकर कश्मीर के ही एक अन्य (परम संत) भगवान गोपीनाथ जी से तुरन्त मिले। स्वामी नन्द बब भगवान गोपीनाथ जी को बहुत मानते थे। वह व्यक्ति भगवान गोपीनाथ जी के पास गया जो उस समय साधना में लीन थे। थोड़ी देर बाद जब उस व्यक्ति ने नन्द बब द्वारा दिए गए उस कागज को गोपीनाथ जी महाराज को

दिखाया तो वे झट-से बोले कि यह काम तो वे खुद भी कर सकते थे, तुम्हें यहाँ किसलिए भेजा? उस व्यक्ति की चिन्ता बढ़ गई। भगवान गोपीनाथ जी उस व्यक्ति से कुछ नहीं बोले अपितु दमादम हुक्का पीते रहे। वह व्यक्ति भी वहीं पर जमा रहा। थोड़ी देर बाद भगवान गोपीनाथ उठ खड़े हुए और अपने फिरन/चोले की जेब में से थोड़ी-सी राख को निकालकर कागज में लपेटकर उस व्यक्ति से कहा कि इसे वह अपनी पत्नी को खिला दे, ईश्वर ने चाहा तो सब ठीक हो जाएगा। प्रभु की लीला देखिए कि उस भभूत/राख-रूपी प्रसाद को ग्रहण कर कुछ ही दिनों में उस व्यक्ति की पत्नी स्वस्थ हो गई। उस व्यक्ति की पत्नी का इलाज कश्मीर के सुप्रसिद्ध डाक्टर अली मुहम्मद जान कर रहे थे। जब उन्होंने देखा कि उनका रोगी जो एक असाध्य और भयंकर रोग से जूझ रहा था, एक मस्त-मौला फकीर की करामात से ठीक हुआ तो डाक्टर साहव के मन में भी स्वामी नन्द बब एवं भगवान गोपीनाथ जी से मिलने की इच्छा जागृत हुई। खुदा-दोस्त फकीरों की करामातों को देख डाक्टर साहब मन ही मन खूब चकित हुए और उनकी प्रशंसा करने लगे।

नन्द बब का स्मारक अपनी पूरी दिव्यता के साथ 'लाले का बाग़' मुठी (जम्मू) में अवस्थित है तथा कश्मीरी समाज की समूची सांस्कृतिक धरोहर का साक्षी बनकर उसकी अतीतकालीन आध्यात्मिक समृद्धि की पताका को बड़े ठाठ से फहरा रहा है। यहाँ पर स्व. स्वामी श्री चमनलाल जी वामजई का नामोल्लेख करना अनुचित न होगा जिनकी सतत प्रेरणा एवं सहयोग से उक्त स्मारक की स्थापना सम्भव हो सकी है। आज उन्हीं की बदौलत मंदिरों वाले इस जम्मू शहर में एक और 'मंदिर' अपनी पूरी भव्यता, गरिमा तथा शुचिता के साथ कश्मीर मंडल की रूहानियत को साकार कर रहा है। सच में, नन्द बब जैसे खुदा-दोस्तों का आविर्भाव मानव-जाति के लिए वरदानस्वरूप होता है और शारदापीठ कश्मीर को इस बात का गर्व प्राप्त है कि उसकी धरती पर नन्द बब जैसे योगीश्वर अवतरित हुए हैं।

कश्मीर का नया वर्ष : 'नवरेह'

फूलों की वादी कश्मीर में ऋतुराज वसंत का रंग जरा देर से जमता है। फरवरी-मार्च तक पूरी घाटी बर्फ की चुभती हुई ठंड से आतंकित रहती है। सूर्यदेव के दर्शन कभी-कभार हो जाए तो खुदा का शुक्र मानिए। खैर, देर आयद-दुरुस्त आयद। वसंत आ गया और कश्मीर-वासियों ने सुख की साँस ली। जाड़े की कड़कती सर्दी में जिस 'कांगड़ी' से उन्हें राहत मिली थी, उसी बेचारी का 'दाह-संस्कार' करने के लिए घर-घर तैयारियाँ होने लगी हैं। शिवरात्रि के बाद आने वाली अष्टमी को बेचारी 'कांगड़ी' विदा होती है लगभग पाँच-छह महीने के लिए। बच्चे इस 'दाह-संस्कार' में हद से ज्यादा रुचि लेते हैं। 'कांगड़ी' के सिर पर एक रस्सी बाँध दी जाती है तथा 'कांगड़ी' में आग लगाकर उसे सिर के ऊपर से घुमाया जाता है। बच्चे गाते हैं–

ज तूं तूं, ज तूं तूं
वन्दअ गव वेरे
कलअ किन क्रेरे
सांय सूं, सांय सूं
जाड़ा भाग गया
सर के बल कुएँ में लुढ़क गया...

कश्मीरियों का नया वर्ष (नवरेह) हर साल वसंतागमन (सोन्थ) से प्रारम्भ होता है। रम्यवन्दना प्रकृति एक बार पुनः झूम उठती है। धौली-बर्फीली चादर ओढ़े पर्वत-शिखर, कल-कल निनाद करते झरने, छन-छन बजते चिनार के वृक्ष, बादाम के पेड़ों पर खिले शिगूफे वसंतागमन की सूचना देते हैं। प्रकृति और पुरुष दोनों आनन्द-विभोर होकर झूम उठते हैं। समस्त घाटी अभिनव शृंगार कर नूतन किसलयों तथा रंग-बिरंगे फूलों से खिल उठती है।

वसंत के शुभागमन पर परम्परानुसार विभिन्न देवी-देवताओं की पूजा की जाती है। यह पूजा, 'सोन्थ-पूजा' कहलाती है। प्रति वर्ष चैत्र शुक्ल पक्ष प्रथमा को यह

पारम्परिक कृत्य सम्पन्न होता है। गृहणियाँ रात को एक थाल सजाकर रख देती हैं। इस थाल में चावल, अखरोट, बादाम, कलम-दवात, दर्पण, मिश्री, दधि, कुछ मुद्राएँ, नए वर्ष का पंचांग आदि मांगलिक वस्तुएँ रखी जाती हैं। चावल इसलिए रखे जाते हैं ताकि वर्ष भर घर में अन्न का अभाव न हो, अखरोट और बादाम इसलिए ताकि जीवन फलहीन न हो जाए, कलम-दवात सरस्वती देवी की कृपा-दृष्टि के लिए, दर्पण सुखी-जीवन के भविष्य को बिम्बित करने के लिए, मुद्राएँ लक्ष्मीजी की अनुकम्पा के लिए तथा पंचांग इसलिए कि वह आने वाले वर्ष की आशाओं-निराशाओं का कोष है। इधर, भोर की प्रथम किरण फूटती है और उधर गृहणियाँ परिवार के सदस्यों को इस थाल का दर्शन कराती हैं। सभी सदस्य थाल में से नैवेद्य-स्वरूप थोड़े से बादाम और अखरोट तथा मिश्री के कुछ टुकड़े चख लेते हैं तथा दर्पण में अपनी छवि देख लेते हैं। गृहणियों को पारिश्रमिक की अपेक्षा रहती है और वे सदस्यों की संख्यानुसार कुछेक रुपए बना लेती हैं। दिन में जगह-जगह मेले लगते हैं—मस्ती के, उल्लास के। छोटे-बड़े, मर्द-औरतों सभी नए वस्त्र पहनकर 'बादामवारी' की ओर चल पड़ते हैं जहाँ बादाम के पेड़ों के नीचे सामूहिक नृत्य होते हैं, संगीत-सभाएँ होती हैं, गाना-बजाना होता है तथा अल्पाहार होता है। हाथों में 'समावार' (चाय बनाने की केतली-विशेष) तथा स्टोव लिए, बगल में बिछावन दबाए छोटे-छोटे उल्लसित जनसमूह नाचते-गाते घर से निकल पड़ते हैं—

आव बहार वलो बुलबुलो
सोन वलो बरवो शोदी
द्राव कठकोश ग्रोजअ पान छलो
वलअ छलव वन्दकी दोदी
वुज़ू न्येन्द्रे वुनि छा सुलो...

(वसंत रंग लाया, बुलबुल कुछ बोल री ! आ, मिलकर वसंतोत्सव मनाएँ। जाड़ा दूर हो गया, आ ठंड का यह दुखड़ा धो डालें। आ, देर किस बात की ? देख नहीं रही, सुनहली चिड़िया, पंडुकी, 'पोशनूल' आदि नववसंत का स्वागत कर रहे हैं। प्यारा गुलाब भी इठलाता हुआ पाले के रंजोगम को भूल रहा है। री बुलबुल, तू स्वच्छंद होकर कोई ऐसा मीठा गीत गा जिससे जाड़े के गिले-शिकवे दूर हो जाएँ। देख, नर्गिस रस का प्याला लेकर तेरी राह देख रही है। आकाश भी साफ हो गया है—ऐसे में कुछ बोल री बुलबुल ! कुछ बोल...)

वसंत आ गया और बादाम के बगीचे महकने लगे। बादाम के पेड़ों की छाया तले बैठे छोटे-छोटे जनसमूह प्रकृति का आनन्द ले रहे हैं। फूलों की वादी में वसंत

अपने साथ अनोखा रंग लाया है। लता-द्रुम पल्लवित हो सारी घाटी को उन्मत्त कर रहे हैं। चमेली, मंजिपोश, नरगिस, गुलाब, गुलशबी आदि की सुरभि से फिजाएँ सुगन्धित हो रही हैं। चारों ओर जीवनरस का संचार हो रहा है :

छु सब्जअय ताज सब्जारन
बठयन बालन तअ कोहसारन,
दिलुक गमगोस चोल यारन
मुबारख नोव बहार आमद।...

(सकल वनस्थली हरियाली से सरसब्ज हो गई है। पर्वत, वन तथा फूल-किनारे इस हरियाली से लहलहा रहे हैं। चिर-पीड़ित दिलों से अब जाड़े का रंजोगम दूर हो गया है। नव-वसंत का स्वागत ! कुसुम-कुंज महकने लगे हैं, अनार के पेड़ों पर नव-किसलयों का आगमन हो चुका है। बुलबुलें मन-ही-मन वसंतागमन पर गद्गद हो रही हैं। नव-वसंत का स्वागत ! वासंती समीर मन को लुभा रहा है, सम्पूर्ण निशान्त बारा पुष्प-पल्लवित हो उठा है तथा सकल प्रकृति आज नव-वधू के समान लग रही है। नव-वसंत का स्वागत !)

वसंत तो आ गया किन्तु उस नवयौवन का प्रियतम नहीं आया। वह निष्ठुर तो इतना बेदर्दी निकला कि उसकी सुध तक लेने नहीं आया। बादाम के पेड़ों पर शिगूफे लग गए, धरती का अंचल इन शिगूफों की श्वेत पंखुड़ियों से भर गया किन्तु उस प्रेम-मतवाली का प्रियतम लौटकर नहीं आया।

रोश मता म्यानि दिलबरो
पोशन ति बहार आव यूर्य वलो,
लज्य फूलय बादा मन
रोशि करिमस पोश चमन
यार कमन गोम मोतुये...

(रे मेरे दिल के राजा, तू यों रूठ के न जा। देख पुष्पों पर बहार छाई है, ऐसे में तू मेरे पास चला आ। बादाम के पेड़ों पर शिगूफे खिल गए हैं किन्तु री सखी, मेरे राजा न जाने मुझे छोड़ कहाँ चले गए हैं? मैंने प्रेम प्रसूनों की शय्या सजाकर रखी है। सारे फूल मुरझा गए किन्तु वह बेदर्दी नहीं आया। न जाने मेरा हमदम कहाँ चला गया है?)

वसंतागमन एक प्रेमी के लिए भी कम संतापदायी नहीं है। प्रेयसी के अभाव

में उसके दिल पर क्या गुजरती है, इसका अन्दाज लगाना कठिन है। इस सुहावनी और दिलकश रुत में उसकी प्रियतमा दरो-दीवार फाँदकर कहीं से आ जाए। वह फूलों से पूछता है, पक्षियों से कहता है—

आव बुलबुल ब्यूठ थरि
दिल में न्यूनतम सोन्दरि...

बुलबुल डाली पर बैठ गई और मुझे उस सुन्दरी की याद दिला गई। उस सुन्दरी ने मेरी नींद तथा मन का चैन लूट लिया है...।

वसंत कश्मीरियों के लिए नवजीवन का अग्रदूत है। वह प्रत्येक वर्ष उनके लिए नई आशाओं, नई उमंगों तथा नई खुशियों का सन्देश लेकर आता है। आशा की जानी चाहिए कि प्रकृति रानी कश्मीरवासियों के दुख-दर्द दूर करेगी, उनके होंठों से छिनी हँसी उन्हें लौटा देगी और एक बार फिर धरती के इस स्वर्ग में सुख-शान्ति का वातावरण स्थापित होगा। कश्मीर सदियों से मेल-जोल, भाईचारे और धार्मिक/साम्प्रदायिक सद्‌भाव का स्पृहणीय केन्द्र रहा है।

कश्मीर में शिवरात्रि

हमारा देश सांस्कृतिक दृष्टि से एक समृद्ध देश है। इसकी वैविध्यपूर्ण संस्कृति हमारे विभिन्न त्योहारों और पर्वों में झलकती है। यहाँ होली, दीवाली, दशहरा, पोंगल, महाशिवरात्रि, क्रिसमस, ईद इत्यादि अनेक त्योहार मनाए जाते हैं। भारतवासी ये त्योहार पूर्ण उत्साह और धूमधाम से मनाते हैं। हमारे इन सभी त्योहारों और पर्वों में महाशिवरात्रि का त्योहार विशेष महत्त्व रखता है। हिन्दू-कैलेंडर के अनुसार यह त्योहार प्रतिवर्ष फाल्गुन मास के कृष्णपक्ष की चतुर्दशी को मनाया जाता है। शिवरात्रि अथवा महाशिवरात्रि भगवान शिव पर आस्था रखने वाले भक्तजनों के लिए एक बहुत बड़ा दिन होता है। महाशिवरात्रि न केवल भारत में, अपितु नेपाल, बंगलादेश और श्रीलंका में भी मनाई जाती है।

कश्मीर में शिवरात्रि को 'हेरथ' कहते हैं और यह त्योहार वहाँ के सभी त्योहारों में अपना एक विशेष महत्त्व रखता है। मनाने की विधि भी तनिक भिन्न और अनूठी है। घाटी से पंडितों के निर्वासन के बावजूद कश्मीरी पंडित, जो जहाँ भी हैं, पूर्ण उत्साह, आस्था और श्रद्धा के साथ इस पर्व को मनाते हैं। पौराणिक मान्यताओं के अनुसार 'हेरथ' शब्द संस्कृत शब्द हर-रात्रि यानी शिवरात्रि से निकला है। एक मान्यता यह भी है कि यह फारसी शब्द हैरत का अपभ्रंश है। कहते हैं, कश्मीर घाटी में पठान शासन-काल के दौरान कश्मीर के तत्कालीन तानाशाह पठान गवर्नर जब्बार खान ने कश्मीरी पंडितों को फरवरी में यह पर्व मनाने से मना कर दिया था। अलबत्ता उसने यह पर्व जून-जुलाई में मनाने की अनुमति दी थी। खान को पता था कि इस पर्व का हिमपात के साथ जुड़ाव है। शिवरात्रि पर जो गीत गाया जाता है, उसमें भी शिव-उमा की शादी के समय सुनहले हिमाच्छादित पर्वतों की खूबसूरती का वर्णन किया जाता है। इसलिए उसने जानबूझकर इसे गर्मी के मौसम में मनाने की अनुमति दी लेकिन गवर्नर समेत सभी लोग उस समय हैरत में पड़ गए जब उस वर्ष कश्मीर में जुलाई में भी भारी बर्फबारी हो गई। तभी से इस पर्व को कश्मीरी में हैरत यानी 'हेरथ' कहते हैं। (आगे इस कहानी को और विस्तार से समझाया गया है।)

एक और जनश्रुति भी प्रचलित है कि एक दिन दक्ष प्रजापति ने महायज्ञ रचाया। इस यज्ञ में शंकर को नहीं बुलाया गया। शंकर की पत्नी सती से अपने पति का यह अपमान सहा न गया। वह हवन-कुंड में कूद गई। तब शिव ने पुनर्विवाह न करने का निश्चय किया। उधर, सती ने हिमालय के पर्वतों में एक बार फिर जन्म लिया। वयस्क होने पर उसने शंकर को पाने के लिए घोर तपस्या की। बहुत समय व्यतीत हो जाने के पश्चात् शंकर ने हिमालय-पुत्री पार्वती को तपस्या में और निमग्न रखना उचित नहीं समझा। वे उस जंगल में गए जहाँ पार्वती तपस्या कर रही थीं। ज्योंही उन्होंने जंगल में प्रवेश किया और पार्वती को देखा तो उनके मुँह से सहसा निकल पड़ा : 'हे रते!' पार्वती ने जब यह सुना, तो उसने आनन्दित होकर आँखें खोलीं और उसकी पहली नजर पास में रखे हुए कलश पर पड़ी जिनसे कुछ 'वटु' (ब्रह्मचारी) पैदा हुए। ये 'वटु' बाद में वटुकनाथ भैरव कहलाए, जिनकी पूजा शिवरात्रि के दिन होती है। शिवरात्रि के लिए कश्मीरी शब्द 'हेरथ' 'हे रते!' शब्द का ही परिवर्तित रूप प्रतीत होता है।

कश्मीर में प्राय: हर कश्मीरी पंडित के घर में एक पूजागृह हुआ करता था जिसे 'ठोकुर कुठ' (ठाकुर-द्वारा) कहा जाता था। शिवरात्रि की पूजा यहीं पर होती है। शिवरात्रि से कई दिन पहले पूरे घर की साफ-सफाई करके पूजास्थल पर शिव और पार्वती के दो बड़े कलश समेत वटुक भैरवनाथ और पूरे शिव परिवार समेत करीब दस कलशों की स्थापना की जाती है। पहले कुम्हार खास तौर पर इस पूजा के लिए मिट्टी के कलश बनाते थे लेकिन अब पीतल या अन्य धातुओं के कलश रखे जाते हैं। फूल मालाओं से सजे कलश के अन्दर पानी में अखरोट रखे जाते हैं। अखरोट को चार वेदों का प्रतीक माना जाता है। कश्मीर में हेरथ अर्थात् शिवरात्रि का पर्व प्रतिवर्ष फाल्गुन कृष्णपक्ष की द्वादशी/त्रयोदशी को मनाया जाता है जबकि शेष भारत में अगले दिन यानी चतुर्दशी को महाशिवरात्रि मनाई जाती है। कश्मीरी विद्वान अग्निशेखर के अनुसार "कश्मीर की शैवी परम्परा में शिवरात्रि के अवसर पर प्रमुख रूप से 'वटुक भैरव' की ही पूजा होती है। वटुक भैरव के साथ-साथ शक्ति और अन्य भैरवों की पूजा त्रयोदशी से विसर्जन तक चार-पाँच दिनों तक नियमित रूप से चलती है। फाल्गुन मास की इन विशेष तिथियों का शिव के 'हर' रूप से जोड़कर नाम लिया जाता है। जैसे 'हुर्य ओकदोह' यानी हर-सम्बन्धी प्रतिपदा, 'हुर्य द्वितीया, हुर्य तृतीया' इसी तरह हर तिथि के साथ 'हुर्य' उपसर्ग लगता है। त्रयोदशी के दिन निश्चित मुहूर्त पर विशेष कर प्रदोषकाल अर्थात् सन्ध्या के समय वटुक भैरव की विस्तृत पूजा शुरू की जाती है। पूरे भारत में महाशिवरात्रि पर प्रमुखता से देवी-पुत्र वटुकनाथ भैरव की पूजा शायद कश्मीरी

पंडित ही करते होंगे। अग्निशेखर जी आगे कहते हैं : "कश्मीर के स्थानीय दुर्लभ ग्रंथ 'नीलमतपुराण' में फाल्गुन मास में शिवरात्रि मनाए जाने के नियम, पदार्थ और विधि के बारे में जानकारी मिलती है। शिवरात्रि के अवसर पर उपवास, पूजा और भक्तिपूर्वक रात्रि-जागरण में गीत, नृत्य व संगीत से इसे भरपूर उत्सव की तरह मनाने के स्पष्ट निर्देश हैं। एक जगह (श्लोक 531-533) तो यहाँ तक लिखा है कि भले ही सालभर आप अपनी इच्छानुसार महादेव शंकर की पूजा करें या न करें, फाल्गुन की कृष्ण चतुर्दशी को उनकी पूजा अवश्य करें :

तस्मिन मासे ध्रुवं पूज्यो देव: चतुर्दशीम् (श्लोक 532)"

चूँकि वटुकनाथ जल कुम्भ से प्रकट हुए थे इसलिए यहाँ महाशिवरात्रि के दिन जलकुम्भ (मिट्टी का कलशरूपी बर्तन, जिसमें अखरोट तथा अन्य सूखे मेवे डाले जाते हैं) की पूजा होती है। साथ ही वटुकनाथ के अन्य सहकारी भैरव (जिनको कश्मीरी में 'सनिवारी' कहते हैं) की पूजा भी शास्त्रोक्त विधि के अनुसार की जाती है। सनिवारी का शाब्दिक अर्थ है सात भैरव बताया जाता है जो जलकुम्भ के आमने-सामने मिट्टी के छोटे-छोटे सात बर्तनों के रूप में रखे जाते हैं। पूजा-स्थल पर वटुक भैरव का मांगलिक कलश सजता है। पूजा के दौरान इस वटुकराज भैरव के कलश में जल, अखरोट, मिश्री, दूध और फूल चढ़ाए जाते हैं। फिर 'रामगोड' (शिव ही का रूप) छोटे घड़े को स्थापित किया जाता है। इसी क्रम में वैष्णव ऋषियों के रूप में एक पात्र 'डुलिज' तथा दीया और रतनदीप आदि कई पात्र अपने-अपने निश्चित स्थान पर रखे जाते हैं। प्रत्येक पात्र को गेंदे की फूलमालाओं से, सिन्दूर के तिलक से, मौली और बेलपत्र से सश्रद्धा सजाया जाता है। शिवरात्रि अर्थात् त्रयोदशी या द्वादशी-त्रयोदशी से अमावस्या तक प्रतिदिन वटुकनाथ भैरव और इनके अन्य सहकारी भैरवों की पूजा पूरी श्रद्धा के साथ की जाती है। सभी पात्रों का जल नियमित रूप से बदला जाता है। अमावस्या के दिन वटुक-भैरव के कलश को वितस्ता के किनारे पर ले जाकर पूजा में चढ़ाई गई सामग्री का विसर्जन किया जाता है। इसके बाद कलश रूपी बर्तन/गगरी को गृहस्वामी अपने घर लाते हैं। घर के पहले से बन्द दरवाजे को खटखटाया जाता है। दरवाजे के भीतर (गृहस्वामिनी) और बाहर वाले (गृहस्वामी) व्यक्ति के बीच यह वार्तालाप होता है :

कौन हैं ?
मैं हूँ रामब्रोर।

क्या लेकर आए हो?
अन्न, धन और रोजगार।
साक्षी कौन है?
भैरवरूप वटुकनाथ।

इसके बाद दरवाजे को खोला जाता है। घर के सभी सदस्य प्रसन्न होकर कलश में डाले गए अखरोटों को तोड़कर प्रसादस्वरूप खाते हैं। बाद में अपने सगे-सम्बन्धियों को नैवेद्य-स्वरूप ये अखरोट बाँटे जाते हैं। विशेषकर विवाहिता बहनों और बेटियों को अनिवार्य रूप से अखरोट प्रसाद के तौर पर भेजे जाते हैं।

पूर्व में कहा जा चुका है कि महाशिवरात्रि को कश्मीरी में 'हेरथ' कहते हैं। हेरथ के अगले दिन एक अनुष्ठान और होता है जिसे 'सलाम' कहते हैं। 'सलाम' का प्रयोजन अथवा इस रीति की क्या पृष्ठभूमि है? यह जानना जरूरी है।

1817 के आसपास जबारखान नाम का एक अफगान कश्मीर का हुक्मरान हुआ करता था। एक दिन इस हुक्मरान का मनचला बेटा कश्ती पर सवार होकर जेहलम नदी की सैर कर रहा था। एक घाट पर उसने देखा कि कुछ बालाएँ खड़ी हैं जिनमें से एक सुन्दर-बाला मिट्टी से अपने हाथ धो रही थी। कश्ती पर सवार अफगान हुक्मरान के साहबजादे ने मन में सोचा कि यदि मैं मिट्टी होता तो मुझे इस बाला के कोमल शरीर को छूने का मौका मिलता। साहबजादा लड़की को घूरते हुए धीरे-धीरे आगे निकल गया। लड़की ने फब्ती कसी 'तुझे कोढ़ हो!' प्रभु की कृपा से ऐसा ही हुआ। खानजादे को कोढ़ की बीमारी लगी। वैद्य-हकीम कोढ़ को ठीक करने में असमर्थ रहे। जबारखान को जब पता चला कि उसका बेटा कन्या के अपवचन/शाप से पीड़ित हुआ है तो वह क्रोध से तिलमिला उठा और उस कन्या को दरबार में पेश किया गया। डर के मारे कन्या ने साहबजादे की करतूत/बुरी नजर के बारे में जानकारी दी। कन्या को कत्ल करने का हुक्म जारी किया गया। कन्या ने निवेदन किया कि यदि मेरे 'पुलहोर' (घास की जूती) को जलाकर उसकी राख को कोढ़ पर मला जाए तो निश्चित ही कुष्ठ-रोग ठीक हो जाएगा। कन्या के कहने पर ऐसा ही किया गया तो खान के बेटे का कोढ़ ठीक हो गया। कन्या से जब इस वाक्-सिद्धि के बारे में पूछा गया तो उत्तर मिला कि जब 'हेरथ' के दौरान बर्फ से मंत्र-पूजा की जाती है तो वाक्-सिद्धि प्राप्त हो जाती है। जबारखान ने कश्मीरी पंडितों की इस मंत्र-शक्ति को समूल नष्ट करने की ठान ली तथा हेरथ/महाशिवरात्रि को आषाढ़ मास में मनाने का फरमान जारी कर दिया क्योंकि इस महीने में न तो हिमपात ही होगा और न कोई मंत्र-सिद्धि ही होगी।

आदेश का कठोरतापूर्वक पालन कराया गया।

कश्मीरी पंडितों को विवश होकर आषाढ़ मास की कृष्ण-त्रयोदशी की रात्रि को हेरथ/महाशिवरात्रि की पूजा करनी पड़ी। सभी शिवभक्तों के मन-प्राण अवसादग्रस्त और व्यथित थे। सजल नेत्रों से शिव/आशुतोष का भजन-पूजन कर रहे थे। उधर, भैरव और उनके स्वामी देवाधिदेव महादेव अपने भक्तों की सुध लेने के लिए प्रयासरत थे। प्रभु की लीला देखिए! सारी रात हिमपात हुआ। प्रात:काल लोग बर्फ देखकर आश्चर्यचकित हुए। बर्फ गिर रही थी और थमने का नाम नहीं ले रही थी। चहुँओर तबाही का दृश्य था। फसल से भरपूर खेत-खलिहान बर्फ में समो गए थे जिन्हें देख-देख जनता त्राहि-त्राहि करने लगी। जबारखान को लोग कोसने लगे। मारे खौफ और अकुलाहट के अफगान शासक जबारखाँ अपने दरबारियों से इस दैवी आपदा/त्रासदी का समाधान ढूँढने के लिए मशविरा करने लगा। तय किया गया कि तुरन्त भगवान शिव के पास जाकर माफी माँगी जाए जो इस समय पंडित-घरों में विराजमान हैं। पंडितों/हिन्दुओं के घर जा-जाकर शासक जबारखाँ ने 'सलाम' किया तथा अपने किए की माफी माँगी। शेष मुसलमानों ने भी ऐसा ही करते हुए पंडित घरों के द्वार पर जा-जाकर भगवान शिव एवं पार्वती-माता को सलाम करते हुए माफी माँगी। कहते हैं, कुछ देर के बाद ही बर्फ का गिरना बन्द हो गया। तब से 'हेरथ' के दूसरे दिन पंडितों के घर जाकर गैर-हिन्दुओं द्वारा 'सलाम' करने की प्रथा/रीति जारी है। अब तो पंडित भी एक-दूसरे को इस दिन 'सलाम' कहकर अभिवादन करते हैं।

जबारखाँ की इस क्रूरता पर ताना कसते हुए आज भी कश्मीर में ये उक्ति प्रचलित है–'वुछतोन यि जबार जन्द्ह, हारस ति कोरुन वन्द्ह' अर्थात् 'इस जबार फटीचर की औकात देखो, आषाढ़ में भी (प्रभु ने)जाड़ा कर दिया।'

अन्त में कश्मीरी कवि-चिन्तक अग्निशेखर जी की इन पंक्तियों को उद्धृत करना अनुचित न होगा : "शिवरात्रि, वास्तव में, कश्मीरी पंडितों का सबसे बड़ा पर्व है। यह पर्व इनके दार्शनिक, आध्यात्मिक, सामाजिक और सांस्कृतिक डीएनए/धरोहर का बहुमूल्य हिस्सा है। पारम्परिक दृष्टि से वे इसे विषम से विषमतर स्थिति में भी मनाते आए हैं और आज भी उसी श्रद्धानत भाव से मनाते हैं। इसे वे 'रीथ पालुन' कहते हैं अर्थात् घर में चाहे किसी की मृत्यु तक भी क्यों न हो जाए, वे अविच्छिन्न रूप से इस रीति का पालन करेंगे ही करेंगे। 'वटुक/गगरी' भरेंगे ही क्योंकि 'हेरथ' सृष्टि के कल्याण की रात्रि है। शिव और शक्ति के सम्मिलन की रात्रि है। दोनों के विवाह की रात्रि है।"

कश्मीर का प्रसिद्ध तीर्थ : तुलमुल (क्षीर-भवानी)

श्रीनगर (कश्मीर) के पूर्व में लगभग चौदह किलोमीटर की दूरी पर स्थित एक छोटा-सा गाँव बसा हुआ है तुलमुल। यहीं पर जगदम्बा माता क्षीर-भवानी का वह सुरम्य मंदिर/ तीर्थ है जो प्राचीनकाल से श्रद्धालुओं और भक्तजनों के लिए आस्था का केन्द्र बना हुआ है। श्रीनगर से तुलमुल तीर्थ-स्थान तक जाने के लिए पहले के समय में प्राय: लोग तीन मार्गों का उपयोग करते रहे हैं। एक सड़क से, दूसरा वितस्ता या झेलम नदी से तथा तीसरा पैदल रास्ते से। आजकल अधिकांशत: लोग बस, मोटर कार, दुपहिये वाहनों आदि में बैठकर ही यह तीर्थ करते हैं।

'तुल' कश्मीरी में तूत को कहते हैं तथा 'मुल' पेड़ या जड़ को। इस प्रकार 'तुलमुल' का अर्थ तूत का पेड़ हो जाता है। कहते हैं, जिस चश्मे में इस समय जगदम्बा (महाराज्ञी) का वास समझा जाता है, वहाँ पर आज से कई सौ वर्ष पूर्व तूत का एक बड़ा पेड़ विद्यमान था तथा लोग चश्मे में उसी पेड़ को महाराज्ञी का प्रतिरूप मानकर पूजा करते थे। इसीलिए इस तीर्थस्थान को 'तुलमुल' कहा जाता है।

क्षीर-भवानी तीर्थ के सम्बन्ध में मिथकों से जो जानकारी प्राप्त होती है, उसके अनुसार लंकापति रावण को अपूर्व शक्ति प्राप्त करने का वरदान जगदम्बा से ही प्राप्त हुआ था। किन्तु जब रावण सीता का हरण कर रामचद्रजी के साथ युद्ध करने पर आमादा हो गए तो महाराज्ञी जगदम्बा रुष्ट हुई। इन्होंने हनुमान को तत्काल यह आदेश दिया कि वे इनको 'कश्यपमर'/कश्मीर ले जाएँ क्योंकि रावण के पिता पुलस्त्य उस समय कश्मीर में ही रहा करते थे। हनुमान ने आदेश का पालन किया तथा कश्मीर के पश्चिम के एक दूरवर्ती गाँव 'मंजगाँव' में देवी की स्थापना की परन्तु यह स्थान देवी को भाया नहीं और बाद में हनुमान ने देवी की स्थापना 'तुलमुल;' गाँव में की। यहाँ देवी का नाम 'क्षीर-भवानी' पड़ा क्योंकि इनका भोग केवल मिष्ठान एवं क्षीर से ही होने लगा। कल्हणकृत राजतरंगिणी के अनुसार कश्मीर का प्रत्येक राजा इस तीर्थ स्थान पर जाकर जगदम्बा महाराज्ञी के प्रति अपनी श्रद्धा के फूल अर्पित करता था। किंवदन्ती यह भी है कि भगवान

राम वनवास के दौरान कई वर्षों तक माता जगदम्बा देवी की पूजा करते रहे और वनवास के बाद हनुमान से कहा कि वह माता के लिए उनका मनपसन्द स्थान तलाश करें। इस प्रकार माता ने कश्मीर का चयन किया और हनुमान ने उनकी स्थापना 'तोला मोला'अथवा तुलमुल में की।

देवी का वर्तमान जलकुंड 60 फुट लम्बा है। इसकी आकृति शारदा लिपि में लिखित ओंकार जैसी है। जलकुंड के जल का रंग बदलता रहता है जो इसकी रहस्यमयता/दिव्यता का प्रतीक है। इसमें प्रायः गुलाबी, दूधिया, हरा आदि रंग दिखाई देते हैं जो सुख-शान्ति तथा देश-कल्याण के सूचक माने जाते हैं। कला रंग अपशकुन माना जाता है। मंदिर के पुजारियों का विश्वास कि चश्मे का पानी अगर साफ हो तो सबके लिए अच्छा शगुन है और वह साल भी अच्छा बीतता है किन्तु अगर पानी गंदला या मटमैला हो तो कश्मीरवासियों के लिए मुश्किलें, यात्रा कष्ट और परेशानी का दुर्योग बनता है। कहा जाता है 1990 में चश्मे का पानी काला हो गया था, मानो उसमें धुआँ मिलाया गया हो। तब कुछ ही महीनों के बाद पंडितों को घाटी छोड़कर जाना पड़ा था। जलकुंड के बीच में जगदम्बा महाराज्ञी का एक छोटा-सा किन्तु भव्य मंदिर विद्यमान है। आज से डेढ़ सौ वर्ष पूर्व यहाँ कोई मंदिर नहीं था। वर्तमान मंदिर का निर्माण डोगरा शासकों के सत्प्रयास से हुआ है। यह मंदिर भारतीय वास्तुकला के आधार पर बनाया गया है। मंदिर का प्रवेश द्वार पूर्व की ओर है। कुंड के सामने लगे जँगले के बाहर लोग देवी के दर्शन करते हैं।

इस तीर्थ के दर्शन करने युगों-युगों से कई योगी तथा महापुरुष कश्मीर आए हैं। कहते हैं कि रावण को जब इस बात का पता चला कि महाराज्ञी उसके दुर्व्यवहार से रुष्ट हो गई है तो वे क्षमा-याचना के लिए यहाँ आए किन्तु तब तक महाराज्ञी जलकुंड में ही समा गई थी। राजतरंगिणी के कई तरंगों में हमें भारत से आए कई योगीजनों का उल्लेख मिलता है जिन्होंने इस तीर्थ पर आकर महाराज्ञी के प्रति अपनी श्रद्धा के फूल अर्पित किए। कल्हण ने इस तीर्थ को कश्मीर का काशी कहा है। सन् 1868 में जब स्वामी विवेकानंद कश्मीर आए तो इन्होंने अपनी यात्रा के अधिकांश दिन महाराज्ञी के चरणों में व्यतीत किए। यहाँ पर वे भाव-समाधि में लीन हो जाते थे। अपनी कई रचनाओं में इन्होंने इस सुरम्य तीर्थ की भूरि-भूरि प्रशंसा की है। इनकी विदेशी शिष्या भगिनी निवेदिता ने भी अपनी पुस्तकों में इसका उल्लेख किया है।

यों तो प्रायः प्रतिदिन महाराज्ञी के दर्शनार्थ देश के कोने-कोने से यात्रियों का ताँता बँधा रहता है, किन्तु प्रतिवर्ष ज्येष्ठ शुक्ल पक्ष की अष्टमी को यहाँ भक्तजन काफी मात्रा में आते हैं। जयेष्ठ शुक्ल पक्ष अष्टमी को, जो क्षीर-भवानी के जन्म-

दिवस के रूप में मनाया जाता है, यहाँ विशेष मेला भरता है। जलकुंड में अर्पित दूध तथा पुष्प आदि की सुगन्ध से मन में अपूर्व शान्ति का संचार होता है। देवी जगदम्बा के भजन-कीर्तन रातभर चलते हैं।

इस मंदिर के बाहर सदियों से भाईचारे का माहौल देखने को मिलता है। मंदिर में चढ़ने वाली पूजा-अर्चना, दूध-मिश्री आदि सामग्री इलाके के स्थानीय मुस्लिम बिरादरी के लोग बेचते हैं जो भाईचारे का एक बहुत बड़ा उदाहरण है। सामग्री बेचने वाले शौकत का कहना है कि उनके वालिद साहब भी श्रद्धालुओं के लिए पूजा का सामान बेचने का काम करते थे। उनका कहना है कि हमारे बीच हिन्दू-मुस्लिम वाली कोई बात थी नहीं। मगर क्या करें? वक्त खराब आया कि हमारे कश्मीरी पंडित भाइयों को यहाँ से जाना पड़ा। उम्मीद है कि जल्द ही कश्मीर में फिर से कश्मीरी पंडित हम लोगों के साथ अपने पुराने घरों में रहने आ जाएँगे। यों, माना यह भी जाता है कि बाबा अमरनाथ के शिवलिंग का पता भी सबसे पहले एक स्थानीय मुस्लिम गड़रिये को ही चला था।

कश्मीरी शालों का इतिहास

कश्मीर की हस्तकला इस प्रदेश के प्राकृतिक सौन्दर्य की भाँति ही सुविख्यात है। कश्मीरी नमदे, गलीचे, कालीन, अखरोट की लकड़ी का कम, पेपरमेशी, कटवर्क आदि कश्मीरी हस्तकला के अनुपम नमूने हैं। इनमें कश्मीरी शालें अपनी सुन्दरता, रंगाकर्षण, कढ़ाई आदि के लिए विशेष महत्त्व रखती हैं।

कश्मीर शालों का इतिहास काफी पुराना है। 'शाल' मूलत: फारसी भाषा का शब्द है जिसका अर्थ है : कोई भी आवरण-वस्त्र। व्यापक अर्थ में शाल से अभिप्राय कन्धों पर ओढ़े जाने वाले ऊनी वस्त्र-विशेष से है। यह ऊन बड़ी ही मुलायम और गर्म होती है।

कश्मीर में शालकला के विकास की परम्परा अत्यन्त प्राचीन है। महाभारत में वर्णित है कि जब भगवान श्रीकृष्ण पांडवों का अभिमत लेकर कौरवों के यहाँ गए तो धृतराष्ट्र ने भगवान को अन्य मूल्यवान वस्तुओं के अतिरिक्त कई शालें, जो एक पर्वतीय प्रदेश में बनी हों, भेंट स्वरूप देनी चाही थी। सम्भवत: संकेत कश्मीर प्रदेश की ओर था। कश्मीर में शाल-कला की प्राचीनता को स्पष्ट करने वाली एक ऐतिहासिक घटना भी मिलती है। कहा जाता है कि कश्मीर के शासक सुलतान नाजुकशाह के राजत्वकाल में कश्मीर के मिर्जा हैदर का बावर्ची नक्शबेग जब कश्मीर आया तो उसने अपनी योग्यता से कश्मीर के राजनीतिक क्षेत्रों में विशेष ख्याति अर्जित की और बाद में कश्मीर का महामंत्री भी नियुक्त हुआ। बाद में जब वह अपने मालिक हैदरशाह के लिए वह एक भेंट लेकर गया तो इस अनुपम भेंट को देखकर हैदरशाह अत्यन्त प्रसन्न हुआ और उसके यह पूछने पर कि यह क्या चीज है, नक्जबेग ने उत्तर दिया : "हुजूर, इसे शाल कहते हैं, मैं इसे आपके लिए कश्मीर से बनवाकर लाया हूँ।"

कश्मीर के शाल-उद्योग की परम्परा कश्मीर के प्रसिद्ध सुलतान जैनुलाब्दीन के राज्य काल से मिलती है। कहा जाता है कि जब तैमूर ने 1360 ई. में भारत पर आक्रमण किया तो उस समय कश्मीर पर सुलतान सिकन्दर का राज्य था। सुलतान सिकन्दर ने तैमूर को बहुमूल्य वस्तुएँ अर्पित कीं। सुलतान सिकन्दर कहीं

विश्वासघात न करे, इस आशंका से तैमूर उन बहुमूल्य वस्तुओं के साथ सुलतान के पुत्र जैनुलाब्दीन को भी अपने साथ समरकन्द ले गया। वहाँ पर जैनुलाब्दीन को नगर में विचरण करने की पूरी स्वतंत्रता दे दी गई किन्तु शहर की परिधियों को वह लाँघ नहीं सकता था—ऐसा बन्धन उस पर डाला गया। तैमूर एक कलाप्रेमी शासक था। वह प्रत्येक बार अपने साथ विजित देशों से उच्चकोटि के कलाकारों को समरकन्द ले आता और इस तरह से समरकन्द हस्तकला का एक प्रसिद्ध केन्द्र बन गया था। जैनुलाब्दीन को अपने प्रवास-काल के दौरान इन कलाकारों से सम्पर्क स्थापित करने तथा उनसे कुछ सीखने का सुअवसर मिल गया। तैमूर की मृत्यु के बाद जैनुलाब्दीन को आजाद कर दिया गया किन्तु जैनुलाब्दीन कुछ समय के लिए समरकन्द में और रुका। उसने कई कलाकारों को फुसलाकर उन्हें अपने साथ कश्मीर चलने के लिए राजी कर लिया। अपने उद्देश्य में जैनुलाब्दीन सफल हो गया तथा वह अपने साथ कई उच्चकोटि के कलाकारों को समरकन्द से कश्मीर लेता आया। इन सभी कलाकारों को राजकीय प्रश्रय मिला तथा इन्हें सभी प्रकार की सुविधाएँ देकर कश्मीर में बसाया गया। 1820 ई. में जब जैनुलाब्दीन कश्मीर का सुलतान बना तो उसने अरब तथा पर्शिया से भी कुछ कुशल तथा सिद्धहस्त कलाकारों/शाल-बुनकरों को विशेष प्रलोभन देकर कश्मीर बुलवाया। इसी तरह टर्की से भी उच्चकोटि के जुलाहों को मँगवाया तथा इन सभी को आर्थिक तथा अन्य प्रकार की सुविधाएँ देकर कश्मीर में बसा दिया गया। जैनुलाब्दीन के शासनकाल में कश्मीर का शाल-उद्योग खूब पनपा। कश्मीरी शालें दूर-दूर देशों में जाने लगीं और वहाँ इनकी लोकप्रियता काफी बढ़ गई।

मुगलों के शासन काल में भी कश्मीर के शाल-उद्योग ने पर्याप्त उन्नति की। मुगल बादशाह चूँकि स्वयं कला-प्रेमी थे, इसलिए उन्होंने इस उद्योग को विकसित करने में विशेष रुचि ली। विदेशों से अनेक कुशल जुलाहे बुलाए गए तथा इन्हें समुचित प्रोत्साहन देकर कश्मीर में बसाया गया। आईने-अकबरी में अलिखित है कि सम्राट अकबर को कश्मीर शालों से बेहद प्रेम था। उनके पास शालों का यथेष्ट भंडार हर समय मौजूद रहता। अबुल फजल के अनुसार कश्मीर की शाल-कला ने अकबर के समय पर्याप्त उन्नति की थी। 'रिंगशाल' जो कश्मीरी शाल का एक विशिष्ट नमूना है, इसी कल में निर्मित हुआ था। रिंगशाल की विशेषता यह है कि वह अँगूठी में से सुगमतापूर्वक निकल सकती है। अफगान शासनकाल में कश्मीरी शाल-उद्योग पर काफी कर लगाए गए किन्तु फिर भी यह उद्योग बराबर उन्नति करता गया। कहा जाता है कि इस उद्योग पर सरकारी कर लगाने से सरकार को प्रतिवर्ष चार लाख रुपये की आय होती थी। इस काल में अफगानिस्तान,

तुर्किस्तान, रूस आदि देशों से कश्मीरी शालों की माँग विशेष रूप से बढ़ गई थी। इसी काल में कश्मीरी शाल के विभिन्न कलापूर्ण नमूने यथा जामवार, शहतोष आदि विकसित हुए।

1822 से लेकर 1833 ई. तक कश्मीर में भयंकर अकाल पड़ा जिसके परिणामस्वरूप कश्मीर के शाल-उद्योग को भारी क्षति पहुँची। बहुत से जुलाहे घाटी छोड़कर जीविकोपार्जन के लिए पंजाब के विभिन्न नगरों यथा : लुधियाना, अम्बाला, अमृतसर, जालन्धर आदि में जाकर बस गए।

डोगरा शासकों के राजत्वकाल में इस उद्योग को पुनः सद्गति प्राप्त हुई। महाराजा गुलाबसिंह के समय में वे सभी जुलाहे जो अकाल के समय कश्मीर छोड़कर चले गए थे, वापस कश्मीर लौट आए। उन्हें पुनः राजकीय प्रश्रय मिला तथा वे इस उद्योग की तन-मन से सेवा करने लगे। कहा जाता है कि महाराज गुलाबसिंह के शासनकाल में लगभग 26000 जुलाहे 12000 हथकरघों पर कार्य करते थे। आगे चलकर महाराजा प्रतापसिंह के समय में इन जुलाहों की संख्या 81466 तक पहुँच गई थी।

राजनीतिक अस्थिरता के बावजूद इस समय कश्मीर का शाल-उद्योग उत्तरोत्तर प्रगति के पथ पर अग्रसर है। कश्मीरी शालें देश के अनेक प्रान्तों में जाती हैं तथा विदेशों में भी पर्याप्त मात्रा में बिकती हैं। सर्दियों में कश्मीर के शाल बेचने वाले अनेक कश्मीरी युवक देश के कई स्थानों में जाकर शाल बेचते हैं।

यहाँ पर इस बात का उल्लेख करना अनुचित न होगा कि कश्मीरी शालों की एक नायाब और बहुमूल्य किस्म है पशमीना शाल। पशमीना नाम भी फारसी शब्द 'पश्म' से लिया गया है, जिसका अर्थ है रीतिबद्ध तरीके से ऊन की बुनाई। पशमीना बनाने के लिए इस्तेमाल की जाने वाली ऊन हिमालय के अधिकतम ऊँचाई वाले क्षेत्रों में पाई जाने वाली कश्मीरी बकरी की एक विशेष नस्ल से प्राप्त होती है। जैसा कि कहा जा चुका है कश्मीर के 15वीं शताब्दी के शासक जैनुलाब्दीन को कश्मीर में ऊन उद्योग का संस्थापक कहा जाता है। पहले के समय में पशमीना शालें केवल राजाओं और रानियों द्वारा ही पहनी जाती थीं और इस प्रकार इन्हें शाही महत्त्व का प्रतीक माना जाता था। एक अच्छी पशमीना शॉल की कताई, बुनाई और कढ़ाई के लिए खूब परिश्रम करना पड़ता है। अन्य शालों के मुकाबले में यह शाल महँगी भी बहुत होती है।

कश्मीर की पशमीना-शाल कश्मीर की शान है। मगर समय के साथ-साथ पशमीना शालों की ऊन में मिलावट भी होने लगी है। हालाँकि ज्यादातर शाल-उद्योग वास्तविक पशमीना-शाल का निर्माण ही कर रहे हैं, परन्तु कुछ उद्योग ऐसे

हैं जो नकली उत्पाद बनाकर पशमीना के नाम पर बेच रहे हैं। असली पशमीना की विशेषता यह है कि वह बेहद मुलायम और वजन में हल्की होती है। वास्तविक पशमीना के ऊन के रेशों को जलाने पर बालों के जलने जैसी गन्ध आती है। असली पशमीना की बड़ी-सी शॉल को अँगूठी के अन्दर से बाहर निकाला जा सकता है। अन्य शालों की तुलना में पशमीना शालों की कीमत ज्यादा होती है। बेटियों की शादी में दहेज में पशमीना शाल या साड़ी को देना बड़े गर्व अथवा रुतबे की बात समझी जाती है।

कश्मीर का केसर-पुष्प

केसर-पुष्प को कश्मीरी में 'कवंग पोश' कहते हैं। पुराकाल से ही कश्मीर को कुमकुम-प्रदेश या पुष्प-वाटिका कहा जाता रहा है। वसंतागमन के साथ ही यहाँ रम्यवदना प्रकृति एक बार पुनः झूम उठती है। बर्फीली चादर ओढ़े पर्वत-शिखर, कल-कल करती फेनिल सरिताएँ तथा छन-छन बजते चिनार के वृक्षों के साथ यह सुरम्य घाटी अभिनव श्रृंगार कर नूतन किसलयों तथा रंगा-रंग फूलों से खिल उठती हैं। चमेली, नरगिस, गुलाब, गुलशबी आदि की सुरभि से फिजा सुगन्धित होती है तथा चारों ओर जीवनरस का संचार होता है। इस खुशनुमा और महकीली फिजा को अगर कोई चार चाँद लगाती है, तो वह केसर की मादक खुशबू। श्रीनगर से लगभग आठ मील दूर, जम्मू-कश्मीर राजमार्ग पर पाम्पोर के खेतों में अक्टूबर-नवम्बर के महीनों में पीतारुण और लालिमा-मिश्रित खिले हुए केसर-कुसुम ऐसे दिखाई देते हैं, जैसे धरती पर सुन्दर कालीन बिछा हुआ हो।

कश्मीर की केसर की चर्चा किए बिना कश्मीर के प्राकृतिक/सांस्कृतिक सौष्ठव का वर्णन अधूरा है। कल्हण कृत राजतरंगिणी में वर्णित है कि कश्मीर में केसर-कुसुम की खेती सुप्रसिद्ध नेत्र-चिकित्सक बागभट्ट ने शुरू की थी। कहा जाता है, एक दिन बागभट्ट के पास दक्षक नामक एक नेत्र-रोगी अपने नेत्रों की चिकित्सा के लिए आया। रोगी के नेत्रों से अश्रुधारा बह रही थी। बागभट्ट ने रोगी को कई औषधियाँ दीं लेकिन किसी भी औषधि ने असर नहीं किया। कहते हैं तब बागभट्ट रोगी की आँखों पर पट्टी बाँध दी ताकि उसके मुँह से निकलने वाली साँस से उत्पन्न विषैली भाप उसकी आँखों को न लग जाए, क्योंकि रोगी नागजाति का था। कुछ दिनों बाद जब बागभट्ट ने पट्टी खोली तो रोगी की आँखों को स्वस्थ देखकर, उसके आश्चर्य की सीमा न रही। रोगी भी बागभट्ट पर प्रसन्न हुआ तथा उसको पारिश्रमिक के तौर पर केसर-कुसुम के कुछ बीज दिए। इस प्रसंग से यह बात स्पष्ट हो जाती है कि कश्मीर में केसर-कुसुम की खेती प्राचीनकाल से होती रही है क्योंकि नाग कश्मीर के आदिवासी माने जाते हैं।

केसर की महिमा से जुड़ी कई सारी रोचक जानकारियाँ/सूचनाएँ इतिहास में

पढ़ने को मिलती हैं। कहा जाता है कि सिकन्दर ने जब कश्मीर में प्रवेश किया तो यहाँ उसके सिपाही केसर की शोभा-श्री देखकर मुग्ध हो गए थे और यही कारण है कि इन्होंने राजा को कश्मीर पर आक्रमण न करने का सुझाव दिया। प्राचीनकाल में आयरलैंड के सम्राट का चोगा केसर से ही रंगा जाता था। इसी तरह कोई एक सौ वर्ष पूर्व यहूदी लोग केसर-रंगी कमीज पहनने में गर्व का अनुभव करते थे। यूनान और रोम में सुगन्ध के लिए नाटक-गृहों और राज-सभाओं में केसर के रस का छिड़काव किया जाता था। कहा जाता है कि नीरो ने जब रोम में प्रवेश किया था तो शहर के मुख्य रास्तों पर लोगों ने सुगन्ध के लिए केसर-इत्र का छिड़काव किया था। हिन्दुओं तथा यूनानियों में आज भी पूजन आदि में केसर का प्रयोग होता है। हिन्दू माथे पर केसर-कुमकुम लगाते हैं। अरब, चीन और भारत में सबसे पहले केसर का प्रयोग मूल्यवान औषधि के रूप में किए जाने लगा।

केसर की उपज करना एक कला है। इसका बीज बोने के लिए पहले भूमि का चुनाव करना पड़ता है। इसके लिए भूमि जोतने में लगभग तीन वर्ष लग जाते हैं। भूमि का एक बड़ा प्लाट जोतने के बाद इस पर चौकोर क्यारियाँ बनाई जाती हैं। इसके बाद केसर-बीज बोया जाता है। केसर की जड़ें चौदह वर्ष तक भूमि में ही रहती हैं और इन सारे वर्षों में नियमित रूप से फूल खिलते हैं। केसर-कुसुम खिलने के बाद इनको इकट्ठा करके धूप में सुखाया जाता है। फिर इनकी पंखुड़ियाँ अलग की जाती हैं। इन पंखुड़ियों के बीच जो पुष्प/तन्तु रहते हैं, उन्हीं से केसर बनती है।

केसर की खेती सदियों से जम्मू-कश्मीर राज्य की आय का प्रमुख साधन रही है। हिन्दूकाल में यह राज्य की आय तथा लोगों की जीविका का मुख्य साधन रही है। सुलतान तथा मुगलकाल में सरकार ने केसर-भूमि अपने अधिकार में ले ली थी। सुल्तानों के शासनकाल में केसर की खेती 7000 एकड़ भूमि पर तथा मुगलकाल में 9000 एकड़ भूमि पर होती थी। इसके बाद अफगानों के शासनकाल में यहाँ के लोगों ने इसकी खेती करना छोड़ दिया क्योंकि यही वह समय है जब घाटी में भयंकर दुर्भिक्ष फैला और कई लोग भुखमरी का शिकार हुए। सर वाल्टर लारेंस अपनी पुस्तक 'वैली ऑफ कश्मीर' में लिखते हैं कि इस दुर्भिक्ष से जब लोग बहुत परेशान हुए तो इन्होंने केसर-जड़ रोटी के बदले खानी शुरू की। इसके बाद ज्योंही हालत सुधारे तो केसर के बीज किश्तवाड़ से मँगवाए गए और तब से कश्मीर में केसर की खेती फिर से शुरू हुई। आजकल कश्मीर और किश्तवाड़ में लगभग 7000 एकड़ भूमि में केसर की खेती की जाती है। अपने देश में कश्मीर और किश्तवाड़ के अतिरिक्त हिमाचल प्रदेश के पर्वतीय क्षेत्रों में भी केसर की खेती करने के प्रयोग हो रहे हैं।

जानकारों का कहना है कि केसर में 150 से भी अधिक औषधीय गुण पाए जाते

हैं। कैंसर, आर्थराइट्स, अनिद्रा, सिरदर्द, पेट के रोग, प्रोस्टेट, कामशक्ति बढ़ाने जैसे अनेक रोगों में केसर को दवा के रूप में इस्तेमाल किया जाता है। एक मान्यता यह भी है कि गर्भवती महिलाओं के गोरा बच्चा हो, इसके लिए केसर का दूध पीने की सलाह भी परम्परागत रूप से दी जाती रही है। केसर को 'जाफरान' भी कहते हैं और खास बात यह है कि केसर का पौधा अत्यधिक सर्दी और यहाँ तक की बर्फबारी को भी सहन कर लेता है। यही कारण है कि कश्मीर जैसे ठंडे प्रदेश में केसर की खेती परम्परागत रूप से होती रही है।

केसर की खेती करना बड़ी मेहनत का काम है। कश्मीरी केसर को कश्मीरी मोगरा के नाम से जाना जाता है और सामान्यत: 80 फीसदी फसल अक्टूबर-नवम्बर में तैयार हो जाती है। केसर के नीले-बैगनी रंग के फूल आते हैं और इनमें दो से तीन नारंगी रंग के तन्तु होते हैं। एक मोटे अनुमान के अनुसार करीब 75 हजार फूलों से 400 ग्राम केसर निकलती है।

खूबसूरती और त्वचा की रंगत को निखारने के अलावा खाने का स्वाद और रंगत बढ़ाने वाला, सेहत के लिए बेहद असरदार केसर का इस्तेमाल अक्सर हर घर में किया जाता है। दुनियाभर में केसर का नाम सबसे मूल्यवान मसालों में आता है। इसे मसालों का राजा भी कहा जाता है। केसर को रेड गोल्ड यानी 'लाल सोना' के नाम से भी जाना जाता है। इसकी खेती केवल सम्पन्न लोग ही कर पाते हैं क्योंकि शुद्ध केसर काफी महँगी होती है। इसलिए कई बार लोग बाजार में नकली केसर बेचकर अच्छा-खासा मुनाफा कमाते हैं। ऐसे में असली केसर को पहचानना बहुत जरूरी है। केसर की शुद्धता को पहचानने का सबसे अच्छा तरीका उसकी सुगन्ध है। केसर की सुगन्ध बेहद तेज होती है और दूर तक फैलती है। मिलावटी होने पर ऐसा नहीं होता है। यदि बेकिंग सोडा वाले पानी में केसर डालें और वह पानी लाल रंग का हो जाए तो केसर में मिलावट है और यदि रंग धीरे-धीरे हल्का लाल-पीला हो, तो वह शुद्ध केसर है।

केसर और इससे महकती फिजा के बारे में जहाँगीर ने अपनी डायरी में एक जगह पर लिखा है, "जब वसंत के दिनों में यहाँ/पाम्पोर में केसर की फसल लहलहाती है तो सारी धरती केसरिया रंग में रँगकर बेहद खूबसूरत हो जाती है!" माना जाता है कि आयुर्वेद में और इससे तैयार होने वाले उत्पादों में केसर की मौजदूगी बहुत पहले से थी। आयुर्वेद के जानकार केसर के चिकित्सकीय गुणों से भली-भाँति परिचित थे। चौथी शताब्दी में विकसित आयुर्वेद चिकित्सा-पद्धति को व्याख्यायित करने वाले 'भावप्रकाश' में भी इसका जिक्र है। 'भावप्रकाश' में आयुर्वेदिक औषधियों में प्रयुक्त वनस्पतियों एवं जड़ी-बूटियों का वर्णन है।

केसर का उपयोग हमारे देश में शाकाहारी और मांसाहारी दोनों व्यंजनों को स्वादिष्ट बनाने और भोजन/व्यंजनों को सजाने के लिए किया जाता है। केसर के बिना बिरयानी की कल्पना करना तो असम्भव ही है। केसर की कुछ पत्तियाँ जब खाने पर छिड़क दी जाती हैं तो उसका रंग ही नहीं बल्कि स्वाद भी बदल जाता है।

केसर को विभिन्न क्षेत्रों में उत्कृष्टता, वीरता, बलिदान और शान का प्रतीक माना जाता है। केसरिया रंग त्याग के साथ नि:स्वार्थ सेवा का भी प्रतीक माना जाता है। केसरिया बन्ना, केसरिया रंग के परिधानों में सजे-धजे युवा योद्धा को कहते हैं। राजस्थानी लोकगीतों में केसरिया बन्ना के गीत विशाल रेगिस्तान में गूँजते हैं। मीरा बाई के मशहूर भजनों में प्रेम और करुणा जैसे गुणों की प्रशंसा करने के लिए केसर के रंग का उपयोग हुआ है। केसर, जिसे संस्कृत में कुमकुम कहा जाता है, पारम्परिक रूप से लगभग सभी अनुष्ठानों में इस्तेमाल होता रहा है। माथे पर लगाए जाने वाले टीके में केसर का रंग उसे और चमकदार बनाने के लिए प्रयोग किया जाता है। पुराने दौर में चन्दन की तरह, केसर शृंगार का भी एक अनिवार्य हिस्सा हुआ करता था।

पूर्व में कहा जा चुका है कि केसर के औषधीय गुण स्वास्थ्य के लिए हितकारी हैं। केसर शरीर को ताजगी और फुर्ती से भर देता है। यह गुणकारी तत्त्व च्यवनप्राश जैसी आयुर्वेदिक औषधियों में जरूरी रूप से विद्यमान रहता है। राजस्थान के राजघरानों में विशेष अवसरों के लिए मदिरा बनाने के लिए इसे इस्तेमाल किया जाता था। इसके अलावा इससे एक और सुगन्धित ड्रिंक 'केसर कस्तूरी' भी तैयार होती है। केसर को गर्म तासीर वाला माना जाता है, इसलिए खासकर यह सर्दियों का मसाला है।

'केसर' को उगाने के लिए समुद्रतल से लगभग 2000 मीटर ऊँचा पहाड़ी क्षेत्र एवं शीतोष्ण सूखी जलवायु की आवश्यकता होती है। केसर के पौधे के लिए दोमट मिट्टी उपयुक्त रहती है। यह पौधा कली निकलने से पहले वर्षा एवं हिमपात दोनों बर्दाश्त कर लेता है।

केसर का उपयोग आयुर्वेदिक नुस्खों में, खाद्य व्यंजनों में और देव पूजा आदि में तो उपयोग होता ही था, पर अब पान मसालों और गुटकों में भी इसका उपयोग होने लगा है। केसर बहुत ही उपयोगी गुणों से युक्त होती है। यह कफ-नाशक, मन को प्रसन्न करने वाली, मस्तिष्क को बल देने वाली, हृदय और रक्त के लिए हितकारी तथा खाद्य पदार्थ और पेय को रंगीन और सुगन्धित करने वाली होती है।

कहना न होगा कि अपनी गुणवत्ता और लोकप्रियता के कारण कश्मीर की केसर और कश्मीर की छवि-छटा एक-दूसरे के पर्याय बन गए हैं।

कश्मीरी पंडितों का विस्थापन

19 जनवरी, 1990 का दिन कश्मीरी पंडितों के वर्तमान इतिहास-खंड में काले अक्षरों में लिखा जाएगा। यह वह दिन है जब पाक समर्थित जिहादियों द्वारा कश्यप-भूमि की सन्तानों (कश्मीरी पंडितों) को अपनी धरती से बड़ी बेरहमी से बेदखल कर दिया गया था और धरती के स्वर्ग में रहने वाला यह शान्तिप्रिय समुदाय दर-दर की ठोकरें खाने पर मजबूर हुआ था। यह वही काली तारीख है जब लाखों कश्मीरी पंडितों को अपनी जन्मभूमि, कर्मभूमि, अपने घर आदि हमेशा के लिए छोड़कर अपने ही देश में शरणार्थी बनना पड़ा था।

पंडितों के विस्थापन का यह सिलसिला कब से और कैसे प्रारम्भ हुआ? इस पर तनिक एक नजर डालने की जरूरत है। खूब मिल-जुलकर रहने वाली दोनों कौमों यानी हिन्दुओं (पंडितों) और मुसलमानों के बीच नफरत के बीज किसने और क्यों बोये? इसका उत्तर सीधा-सा है : विश्व में बढ़ते इस्लामीकरण की फैलती आग का मुस्लिम-बहुल कश्मीर पहुँच जाना और इस खूबसूरत वादी का इसकी चपेट में आ जाना। कौन नहीं जानता कि कश्मीर से पंडितों के पलायन के पीछे पृथकतावादी (जिहादी संगठन) हिजबुल मुजाहिदीन की कुत्सित और भड़काऊ नीति जिम्मेदार रही है।

कहा जाता है कि 4 जनवरी, 1990 को इस संगठन ने एक प्रेस नोट जारी किया जिसे कश्मीर के उर्दू समाचारपत्रों 'आफताब' और 'अल सफा' ने प्रमुखता के साथ छापा। प्रेस नोट में हिन्दुओं को कश्मीर छोड़कर घाटी से चले जाने का आदेश दिया गया था। कश्मीरी पंडितों की चुन-चुन कर खुलेआम हत्याएँ की गईं। कश्मीर दूरदर्शन के निदेशक (मेरे मित्र एवं सहपाठी) लस्सा कौल, राजनीतिक कार्यकर्ता टीकालाल टप्लू, नर्स सरला भट्ट, जज नीलकंठ गुर्टू, साहित्यकार सर्वानन्द प्रेमी, केन्द्रीय कर्मचारी (मेरे रिश्तेदार) बालकृष्ण गंजू आदि दर्जनों बेकसूर कश्मीरी पंडितों को मौत के घाट उतारा गया। कश्मीर की प्रमुख मस्जिदों के लाउडस्पीकर जिनसे अब तक केवल अल्लाह-ओ-अकबर की आवाजें आती थीं, अब भारत की ही धरती पर हिन्दुओं से चीख-चीख कर कहने लगे कि कश्मीर छोड़कर चले

जाओ और अपनी बहू-बेटियाँ हमारे लिए छोड़ जाओ। कश्मीर में रहना है तो अल्लाह-अकबर कहना है, 'असि गछि पाकिस्तान, बटव रोअस त बटनेव सान' (हमें पाकिस्तान चाहिए। पंडितों के बगैर किन्तु पंडित-महिलाओं समेत।)

और तो और जगह-जगह दीवारों पर पोस्टर चिपकाए गए कि सभी लोग कश्मीर में इस्लामी वेशभूषा पहनें, कश्मीरी पंडित-महिलाएँ बिन्दी का प्रयोग न करें, सिनेमाघरों पर प्रतिबन्ध लगा दिया गया, कश्मीरी हिन्दुओं की दुकानें, मकान और व्यापारिक प्रतिष्ठान चिन्हित कर दिए गए ताकि इन्हें बाद में लूटा जा सके या इन पर कब्जा किया जा सके आदि-आदि। यहाँ तक कि घड़ियों का समय भी भारतीय समय से बदलकर पाकिस्तानी समय के अनुरूप करने का फतवा जारी किया गया। 24 घंटे में कश्मीर छोड़ दो या फिर मरने के लिए तैयार हो जाओ, काफिरों को क़त्ल करो आदि नारे और सन्देश कश्मीर की फिजाओं में गूँजने लगे। इस्लामिक दमन का घिनौना रूप जिसे भारत सदियों तक झेलने के बाद भी मिल-जुलकर रहने के लिए भुला चुका था, एक बार फिर अपना विकराल रूप धारण करने लगा था। प्रशासन ठप पड़ा था या मूकदर्शक बनकर अपनी लाचारी का मातम मना रहा था। हुक्मरान सुरक्षा कवच में थे या फिर घाटी छोड़कर भाग खड़े हुए थे। चारों तरफ अराजकता और बद-अमनी का माहौल व्याप्त था।

आज कश्मीर घाटी में कश्मीरी पंडित बिलकुल भी नहीं। अगर हैं भी तो वे किसी मजबूरी के मारे वहाँ पर रह रहे हैं और उनकी संख्या नगण्य है। वादी से खदेड़े जाने के बाद ये लोग शरणार्थी शिविरों (जम्मू और दिल्ली में) या फिर देश के दूसरे स्थानों पर रह रहे हैं। माना जाता है कि 3 लाख के करीब कश्मीरी पंडित जिहादियों के जोर-जब्र की वजह से घाटी से भागने पर विवश हुए। कभी साधन-सम्पन्न रहे ये हिन्दू/पंडित आज सामान्य आवश्यकताओं के मोहताज हैं। उन्हें उस दिन का इन्तजार है जब वे ससम्मान अपने घर वापस जा सकें।

केन्द्र और राज्य सरकारें पंडितों को कश्मीर में बसाने और कश्मीर समस्या को सुलझाने के लिए भरसक प्रयत्न कर रही हैं। कोशिश यह की जा रही है कि विभिन्न पक्षों के बीच वार्ता-संवाद से कोई समाधान निकाला जाए। जैसा कि होता है, ऐसे उलझे हुए मामलों में प्राय: सत्तारूढ़ दल अपनी पूर्ववर्ती सरकार पर दोषारोपण करते हुए कहता है कि समस्या हम पर थोपी गई है। समय रहते अगर पूर्ववर्ती सरकारों ने कड़े कदम उठाए होते और जिहादी-अलगाववादी गतिविधियों पर लगाम कसी होती तो आज कश्मीर में हालात इतने बिगड़े हुए न होते। कहने की आवश्यकता नहीं कि कश्मीर में जब-जब सरकार बदलती है, लगभग यही आरोप सरकारें एक-दूसरे पर लगाती आई हैं। सत्ता में रहने या सत्ता हासिल करने

के लिए ये आरोप-प्रत्यारोप कश्मीर की राजनीति का हिस्सा बन चुके हैं। इसी तरह का एक आरोप 1990 में कश्मीर के हुक्मरानों ने गवर्नर जगमोहन पर लगाया था कि कश्मीर से पंडितों के विस्थापन में उनकी विशेष भूमिका रही है। हालाँकि इस आक्षेप का न तो कोई प्रमाण था और न कोई दस्तावेज, मगर फिर भी इस आरोप को तब मीडिया ने खूब उछाला था।

कहने का तात्पर्य यह है कि राजनीति में रहने के लिए, अपनी राजनीति चमकाने के लिए या फिर जैसे-तैसे खबरों में छाए रहने के लिए आरोप गढ़ना-मढ़ना अब हमारी राजनीति का चलन हो गया है। जिन्होंने जगमोहन की पुस्तक 'माय फ्रोजेन टरबुलंस इन कश्मीर' पढ़ी हो, वे बता सकते हैं कि कश्मीरी पंडित वादी से पलायन करने को क्यों मजबूर हुए थे। जगमोहन ने तो सीमित साधनों और विपरीत परिस्थितियों के चलते घाटी में विकराल रूप लेती आतंककारी घटनाओं को खूब रोकना चाहा था, मगर उस समय के स्थानीय प्रशासन और केन्द्र की उदासीनता की वजह से स्थिति बिगड़ती चली गई थी। जब आतंकियों द्वारा निर्दोष पंडितों को मौत के घाट उतारने का सिलसिला बढ़ता चला गया तो जान बचाने का एक ही रास्ता रह गया था उनके पास और वह था घर-बार छोड़कर भाग जाना।

लगभग तीस साल हो गए हैं पंडितों को बेघर हुए। इनके बेघर होने पर आज तक न तो कोई जाँच-आयोग बैठा, न कोई स्टिंग ऑपरेशन हुआ और न संसद या संसद के बाहर इनकी त्रासद-स्थिति पर कोई बहसबाजी ही हुई। इसके विपरीत 'आजादी चाहने' वाले अलगाववादियों और जिहादियों/जुनूनियों को सत्ता-पक्ष और मानवाधिकार के सरपरस्तों ने हमेशा सहानुभूति की नजर से देखा है। पहले भी यही हो रहा था और आज भी यही हो रहा है।

उच्च न्यायालय ने भी पंडितों की उस याचिका पर विचार करने से मना कर दिया जिसमें पंडितों पर हुए अत्याचारों की जाँच करने के लिए गुहार लगाई गई थी। काश, अन्य अल्पसंख्यक समुदायों की तरह कश्मीरी पंडितों का भी अपना कोई वोट-बैंक होता तो आज स्थिति दूसरी होती! तीस सालों के विस्थापन की पीड़ा से आक्रान्त/बदहाल यह जाति धीरे-धीरे अपनी पहचान और अस्मिता खो रही है। एक समय वह भी आएगा जब उपनामों को छोड़ इस जाति की कोई पहचान बाकी नहीं रहेगी।

दरअसल, किसी भी जाति के अस्तित्व के लिए तीन शर्तों का होना परमावश्यक है। पहली, उसका भौगोलिक आधार अर्थात् उसकी अपनी सीमाएँ, क्षेत्र या भूमि। दूसरी, उसकी सांस्कृतिक पहचान और तीसरी, अपनी भाषा और साहित्य। ये तीनों किसी भी 'जाति' के मूलभूत तत्त्व होते हैं। अमेरिका या इंग्लैंड में रहकर

आप अपनी संस्कृति का गुणगान या संरक्षण तो कर सकते हैं, मगर वहाँ अपना भौगोलिक आधार तैयार नहीं कर सकते। यह आधार तैयार हो सकता है अपने ही देश में और 'पनुन कश्मीर' (अपना कश्मीर) की अवधारणा इस दिशा में उठाया गया सही कदम है। सारे विस्थापित/गैर-विस्थापित कश्मीरी पंडित जब एक ही जगह रहने लगेंगे तो भाषा की समस्या तो सुलझेगी ही, सदियों से चली आ रही कश्मीर की समृद्ध सांस्कृतिक परम्परा की भी रक्षा होगी। लगता तो यह एक दूर का सपना है, मगर क्या मालूम यह सपना कभी सच भी हो जाए।

यहाँ पर इस बात को रेखांकित करना लाजिमी है कि जब तक कश्मीरी पंडितों की व्यथा-कथा को राष्ट्रीय स्तर पर उजागर नहीं किया जाता तब तक इस धर्म-परायण और राष्ट्रभक्त कौम की फरियाद को व्यापक समर्थन प्राप्त नहीं हो सकता। इसके लिए परमावश्यक है कि सरकार इस समुदाय के किसी जुझारू, कर्मनिष्ठ और सेवाभावी नेता को राज्यसभा में मनोनीत करे ताकि पंडितों के दु:ख-दर्द को देश तक पहुँचाने का उचित और प्रभावी माध्यम इस समुदाय को मिले। अन्य मंचों की तुलना में देश के सर्वोच्च मंच से उठाई गई समस्याओं की तरफ जनता और सरकार का ध्यान तुरन्त जाता है।

साहित्य में छलकता विस्थापन का दर्द

अशान्ति, विभ्रम और संशयग्रस्तता की स्थिति में किसी भी भाषा के साहित्य में उद्वेलन, बिक्षोभ, चिन्ताकुलता और आक्रोश के स्वर अनायास ही परिलक्षित होते हैं। कश्मीरी के 'विस्थापन साहित्य' में भी कुछ इसी तरह का परिदृश्य नजर आता है। दरअसल, कश्मीर का 'विस्थापन साहित्य' कट्टर, क्रूर और गैर-राष्ट्रवादी ताकतों की राष्ट्रवादी ताकतों के साथ सीधी-सीधी जंग का प्रतिफलन है। बर्बर बहु-संख्याबल के सामने मासूम अल्प-संख्याबल को झुकना पड़ा जिसके कारण 'पंडित समुदाय' भारी संख्या में कश्मीर घाटी से विस्थापित हुआ और पिछले लगभग तीन दशकों से अपनी अस्मिता और इज्जत की रक्षा के लिए संघर्षरत है।

माना जाता है कि कश्मीर घाटी से पंडितों का विस्थापन सात बार हुआ है। पहला विस्थापन साल 1349 के आसपास हुआ जब घाटी में विदेशी आक्रान्ताओं द्वारा बलपूर्वक इस्लामीकरण के परिणामस्वरूप हजारों की संख्या में या तो पंडित हताहत हुए या फिर अपनी जान बचाने के लिए वे भाग खड़े हुए। इस बीच अलग-अलग कालावधियों में पाँच बार और पंडितों का घाटी से निष्कासन हुआ। सातवीं और आखिरी बार पंडितों का विस्थापन 1990 में हुआ। आँकड़े बताते हैं कि पाक-समर्थित जिहादियों के आतंक से त्रस्त होकर 1990 में हुए विस्थापन के दौरान तीन से पाँच लाख के करीब पंडित कश्मीर से बेघर हुए।

1990 में हुए कश्मीरी पंडितों के घाटी से विस्थापन की कथा मानवीय यातना और अधिकार-हनन की त्रासद गाथा है। यह दुर्योग अपनी तमाम विडम्बनाओं और विसंगतियों के साथ आज हर चिन्तक, बुद्धिजीवी और जनहित के लिए प्रतिबद्ध रचनाकार के लिए चिन्ता और चुनौती का कारण बना हुआ है। विस्थापन की त्रासदी के बीच टूटते भ्रमों और ढहते विश्वासों को कन्धा देते हुए कश्मीर के रचनाकारों ने विस्थापितों के दु:स्वप्नों और उनकी स्मृतियों को व्यवस्था और जागरूक देश-वासियों के सामने रखकर विस्थापन से जनित स्थितियों और उनके दुष्प्रभावों को बड़ी मार्मिकता के साथ अपने रचना-कर्म में बयान किया है और बयान कर रहे हैं।

ध्यान से देखा जाए तो कश्मीर में आतंकवाद के दंश ने कश्मीरी जनमानस को जो पीड़ा पहुँचाई है, उससे उपजी हृदय-विदारक वेदना तथा उसकी व्यथा-कथा को साहित्य में ढालने के सफल प्रयास पिछले लगभग ढाई-तीन दशकों के बीच हुए हैं और अब भी हो रहे हैं।

कई कविता-संग्रह, कहानी-संकलन, औपन्यासिक कृतियाँ आदि सामने आए हैं, जो कश्मीर में हुई आतंकी बर्बरता और उससे जनित एक विशेष जन-समुदाय (कश्मीरी पंडितों) के 'विस्थापन' की विवशताओं को बड़े ही मर्मस्पर्शी अन्दाज में व्याख्यायित करते हैं। कहना न होगा कि पंडितों के घाटी से विस्थापन के कारणों और उससे जनित पंडित-समुदाय पर पड़े सामाजिक-सांस्कृतिक दुष्प्रभावों को लेकर देश में समय-समय पर अनेक परिचर्चाएँ, संगोष्ठियाँ, आयोजन आदि भी हुए हैं परन्तु विस्थापन के दौरान कश्मीरी लेखकों द्वारा रचे गए साहित्य की सम्यक् मीमांसा, उसका आलोचनात्मक अध्ययन आदि अधिक नहीं हुआ है।

विस्थापन की त्रासदी भोगते रचनाकारों की सबसे बड़ी पीड़ा जो कभी उन्माद की हदें छूने लगती है, आतंकवाद से छूटे घर-संसार की पीड़ा है। घर मात्र जमीन का टुकड़ा या ईंट-सीमेंट का खाँचा-भर होता तो कभी भी, कहीं पर भी बनाया जा सकता था। घर के साथ घर छूट जाने वाले की पहचान, स्मृतियों की भरी-पूरी जमीन और अस्मिता के प्रश्न जुड़े होते हैं। दरअसल, विस्थापितों से जमीन का टुकड़ा ही नहीं छूटा, उनकी आस्था के केन्द्र वितस्ता, क्षीर-भवानी और डल झील भी छूट गए हैं। कश्मीर में बर्फ के तूदों (ढेर) के बीच मनती शिवरात्रि और वसंत की मादक गन्ध में साँस लेता 'नवरोज-नवरेह' भी था (कश्मीरी लेखिका चन्द्रकान्ता)। घर छूटने का अर्थ मोतीलाल साकी के शब्दों में "वही जानता है, जिसने अपना घर खो दिया हो।"

बात 1990 के आसपास की है। घर से बेघर हुओं ने विकल्पहीन स्थितियों को स्वीकारते हुए भी उम्मीद नहीं छोड़ी थी, यह सोचकर कि एक दिन हालात सुधर जाएँगे और वे वापस अपने घरों को लौट जाएँगे। आखिर वे एक स्वतंत्र धर्मनिरपेक्ष राष्ट्र के नागरिक हैं। मगर, शम्भूनाथ भट्ट 'हलीम' घर लौटने को विकल विस्थापितों से कहते हैं, 'आतंकवाद ने वादी के आकाश और धरती के रंग बदल दिए हैं। वहाँ जाकर तुम क्या पाओगे? हमारी अपनी धरती अब हमारे लिए पराई हो गई है।' पंडितों को वादी से खदेड़ने की साजिश में जिन छोटे-बड़े रहनुमाओं, साम्प्रदायिक तत्त्वों और पाक समर्थित जिहादियों/आतंकवादियों के हाथ रहे हैं, वे आज भी बेखटके वादी की सामासिक संस्कृति के परखच्चे उड़ाने में लगे हुए हैं और कहते हैं : 'बट/पंडित तो सदा से भगोड़े रहे हैं।' अग्निशेखर को भगोड़ा

शब्द कचोटता है, वे लिखते हैं :

आँखें फोड़ी, बाँहें काटीं, बेकसूर थे भागे पंडित,
किसको चिन्ता? लावारिस हैं, भागे पंडित।

घर की लाश टुकड़ों में बँटकर पूरी वादी में छितर गई है—महाराज कृष्ण भरत महाराज कृष्ण भरत लिखते हैं–'मुझसे मिलने के लिए/किसी को खटखटाना नहीं होगा दरवाजा/केवल फटेहाल सरकारी तम्बू का पर्दा सरकाना होगा।' घाटी में छूटे घरों को जिहादियों ने मलबे के ढेर में बदल दिया। चन्द्रकान्ता को जले हुए छान-छप्परों में 'घर' की शिनाख्त करते लगता है कि 'घर की लाश टुकड़ों में बँट कर पूरी वादी में छितर गई है।'

शशिशेखर तोषखानी अपनी गली के कीचड़ को भूल नहीं पाते, जो घर छोड़ते समय, मोहवश उनके पैरों से लिपट गई थी। ऐसे घर और गलियों को छोड़ना आसान नहीं था। तोषखानी कहते हैं 'कत्लगाहों के नक्शों में/हमारे सिर रखे जा रहे हैं/मील के निशानों की जगह/और कोई दिशा तय नहीं है यहाँ/मृत्यु के सिवा।'

विस्थापन अथवा जलावतनी की त्रासदी ने कवि ब्रजनाथ बेताब के मन-मस्तिष्क को बहुत गहरे तक आक्रान्त कर दिया है। उनकी यह पीड़ा उनके रोम-रोम में समाई हुई है। घर-परिवार की सुखद स्मृतियों से लेकर आतंकवाद की आग तक की सारी क्रूर स्थितियाँ कवि की एक-एक पंक्ति में उभर-उभर कर सामने आती हैं। आतंकी विभीषिकाओं का कवि द्वारा किया गया वर्णन और उससे पैदा हुई सामाजिक असमानता/स्थितियाँ मन को यों आहत करती हैं—

मैं कवि नहीं हूँ
न मेरी धरा के सीने में छिपा मेरा लहू
मेरी कविता है।
क्योंकि मैं अपने लहू को छिपाने का नहीं
लहू से धरा को सींचने का आदी रहा हूँ।
यही मेरी विरासत, मेरी परम्परा है
जिसे निभाते निभाते मैं
बहुसंख्यक होते हुए भी अल्पसंख्यक हो गया हूँ।

विस्थापन में रचना करते हिन्दी कवियों के महाराज कृष्ण संतोषी, अवतारकृष्ण राजदान, रतनलाल शान्त, उपेन्द्र रैणा, महाराज कृष्ण भरत, क्षमा कौल, चन्द्रकान्ता से लेकर सुनीता रैना, प्यारे हताश तक ढेरों नाम हैं, जिनकी रचनाओं में एक रची-बसी

विरासत के ढहने और पहचान के संकट की पीड़ा है। भ्रष्ट राजनीति और अवसरवादी नेताओं की गैरजिम्मेदारियों और ढुलमुल नीतियों के प्रति आक्रोश है क्योंकि वे लोग जवाबदेह हैं कल्हण के स्वर्ग को रक्त-रंजित रणक्षेत्र बनाने के लिए।

कश्मीरी-भाषी कवि 'साकी' के शब्दों में : आज वादी में दहशत का आलम है/डूलचू की पीढ़ी जवान हो गई है/ललद्यद और शेखुलआलम को आज कौन सुनेगा?/बडशाह की रूह काँप रही है/और वितस्ता का पानी बदरंग हो गया है।' विस्थापितों के पास अतीत की स्मृतियाँ ही नहीं, वर्तमान के दंश भी हैं। शिविरों में पशुवत् जीवन जीते सम्भ्रान्त लोगों की दुर्दशा पर कवि उद्विग्न है। नई पीढ़ी चौराहे-पर भौचक खड़ी अपनी दिशा ढूँढ़ रही है।

'साकी' उन बच्चों के लिए चिन्तित हैं, जो तम्बुओं में पलते हुए मुरझा गए हैं। वे कहते हैं : "हमारे लोकतंत्र के नए अछूत हैं मारे-मारे फिरना/अब इनकी सजा है/ये, माँ कश्मीर की बेबस बेचारी सन्तान हैं।" इतिहास कहता है कि कश्मीरी पंडित अभिनवगुप्त, कल्हण, मम्मट और बिल्हण की सन्तानें हैं। इनके पूर्वजों को भरोसे/उदारता की आदत विरासत में मिली है। लेकिन, कुल मिलाकर इस बदलते समय में, भरोसे की आदत ने इन्हें ठगा ही है। विश्वासों की पुरानी इबारत, वक्त की आँधी में ध्वस्त हो गई है।

कवयित्री चन्द्रकान्ता कहती हैं : 'तुम्हारे काम नहीं आएगी मेरे बच्चो भरोसे की वह इबारत, खुदा की हो या नेता की हो, खुद तुम्हें लिखनी होगी वक्त के पन्ने पर नई इबारत।' विस्थापित कश्मीरी लेखक जब घर छूटने या शरणार्थियों की पीड़ाओं को स्वर देता है, तो निजी पीड़ा की बात करते हुए भी उसकी संवेदनाएँ वैश्विक होकर उन बेघर-बेजमीन लोगों के साथ जुड़ जाती हैं जिनकी व्यथा उससे भिन्न नहीं है, भले कारण भिन्न हों। वह चाहे गुजरात की त्रासदी हो, उड़ीसा या आन्ध्र का तूफान हो, तिब्बतियों-अफ्रीकियों या फिर फिलिस्तीनियों की पीड़ा हो, संवेदना के तार उन्हें एक-दूसरे से जोड़ते हैं। तभी तो महाराजकृष्ण संतोषी कहते हैं कि 'अपने घर से विस्थापित होकर मैंने बिना यात्रा किए ही फिलिस्तीन को भी देखा और तिब्बत को भी।'

इन तमाम निराशाओं और अनिश्चितताओं के बावजूद रचनाकार हार नहीं मान रहा। राधेनाथ मसर्रत, वासुदेव रेह, शान्त, संतोषी, क्षमा कौल या चन्द्रकान्ता आदि सभी की उम्मीदें जीने का हौसला बनाए रखे हुए हैं। तोषखानी को भरोसा है कि, 'फैलेगा हमारा मौन, नसों में रक्त की तरह दौड़ता हुआ...माँगेगा अपने लिए एक पूरी जमीन।'

प्रो. रतनलाल शान्त घाटी से दूर रहकर घाटी के इतिहास को नए सिरे से रचना

चाहते हैं 'अँधेरा है अभी, पर सूर्य जरूर निकलेगा।' और संतोषी कहते हैं : 'इस बार सूर्य मेरी नाभि से निकलेगा।' विस्थापन त्रासद होता है, खासतौर पर अपने ही देश में हुआ विस्थापन। वह लज्जास्पद भी होता है और आक्रोश का कारण भी। वह मानवीय यातना और मनुष्य के मूल अधिकारों से जुड़े बेचैन करने वाले प्रश्नों को जन्म देता है, जिन्हें रचनाकार स्वर देकर एक समानान्तर इतिहास रचता रहा है: कविताओं में भी, कहानियों में भी और 'कथा सतीसर', 'पाषाण युग', 'दर्द पुर' आदि जैसे उपन्यासों में भी।

कश्मीरी लेखकों के 'विस्थापन-साहित्य' को मोटे तौर पर तीन श्रेणियों में बाँटा जा सकता है–(1) हिन्दी में लिखा गया विस्थापन साहित्य, (2) अंग्रेजी में लिखा गया विस्थापन साहित्य और (3) उर्दू/कश्मीरी में लिखा गया विस्थापन साहित्य। यहाँ पर मुख्यतया हिन्दी में रचित कश्मीरी लेखकों द्वारा लिखित 'विस्थापन-साहित्य' को ही केन्द्र में रखा गया है। इस चर्चा द्वारा यह सिद्ध करने का प्रयास किया गया है कि चूँकि साहित्य समाज का दर्पण होता है, इसलिए कश्मीरी लेखकों द्वारा रचित 'विस्थापन-साहित्य' अपने समय और समाज की विषमताओं, चिन्ताओं, दुरवस्थाओं, आकुलताओं आदि का बखूबी वर्णन करता है।

इस वर्णन में भाव और शिल्प के स्तर पर मर्म को छूने वाली जिन अनुभूतियों से साक्षात्कार होता है, वे कश्मीरी साहित्य के साथ-साथ भारतीय/हिन्दी साहित्य की भी बहुमूल्य निधि हैं। यहाँ पर प्रसंगवश यह कहना अनुचित न होगा कि कश्मीर में कुछेक ऐसे भी रचनाकार हैं जो यद्यपि 'पंडित' नहीं हैं किन्तु पंडितों के विस्थापन की त्रासदी से विक्षुब्ध हैं। अपने पंडित भाइयों से विलग होने और खुद को असहाय पाने की पीड़ा इन रचनाकारों ने भोगी है। कश्मीरी कवि बशीर अत्तहर की कविता उनकी 'कहाँ जाऊँ मैं?' कविता इसका प्रमाण है :

तुम समझते हो तुम्हारे अस्तित्व को मैं लील गया
पर, उस प्रयास में मेरा अस्तित्व कहाँ गया
यह शायद तुम्हें मालूम नहीं।
मैंने कल ही एक नई मुहर बनवाई और
लगा दी ठोंककर हर उस चीज पर
जो तुम्हारी थी।
लेकिन यह खयाल ही न रहा कि
उन कब्रिस्तानों का क्या करूँ
जो फैलते जा रहे हैं रोज-ब-रोज

और कम पड़ रहे हैं हर तरफ बिखरी लाशों को समेटने में!
बस, अब तो एक ही चिन्ता सता रही है हर पल,
तुमको चिता की आग नसीब तो होगी कहीं-न-कहीं
पर, मेरी कब्र का क्या होगा मेरे भाई?

कश्मीरी पंडितों की अपने ही देश में हुई जलावतनी को लेकर मुझे कई सभा-गोष्ठियों में बोलने अथवा अपने आलेख पढ़ने का अवसर मिला है। विस्थापन से जुडे कई कश्मीरी लेखकों की रचनाओं का 'रिव्यू' अथवा अनुवाद करने का अवसर भी मिला है। साहित्य अकादेमी, दिल्ली ने कई वर्ष पूर्व गिरधर राठी के सम्पादन में 'कश्मीर का विस्थापन साहित्य' पर जो विशेषांक निकाला था, उसमें मेरी भी दो-एक रचनाएँ सम्मिलित हैं। (इस गम्भीर, हृदयस्पर्शी और समय-सापेक्ष विषय पर अलग से एक पुस्तकाकार रचना तैयार करने की जरूरत है। इस काम को हाथ में लेने की मेरी योजना है।)

चन्द्रकान्ता के अनुसार 'कश्मीर की संत कवयित्री ललद्यद ने चौदहवीं शती में एक 'वाख' कहा था : 'आमि पन सोदरस...।' कच्चे सकोरों से ज्यों पानी रिस रहा हो, मेरा जी भी वैसे ही कसक रहा है, कब अपने घर चली जाऊँ? आज ललद्यद का यही 'वाख', इक्कीसवीं सदी के इस भूमंडलीकरण के दौर में विस्थापित कश्मीरियों के अन्तर की हूक बनकर साहित्य में अभिव्यक्त हो रहा है। सिर्फ सन्दर्भ बदल गए हैं। संत कवयित्री ललद्यद ने यह 'वाख' आध्यात्मिक सन्दर्भों में कहा था, धरती पर उसका कोई घर नहीं था, लेकिन आम-जन ईंट-गारे से बने उस घरौंदे की बात करता है, जिसमें उसके स्वप्न, स्मृतियाँ और भविष्य दफन हो गए हैं। लेकिन हूक वही है जो नश्तर-सी अन्तर में गड़ी है।

यों, ललद्यद ने यह भी कहा था :

शिव/प्रभु थल-थल में विराजते हैं
रे मनुष्य! तू हिन्दू और मुसलमान में भेद न जान,
प्रबुद्ध है तो अपने आप को पहचान,
यही साहिब/ईश्वर से है तेरी पहचान।

काल को महाबली कहा गया है। कोई आश्चर्य नहीं कि कश्मीर की इस महान आदि संत-कवयित्री योगिनी ललद्यद (14वीं शती) की वाणी में निहित सन्देश कश्मीरी जनमानस को उद्वेलित-अनुप्राणित कर घाटी में एक बार पुन: अमन-चैन का वातावरण स्थापित करने की प्रेरणा दे।

काश, कश्मीरी पंडितों का भी अपना वोट-बैंक होता!

कश्मीर का मामला तब से कुछ ज्यादा ही तूल पकड़ गया जब से कुख्यात आतंकी बुरहान वानी और सब्जार को सुरक्षा बलों ने मार गिराया। लगभग तभी से कश्मीर अशान्त है। केन्द्र और राज्य सरकारें स्थिति को सामान्य बनाने के लिए भरसक प्रयत्न कर रही हैं। कोशिश यह की जा रही है कि विभिन्न पक्षों के बीच परस्पर वार्ता से कोई स्थायी समाधान निकाला जाए। इस बीच संविधान के अनुच्छेद 370 को भी हटाया गया और पूरे जम्मू-कश्मीर प्रदेश को दो केन्द्र-शासित प्रदेशों : 'लद्दाख' और 'जम्मू-कश्मीर' में विभाजित किया गया।

पूर्व में कहा जा चुका है कि कश्मीरी पंडितों को अपने ही देश में बेघर हुए अब लगभग तीस साल से ऊपर हो गए हैं। विस्थापन की पीड़ा से आक्रान्त/बदहाल यह जाति धीरे-धीरे अपनी पहचान और अस्मिता खो रही है। एक समय वह भी आएगा जब उपनामों को छोड़ इस जाति की कोई पहचान बाकी नहीं रहेगी। दरअसल, किसी भी जाति के अस्तित्व के लिए तीन शर्तों का होना परमावश्यक है। पहली, उसका भौगोलिक आधार अर्थात् उसकी अपनी सीमाएँ, क्षेत्र या भूमि। दूसरी, उसकी सांस्कृतिक पहचान और तीसरी, अपनी भाषा और साहित्य। ये तीनों किसी भी 'जाति' के मूलभूत तत्त्व हैं। अमेरिका या इंग्लैंड में रहकर आप अपनी संस्कृति का गुणगान या संरक्षण तो कर सकते हैं, मगर वहाँ अपना भौगोलिक आधार तैयार नहीं कर सकते। यह आधार तैयार हो सकता है अपने ही देश में और 'पनुन कश्मीर' (अपना कश्मीर) की अवधारणा इस दिशा में उठाया गया सही कदम है। सारे विस्थापित/गैर-विस्थापित कश्मीरी पंडित जब एक ही जगह रहने लगेंगे तो भाषा की समस्या तो सुलझेगी ही, सदियों से चली आ रही कश्मीर की समृद्ध सांस्कृतिक परम्परा की भी रक्षा होगी। लगता तो यह एक दूर का सपना है, मगर क्या मालूम यह कभी सच भी हो जाए!

वैसे यह बात विचारणीय है कि कश्मीर अगर कोई समस्या नहीं है तो फिर वार्ताएँ क्यों? यानी सरकार मानकर चल रही है कि कश्मीर की समस्या सुलझी नहीं है और बातचीत अनिवार्य है। पहले भी यही होता रहा था और अब भी यही

हो रहा है और सम्भवत: आगे भी यही होता रहेगा। परिणाम? परिणाम कुछ नहीं। यथास्थितिवाद से सभी खुश हैं : सत्तापक्ष और विपक्ष दोनों। 'बोली और गोली दोनों साथ-साथ नहीं चलेंगे' सम्भवत: ये सब बातें थीं, बातों का क्या?

यहाँ पर ध्यान देने योग्य बात यह भी है कि वर्तमान सरकार ने अपने चुनावी वायदों के दौरान कश्मीरी-पंडित-समुदाय को ससम्मान घाटी में पुनः बसाने की जो पुरजोर वकालत की थी, वह कतिपय कारणों से अब पूरी नहीं हो पा रही है। शान्तिप्रिय पंडित-समुदाय की सुध लेना तो दूर, उनके सुख-दु:ख पर बात करना भी अब वर्तमान सरकार जरूरी नहीं समझती। अगर बात करना जरूरी समझती है तो जो घाटी में 'अशान्ति' का माहौल बनाए हुए हैं, जो 'आजादी' चाहते हैं, जिनकी 'नुइसेंसे वैल्यू' है आदि, उनसे शान्ति-वार्ता जारी करने की बात को वह ज्यादा जरूरी समझती है। सुना है पहले भी जो वार्ताकार-मंडलियाँ बातचीत के लिए कश्मीर गईं, उनकी प्राथमिकताएँ जिहादियों, अलगाववादियों, आतंकियों आदि से ही संवाद करने की रही है, पंडित-समुदाय उनके लिए हमेशा हाशिया पर ही रहा। 24 जून, 21 को दिल्ली में प्रधानमंत्री के साथ वार्ता के लिए जम्मू-कश्मीर के जिन सर्वदलीय नेताओं को सादर आमंत्रित किया गया, उनमें कश्मीर के मूल निवासियों यानी कश्मीरी पंडितों के एक भी प्रतिनिधि को नहीं बुलाया गया। शायद इसलिए क्योंकि इस समुदाय का कोई राजनीतिक आधार या वोट की शक्ति नहीं है। पढ़ी-लिखी कौम तो है मगर संख्या-बल अथवा वोट-बल नहीं के बराबर है।

कश्मीर छोड़े मुझे लगभग चालीस-पचास साल हो गए। बीते दिनों की यादें अभी भी मस्तिष्क में ताजा हैं। बात उन दिनों की है जब भारत-पाक के बीच पाँच दिवसीय क्रिकेट मैच खूब हुआ करते थे। मुझे याद है कि हमारे समय में भारत-पाक क्रिकेट खेल के दौरान यदि पाक टीम भारत के हाथों हार जाती थी तो स्थानीय लोगों का गुस्सा 'पंडितों' पर फूट पड़ता था। उनके टीवी/रेडियो सेट तोड़ दिए जाते, धक्का-मुक्की होती थी आदि। भारत टीम के विरुद्ध नारेबाजी भी होती। और यदि पाक टीम जीत जाती तो मिठाइयाँ बाँटी जाती या फिर रेडियो सेट्स पर खील/बतासे वारे जाते। ये बातें पचास/साठ के दशक की हैं। तब मैं कश्मीर में ही रहता था और वहाँ का एक स्कूली-कॉलेज छात्र हुआ करता था। भारतीय टीम में उस जमाने में पंकज राय, नारी कांट्रैक्टर, पोली उमरीगर, गावस्कर, विजय मांजरेकर, चन्दू बोर्डे, टाइगर पड़ौदी, एकनाथ सोलकर आदि खिलाड़ी हुआ करते थे। क्रिकेट की कमेंट्री ज्यादातर रेडियो पर ही सुनी जाती थी। इधर, दुबई में सितम्बर-अक्टूबर 21 में खेले गए क्रिकेट के वर्ल्ड-कप-टूर्नामेंट में भी भारत-पाक मैच के दौरान श्रीनगर के मेडिकल कॉलेज आदि जगहों पर छात्रों ने भारत विरोधी नारेबाजी की।

कहने का तात्पर्य यह है कि कश्मीर में विकास की भले ही हम लम्बी-चौड़ी दलीलें देते रहें, भाईचारे का गुणगान करते रहें या फिर जमीनी हकीकतों की जानबूझकर अनदेखी करते रहें, मगर असलियत यह है कि लगभग पाँच/सात दशक बीत जाने के बाद भी हम घाटी के आमजन का मन अपने देश के पक्ष में नहीं कर सके हैं। सरकारें वहाँ पर आईं और चली गईं, मगर कूटनीतिक अथवा राजनीतिक माहौल वहाँ का जस का तस बना रहा।

कौन नहीं जानता कि वादी पर खर्च किया जाने वाला अरबों-खरबों रुपैया सब अकारथ जा रहा है। 'नेकी कर अलगाववादियों/देश-विरोधियों की जेबों में डाल' इस नई कहावत का निर्माण वहाँ बहुत पहले हो चुका था।

यह एक दुखद और चिन्ताजनक स्थिति है और इस स्थिति के मूलभूत कारणों को खोजना और यथासम्भव शीघ्र निराकरण करना बेहद जरूरी है। कश्मीर समस्या न मेरे दादाजी के समय में सुलझ सकी, न पिताजी के समय में ही कोई हल निकल सका और अब भी नहीं मालूम कि मेरे समय में यह पहेली सुलझ पाएगी या नहीं? दरअसल, कश्मीर समस्या न राजनीतिक-ऐतिहासिक समस्या है, न ही सामाजिक-आर्थिक और न ही कूटनीतिक। यह समस्या है संख्याबल की। किसी करिश्मे या चमत्कार से कश्मीर में अल्पसंख्यक/पंडित समुदाय बहुसंख्यक बन जाए तो बात ही दूसरी हो जाए। यकीन मानिए 'हमें क्या चाहिए? आजादी!' के बदले 'भारत-माता की जय', 'जय माता दी' आदि के जयकारे वहाँ की फिजाओं में गूँजेंगे।

इतिहास गवाह है कि 12वीं-13वीं शताब्दी तक कश्मीर एक हिन्दू-बहुल भूभाग था। बाद में छल-बल और जोर-जब्र से विदेशी आक्रान्ताओं ने घाटी के असंख्य हिन्दुओं को या तो खदेड़ दिया या फिर तलवार की नोक पर उनका धर्मान्तरण किया और इस तरह से कश्मीर में स्थायी तौर पर इस्लाम की नींव पड़ी। यही 'इस्लामीकरण' और उससे जुड़ा 'जिहाद' कश्मीर-समस्या की मूल जड़ है। स्वतंत्रता मिलने के बाद भी एक विशेष समुदाय की बेलगाम बढ़ती जनसंख्या के प्रति हम उदासीन या जानबूझकर लापरवाह रहे, इसी का खमियाजा अब जनता और सरकार को भुगतना पड़ रहा है। क्यों नहीं समूचे देश में सब पर लागू होने वाला एक 'जनसंख्या नियंत्रण कानून' लागू होता है?

एक बात और। पत्रकारों, मीडिया-कर्मियों और छुटभैया लेखकों के लिए कश्मीर और कश्मीर-समस्या एक 'प्रयोगशाला' का काम कर रही है। पंडितों की त्रासदी और उनकी व्यथा-कथा को लेकर तरह-तरह के उपन्यास, कहानियाँ, आलेख, कविताएँ, नाटक आदि लिखे जा चुके हैं और अब भी लिखे जा रहे

हैं। (कई फिल्में भी बनी हैं।) संवेदना के स्तर पर ये सारी रचनाएँ मर्म को छूने वाली रचनाएँ हैं। (साहित्य में छलकता कश्मीरी पंडितों का दर्द) निबन्ध में इस विषय पर विस्तार से चर्चा की गई है। यहाँ पर एक ऐसे प्रसंग का उल्लेख करना आवश्यक है जिसमें पंडितों के वास्तविक दुःख-दर्द की अनदेखी कर उनके घावों पर मलहम लगाने के बजाय उनकी दीनहीन स्थिति को संवेदना के स्तर पर भुनाने का एकपक्षीय प्रयास किया गया है। एक जानी-मानी टीवी पत्रकार महोदया ने कुछ वर्ष पहले विस्थापित कश्मीरी पंडितों को घाटी में वापस बसाने की अपनी एक रिपोर्ट में एक नई तजवीज पेश की थी। यह तजवीज इस बात पर आधारित थी कि यदि विस्थापित पंडित वादी में अपने मुस्लिम भाइयों/परिवारों के साथ रहने लग जाएँ तो वादी में अमन-चैन और सौहार्द की फिजा कायम होगी और कमोबेश कश्मीर-समस्या का भी निपटारा अपने आप हो जाएगा। एक मुस्लिम परिवार के घर में 'सौहार्द-बैठक' आयोजित की गई जिसमें चुने हुए सहभागियों से भाईचारे, सुख-शान्ति और सौहार्द की बातें कहलवाई गईं। 'कश्मीर डायरी' नाम के इस कार्यक्रम को देखकर लगा कि यह सब प्रायोजित था। वास्तविकता से एकदम कोसों दूर! सीधी-सी बात है कि पंडितों को अगर वादी में भाईचारे और शान्ति-सद्‌भाव का माहौल दिखता होता तो वे 1990 में अपना घर बार छोड़कर वे भागते ही क्यों? उन्हें जिहादी चुन-चुन कर मारते ही क्यों? गौर करने वाली बात यह है कि जिस वादी में आए दिन 'पाकिस्तान जिन्दाबाद', 'हमें क्या चाहिए? आजादी' आदि नारे लगते हों, जिस श्रीनगर शहर में हर शुक्रवार को पाकिस्तानी झंडे फहराए जाते हों, जहाँ के अलगाववादी नेता कश्मीर को भारत का अविभाज्य अंग मानने को तैयार न हों, जहाँ हर दूसरे-तीसरे दिन जिहादियों और सुरक्षाकर्मियों के बीच मुठभेड़ होती रहती हो, जहाँ के कट्टरपंथी नेता कश्मीरी पंडितों को अलग से बसाने और सैनिक कॉलोनियों का निर्माण करने के विरोध में धरने-प्रदर्शन करते हों, वहाँ पर पत्रकार महोदया पंडितों को यह पाठ पढ़ाएँ कि वे वादी में आकर बहुसंख्यकों यानी मुस्लिम भाइयों के साथ गले में बाँहें डालकर रहने का मन बनाएँ, एक बचकानी और तर्कहीन अवधारणा ही समझी जाएगी। वादी में 1990 में पंडित-समुदाय के लोगों की संख्या साढ़े तीन लाख थी जो अब सिमटकर महज दस हजार के करीब रह गई है। बाकी के तीन लाख चालीस हजार कहाँ गए, क्योंकर गए, इससे पत्रकार का कोई लेना-देना नहीं था। वे जम्मू और अन्य जगहों पर लू में तपते शरणार्थी शिविरों में अमानवीय परिस्थितियों में रह रहे कश्मीरी पंडितों के दुख-दर्द और उनकी त्रासद स्थितियों को देखने नहीं गई थीं बल्कि खुशनुमा मौसम में कश्मीर जाकर वहाँ के बहुसंख्यकों का आतिथ्य स्वीकार कर उनकी बातों को सामने लाना

उसने ज्यादा मुनासिब समझा। कौन नहीं जानता कि जिन महानुभावों ने विभोर होकर भाईचारे के विचार उक्त कार्यक्रम में रखे उन्हें घाटी में पूरी-पूरी सुरक्षा मिली हुई है। कश्मीर में रहने के उनके अपने-अपने हित हैं और पत्रकार महोदया ने अपने कार्यक्रम के पक्ष में इन बातों को बखूबी भुनाया।

●●●